GUNTER SACHS

Die Akte Astrologie

Buch

Stehen Glück und Unglück in den Sternen?
Seit mehr als 5000 Jahren glauben Menschen an die Astrologie, Kaiser und Päpste, Bettler, Schurken und Schelme. Doch bis heute gab es niemals einen anerkannten Beweis für den Einfluß der Himmelskörper auf das Geschehen auf Erden.
Im Zeitalter der Computer und Superrechner hat Gunter Sachs nun unternommen, was bisher unmöglich war. Er untersuchte, ob Astrologie nur Mythos ist oder wissenschaftlich nachweisbare Elemente besitzt. Hochschulen, Verlage und Versicherungen lieferten einem von ihm gegründeten Institut dafür Millionen von Geburtsdaten. In dreijähriger Forschungsarbeit überprüfte das Institut in Zusammenarbeit mit Statistikern der Universität München diese extrem langen Datenreihen auf einen einzigen Sachverhalt hin:
Unterscheiden sich Angehörige verschiedener Sternzeichen in ihrem Wesen und Verhalten voneinander? Elf Lebensbereiche wurden mit mathematisch-statistischer Methodik getestet. Elfmal war das Ergebnis positiv. Daß es sich bei den festgestellten Unterschieden um Zufall handeln könnte, war bei einzelnen Untersuchungen mit einer Wahrscheinlichkeit von mindestens 1:1 000 000 auszuschließen. Der Zusammenhang zwischen Sternzeichen und menschlichem Verhalten ist jetzt wissenschaftlich nachgeweisen.
Ergänzend dazu findet sich im Anhang eine Repräsentativumfrage des Institutes für Demoskopie Allensbach, die für jedes Sternzeichen äußerst bemerkenswerte Zusatzinformationen zu Meinungen, Interessen und Konsumverhalten liefert.

Autor

Gunter Sachs, am 14. November 1932 im Sternzeichen Skorpion geboren, studierte Mathematik und Wirtschaftswissenschaften. Als Unternehmer, Sportsmann, Dokumentar-Filmer und Fotograf errang er internationale Anerkennung. Neugier und Forschungseifer führten ihn zur intensiven wissenschaftlichen Beschäftigung mit der Astrologie.

Gunter Sachs

Die Akte Astrologie

Wissenschaftlicher Nachweis eines Zusammenhangs zwischen den Sternzeichen und dem menschlichen Verhalten

GOLDMANN

Umwelthinweis:
Alle bedruckten Materialien dieses Taschenbuches
sind chlorfrei und umweltschonend.

Überarbeitete und erweiterte Taschenbuchausgabe
Oktober 1999
Wilhelm Goldmann Verlag, München
in der Verlagsgruppe Bertelsmann GmbH

Umschlaggestaltung: Design Team München
nach einem Entwurf von Lei Ren, Gunter Sachs Factory
Druck: Druckerei J. P. Himmer, Augsburg
Verlagsnummer: 15032
Made in Germany
ISBN 3-442-15032-9

1 3 5 7 9 10 8 6 4 2

Inhalt

Der Autor stellt sein Honorar
der Mirja-Sachs-Stiftung München zur Verfügung.
Die Mirja-Sachs-Stiftung verwendet diese
Einnahmen unmittelbar und ohne jeden
Kostenabzug für die Unterstützung notleidender
Kinder in aller Welt.

Ein Wort davor

Unbeirrbar und rätselhaft wie der Laichzug der Lachse ist der Weg der Astrologie durch die Jahrtausende. Sie wendet sich ab von ihren esoterischen Schwestern, der Kristallkugel, dem Pendel, den Tarotkarten und anderem Tand der Zukunftsspäherei, bewegt sich aber andererseits ebenfalls eher im Dunkel des Mystischen als im Lichte der Wissenschaft.

Keine Kritik, kein Zweifel, kein Argument der kühlen Vernunft hat den Glauben von Menschen an die Existenz einer astrologischen Kraft erschüttert. Für Glücksritter an den Spieltischen der Casinos, für kichernde Teenies in Shanghai oder plaudernde Damen eines Wiener Kaffeehauses, selbst für den um eine Entscheidung ringenden Konzernchef bis hin zu Staatsmännern und Diktatoren blieb der Beweis der Gültigkeit astrologischer Aussagen so unerheblich wie für den Priester der Gottesbeweis.

Die Astrologie ist dank des weisen, sibyllinischen Satzes »Die Sterne machen geneigt – die Sterne zwingen nicht« in der glücklichen Lage, stets auf der rechten Seite zu sein: Wenn eine Aussage zutrifft, dann war es die Neigung der Sterne, trifft sie nicht zu, dann sind wir dieser Neigung nicht gefolgt.

So schwankte die Sternenkunde zwischen Sein und Schein durch die Geschichte. Nie erwiesen und nie widerlegt. Messerscharf waren die Angriffe von Kirche und Wissenschaft, mangelhaft die Waffen der Astrologie. Trotz der Unterstützung großer Geister wie Kepler oder Paracelsus und bitterster Kritik von Kanzeln und Kathedern gibt es bis heute keine klare Antwort auf die Frage: Schabernack oder Wahrheit. Es fehlte an einem unumstößlichen Beweis.

Da brach das Computer-Zeitalter an. Konnte es möglich sein, mit seinem Instrumentarium, mit Datenbanken und öffentlichen Superrechnern, dem Rätsel auf die Spur zu kommen und wenigstens eine offene Kernfrage zu beantworten: Hat das Sternzeichen, unter dem ein Mensch geboren ist, irgendeinen Einfluß auf sein Wesen?

In einer sternklaren Neujahrsnacht in den Schweizer Bergen sprach ich darüber mit meinem Feund Claus Jacobi. Er meinte lachend: »Das wäre doch eine Herausforderung, wie du sie liebst.« Ich nahm die Herausforderung an.

Nach einer Eingebung in Key West mit unerwartet glücklichen Folgen – ich schildere sie im ersten Kapitel – suchte ich mir zunächst ein paar gescheite Köpfe. Es gelang mir, meine beiden Mitarbeiter, Hanswerner Schwenk und Markus Gohr, und auch Claus Jacobi für meine Sache zu gewinnen. Wir alle verfügten nur über bescheidene astrologische Kenntnisse.

Wir ließen uns von folgenden Gedanken leiten:

Wir wollten:

- ▷ erstmals in der langen Geschichte der Astrologie mit einer breit angelegten wissenschaftlichen Studie einen möglichen Einfluß der Sternzeichen auf das menschliche Verhalten überprüfen;
- ▷ nicht beweisen, daß es eine Astrologie jenseits des Mythos gibt, sondern untersuchen, ob sie existiert – also auf ein offenes Ergebnis hin forschen;
- ▷ auch dann die Studie veröffentlichen, wenn sich keine Nachweise zur Existenz einer nicht-mythischen Astrologie erbringen ließen. Auch das wäre von Interesse gewesen;
- ▷ unsere Arbeit ausschließlich an empirischen Daten ausrichten und keine Astrologen befragen;
- ▷ Faktoren, die unsere statistischen Resultate möglicherweise verfälschen könnten, wissenschaftlich untersuchen und darlegen;
- ▷ alle auffälligen Abweichungen von den zu erwartenden Werten, die sich nicht mehr mit dem Zufall erklären lassen, als signifikant ausweisen (»Signifikanzen« s. S. 44);
- ▷ die Richtigkeit unserer Berechnungen und deren Ergebnisse durch eine neutrale, maßgebliche Instanz wie etwa eine Universität prüfen lassen.

Als Anlage haben wir eine repräsentative Untersuchung über Einstellungen und Konsumverhalten nach Sternzeichen beim Allensbacher Institut für Demoskopie in Auftrag gegeben und diese als einen in sich abgeschlossenen Komplex unserer Arbeit angefügt.

Am Ende jeder Einzelanalyse haben wir für astrologische Pfiffikusse unsere Ergebnisse den Aussagen der

Astrologie gegenübergestellt. Dasselbe gilt für manche statistische Logeleien. Um diese Passagen vom statistischen Teil sichtbar abzusetzen, sind sie jeweils mit »Astrologisches & Bemerkenswertes« überschrieben.

Zur Datenbeschaffung und Datenauswertung gründeten wir das »Institut zur empirischen und mathematischen Untersuchung des möglichen Wahrheitsgehaltes der Astrologie in bezug auf das Verhalten von Menschen und deren Anlagen« (IMWA).

In den Datenbanken der Industrienationen sind extreme Datenmengen gespeichert, zu denen wir uns Zugang verschaffen mußten. Zunächst wandten wir uns an die Datenhüter der Schweiz. Sie führen von allen westlichen Staaten mit Abstand die genauesten Statistiken. Seit 1850 liefern regelmäßige Volkszählungen detaillierte Angaben über Stand, Struktur und Verteilung der Bevölkerung. Seit 1875 wird sogar die Geburtsstunde jedes einzelnen Bürgers festgehalten.

Aber auch Behörden, Versicherungen und Verlage anderer Länder unterstützten uns. Um die Auswertung der Datenreihen und unsere Berechnungen zu überprüfen, baten wir das Statistische Institut der Ludwig-Maximilians-Universität in München um Hilfe.

So erhielten wir im Lauf der Monate eine extrem breite Datenbasis mit Millionen von Einzelangaben über die Geburtstage von Straftätern und Verkehrssündern, von Brautpaaren und Geschiedenen, Kranken und Selbstmördern, Berufstätigen und Astro-Interessierten.

Die Angehörigen dieser Gruppen waren von allen beteiligten Stellen unter Berücksichtigung des Datenschutzes nach den Geburtsdaten ihren Sternzeichen zugeordnet worden. Die so geschaffenen Einheiten wurden von allen Faktoren gesäubert, die einen statistischen Vergleich verzerrt hätten – etwa eine saisonal bedingte Geburtenhäufigkeit oder die unterschiedliche Laufzeit der Sternzeichen.

Die bereinigten und nach Sternzeichen geordneten Daten bilden die Grundlage unserer Untersuchungen. Stellen die Fische mehr Verkehrssünder als die Zwillinge, gibt es unter den Skorpionen mehr Selbstmörder als unter den Stieren? Theoretisch müßten die Anteile im Durchschnitt stets etwa gleich sein.

Aber sind sie das wirklich? Oder lassen sich im Verhalten der zwölf Sternzeichen vielleicht signifikante Unterschiede erkennen? Dann würden die Sternzeichen tatsächlich das Wesen der Menschen beeinflussen. Oder gibt es darüber hinaus noch ein anderes erdenkliches Agens? Dann sind wir auch dem nachgegangen.

Hier sei vermerkt, daß wir bei unserem Projekt nur die Sternzeichen (also Sonnenzeichen) untersuchen konnten. Dem Astrologen mag das zu wenig sein. Er befaßt sich mit weit mehr Aspekten und Begriffen: Planeten, Mond, Häuser, Aszendenten etc. Die Erfassung und Auswertung solcher Daten wird aber wohl einstweilen Theorie bleiben. Nach ersten Ergebnissen, die darauf hinweisen, daß die Sternzeichen auf das Verhalten des Menschen einen gewissen Einfluß ausüben, veröffentlichte ich in ernsthaften deutschen und Schweizer Blättern einige Artikel zu diesem Thema, schon um weitere Datenquellen für unser Projekt zu erschließen.

Es war, als hätte ich ein Schneebrett losgetreten. Eine Lawine von Häme und Beschimpfung kam über mich. Playboy, bleib bei den Leisten schöner Frauen! Ich ahnte ja nicht, was Akademiker so loslassen können. Mir wurde noch und noch angekreidet, daß ich das Wort »Gleichverteilung« mit »Normalverteilung« verwechselt hatte. Ich habe Mathematik in der französischen Schweiz studiert. Aber daß die Rechnung richtig war, schien die Schreiber nicht zu interessieren.

Als ich einen zweiten Artikel über 350 000 untersuchte Eheschließungen veröffentlichte, erhielt ich an die hunderte private und öffentliche Briefe. Unsere Berechnungen seien fehlerhaft, da es sich bei besonders häufigen Ehen zwischen zwei Sternzeichen oft um das Schulbeispiel einer »Sich-selbst-erfüllenden-Prophezeiung« handle. Astrogläubige Männer und Frauen gingen eben zum Ehevermittler mit dem festen Vorsatz, einen Widder-Partner zu finden oder suchten in Heiratsanzeigen nach einer Waage-Frau. Mag sein. Aber wie viele solche Fälle existieren, wußte keiner der Besserwisser. Wir sind in unserem Kapitel über Eheschließungen diesem Phänomen nachgegangen. Bei den Selbstmördern, die wir ebenfalls überprüften, wird uns hoffentlich niemand eine »Sich-selbst-erfüllende-Prophezeiung« vorwerfen. Oder gibt es bereits Suizid-Beratungsstellen?

Auch auf die Präzession – eine leichte Verschiebung der Erdachse, die eine Wanderung der astrologischen Sternzeichen bedingen würde – sind wir mahnend hingewiesen worden. Somit wäre wohl unsere Untersuchung gegenstandslos, meinten die Kritiker. Dem ist nicht so: Wir machen Momentaufnahmen und berichten lediglich über deren Resultate – geophysikalische Phänomene können wir deshalb unberücksichtigt lassen.

Des »Wissenschaftlers Kreuzworträtsel ist es, neue Theorien zu Fall zu bringen«, sagte mir einmal Francis Crick, der Entdecker der Molekularstruktur der DNA-

Kette. Er scheint mir noch mehr Weitsicht zu besitzen, als ich schon immer vermutete.

Bereits die Auswertung einer unserer ersten extrem langen Datenreihen ergab erstaunliche Unterschiede zwischen den Sternzeichen. Die Differenzen waren so überraschend, daß wir uns zu Gegenproben entschlossen. Wir mischten die Geburtsdaten aller Betroffenen wie ein Kartenspiel, quirlten sie im Computer durcheinander wie in einem Multimix, und teilten die durcheinandergewirbelten Daten dann wieder in zwölf Häufchen. Damit hatten wir zwölf künstliche Sternzeichen geschaffen, zwölf Gruppen, deren Angehörige sich ganz anders zusammensetzten als die wirklichen Sternzeichen. Mit diesem Material führten wir ebenfalls sämtliche Untersuchungen durch. Und siehe da, zwischen diesen zwölf fiktiven Sternzeichen gab es in ihrem Verhalten keine signifikanten, sondern nur geringe Abweichungen, die – im Gegensatz zu den Unterschieden bei den echten Sternzeichen – statistisch nicht von Bedeutung waren. Mehr zu diesem eindrucksvollen Experiment s. S. 212/213!

Wir teilten außerdem für einige Untersuchungen, bei denen die Grundgesamtheiten dies zuließen, die Daten in verschiedene Testgruppen. Erstreckte sich die Laufzeit des gesamten Tests über einen längeren Zeitraum, etwa von 1987 bis 1994, untersuchten wir getrennt die Jahrgänge 1987 bis 1990 sowie 1991 bis 1994, gruppierten dann gerade und ungerade Jahrgänge und prüften schließlich auch jedes einzelne Jahr für sich. Dabei bestätigte sich das Ergebnis für den gesamten Zeitraum. Die sogenannten Sensitivitätsanalysen hatten damit ergeben: Die Ergebnisse waren replizierbar. Per aspera ad astra!

Insgesamt überprüften wir in einem Zeitraum von über

drei Jahren elf verschiedene Lebensbereiche. Jede dieser elf Untersuchungen ergab signifikante Abweichungen einzelner Sternzeichen, mal stärker, mal weniger stark. In jedem Fall weit mehr, als durch Zufall erklärbar ist.

Am Ende unserer Arbeit, nach der Computer-Auswertung von Millionen Daten, steht so der statistische Nachweis, daß Sternzeichen in allen von uns untersuchten Bereichen einen gewissen Einfluß auf das Verhalten von uns Menschen ausüben. Wie ausgeprägt dieser Zusammenhang sein mag und inwieweit er von den Sternen ausgeht, wissen wir nicht – nur daß er existent ist.

In einem unabhängigen Gutachten konstatierten dazu zwei führende Wissenschaftler des Statistischen Bundesamtes: »Nach den Analysen von Gunter Sachs ist anzunehmen, daß mit den Sternzeichen zusammenhängende Merkmale einen Einfluß auf den Menschen ausüben, der nicht nur durch den Zufall erklärbar ist«. (Den vollständigen Wortlaut der Expertise finden Sie auf den Seiten 221–237).

Die Vehemenz, mit der Gegner ihr Weltbild gegen die Astrologie verteidigen, wird weiter bestehen. Und noch etwas wird weiter bestehen: die Mathematik und die Astrologie.

Gestatten Sie mir am Ende ein Gleichnis:

Wenn Wasser von der Decke tropft, wissen wir, daß noch mehr Wasser über uns sein muß: die kleine Lache einer umgekippten Vase, ein vom Regen überschwemmtes Zimmer oder ein geplatztes Rohr, das ein unermeßliches Stauseevolumen hinter sich hat.

Wir haben die Existenz einiger »Astro-Tropfen« nachgewiesen. Fragt sich, wie viele Tropfen noch über uns sind.

Die Astrologie in der Geschichte

Von Claus Jacobi

»Am 28. August 1749, mittags mit dem Glockenschlage zwölf, kam ich in Frankfurt am Main auf die Welt. Die Konstellation war glücklich: Die Sonne stand im Zeichen der Jungfrau und kulminierte für den Tag; Jupiter und Venus blickten sich freundlich an, Merkur nicht widerwärtig; Saturn und Mars verhielten sich gleichgültig; nur der Mond, der soeben voll war, übte die Kraft seines Gegenscheins um so mehr, als zugleich seine Planetenstunde eingetreten war. Er widersetzte sich daher meiner Geburt, die nicht eher erfolgen konnte, als bis diese Stunde vorübergegangen.«

So beschreibt Johann Wolfgang von Goethe als Sechzigjähriger seine Ankunft auf Erden. Deren »gute Aspekte« hätten ihm »die Astrologen in der Folgezeit sehr hoch anzurechnen« gewußt.

Astrologie ist auf der Annahme begründet, daß Stellungen der Himmelskörper Einfluß auf das irdische Geschehen haben, auch auf Schicksal und Wesen des einzelnen. Der Makrokosmos, das Universum, spiegele sich im Mikrokosmos, dem Menschen. Jahrtausende galt die Astrologie als Wissenschaft, seit einigen Jahrhunderten durchweg als Aberglaube. In beiden Funktionen hat sie an den Geschicken der Menschheit mitgewirkt.

Ob der Mensch nun vom Baum geklettert ist oder im Paradies ausgesetzt wurde: Kaum hatte er festen Boden unter den Füßen, da schaute er himmelwärts – um zu überleben, zu jagen, zu wandern, zu säen, zu staunen und zu beten. Sterne wiesen Nomaden und Seefahrern den Weg. Der Stand der Sonne lehrte Bauern den Rhythmus vom Werden und Vergehen. Jäger schauten in den Wolken nach dem Wetter. Und endlich hatte der Mensch auch eine Wohnung für seine Götter gefunden.

Das, was wir Weltgeschichte nennen, begann vor nicht einmal 10 000 Jahren. Fünf fruchtbare Flußtäler waren Ausgangspunkte der ersten Kulturen: Die des Nil, des Euphrat und des Tigris, des Indus und des Gelben Flusses. An ihren schlammigen Ufern erfand der Zweibeiner Rad und Regierung, baute Pflug und Pyramiden, gab sich Götzen und Gesetze, schuf Bronze und Kalender.

In all diesen frühen Hochkulturen – genau wie bei Naturvölkern – wurden Sonne, Mond und Sterne als überirdisch verehrt. Ihr Einwirken auf die Erde war offenbar. Sie brachten Tag und Nacht, Ernte, Dürre und Regen. Sie schienen nicht weit entfernt und wurden beobachtet, um ihre Geheimnisse zu entschlüsseln.

Geburtsort der Astrologie war das Zweistromland Mesopotamien zwischen Euphrat und Tigris. Keilschrifttafeln aus der Bibliothek des Chaldäer-Königs Assurbanipal, der im 7. Jahrhundert v. Chr. herrschte, deuten auf ihre Ursprünge im 3. Jahrtausend v. Chr. in den sumerischen Stadtstaaten südlich von Babylon hin. Im babylonischen Großreich der Chaldäer wurden Sternenbeobachtung und Sternendeutung dann zu solcher Perfektion entwickelt, daß das Wort »Chaldäer« als Synonym für »Astrologe« stand, so im Alten Testament (Daniel 1).

In Babylon entstand eine Gestirns-Religion. Die Himmelskuppel wurde für die Chaldäer Schauplatz der Abenteuer und Heldentaten ihrer Götter. Aufstieg und Untergang der Sonne, Zunehmen und Abnehmen des Mondes, das Feuer der Fixsterne und die Bahnen der Planeten waren Zeugnisse des göttlichen Daseins, göttlicher Macht, Leidenschaft und Absicht.

Priester der Gestirnsreligion führten Buch über Bewegungen der Sterne, zeichneten Himmelskarten, die sie von Generation zu Generation vererbten, und suchten den Willen der Götter aus den Stellungen der Planeten zu deuten. Sie wollten deren Konstellationen im voraus berechnen, um Auskunft über das Schicksal von Herrscher und Reich zu erhalten.

In Babylon waren damit die beiden großen Bedürfnisse der Menschheit eine Ehe eingegangen, die erst Jahrtausende später geschieden werden sollte. Religion und Wissenschaft hatten sich vermählt. Astrologie war Astronomie und Astronomie war Astrologie. Sternenerforschung und Sternenglaube waren eins.

Schon in Babylon wurden einzelnen Planeten – zu denen auch Sonne und Mond zählten, nicht aber die noch unentdeckten Uranus, Neptun und Pluto – besondere Wesenskräfte zugeschrieben. Diese Planeten wanderten nicht überall am Himmel hin und her, sondern zogen ihre Bahn innerhalb eines schmalen Gürtels, der sich um das Firmament schlang. Er wurde in zwölf Abschnitte eingeteilt, von denen jeder den Namen eines nahe gelegenen Sternbildes erhielt. So war der Tierkreis oder Zodiakus geschaffen. Jedem Planeten wurden später zwei Häuser zugeteilt, der Sonne und dem Mond je eines.

In ihren Ursprüngen beschäftigte die Astrologie sich

nur mit Aussagen über Reiche und Könige, über Städte und Stämme, über Kriege, Seuchen und Naturkatastrophen. Wilhelm Knappich hat in seiner hervorragenden »Geschichte der Astrologie« Textproben früher babylonischer Sterndeutungen aufgenommen:

▷ »Ist der Mond bei seinem Erscheinen mit einer Tiara bedeckt, so wird der König die Herrschaft erlangen.«

▷ »Wenn Venus mit ihrem Feuerlicht die Brust des Skorpions beleuchtet... so werden Regen und Hochflut das Land verwüsten.«

Die Individualastrologie, die sich Charakter und Schicksal des einzelnen zuwandte und sich an der Gestirnkonstellation im Augenblick der Geburt orientierte, kam vermutlich erst gegen Ende des babylonischen Reiches im 6. Jahrhundert v. Chr. auf, wahrscheinlich schon unter griechischem Einfluß. Sicher ist, daß der Ausdruck »Horoskop« dem griechischen Ausdruck hôroskopos (Stundenwächter) entsprang. Das älteste überlieferte Horoskop stammt aus dem Jahr 412 v. Chr.

Nach dem sechsten vorchristlichen Jahrhundert, dem unglaublichen Jahrhundert des Buddha und des Pythagoras, des Konfuzius und (wohl auch) des Laotse, begann die verwegene Ansicht an Raum zu gewinnen, die Erde schwebe in der Luft. Das astrologische Wissen verbreitete sich immer weiter über die Grenzen Babyloniens hinaus nach China, Persien und Indien sowie nach Ägypten und Griechenland, Rom und Skandinavien. Oft war es im Gepäck von Händlern oder Eroberern in fremde Länder gereist, oft war es dort selbständig gewachsen, so etwa in China und später auch bei den geheimnisvollen Maya in Mexiko.

Jede Kultur mischte der Astrologie eigene Elemente bei. Der Talmud enthält ihre Spuren. In Indien wurde die Lehre von der Seelenwanderung eingebaut. Perser bezogen den Moment der Empfängnis in astrologische Berechnungen ein.

In Ägypten, wo der Pharao dem Schoß des Sonnengottes entsprungen war und bei seinem Tod dorthin zurückkehrte, und wo schon um 3000 v. Chr. der Kalender erfunden wurde, gab es Tagesorakel, die sich wie ein Horoskop aus der heutigen Boulevardpresse lasen, etwa so: »Gehe nicht an diesem Tage aus dem Haus. Wer an diesem Tage geboren wird, stirbt auch an diesem Tage durch Ansteckung.«

In China, wo das Mondjahr galt, gab es zwar ebenfalls Tierkreiszeichen, aber sie hatten keine festen Daten und trugen andere Namen. Als das Auftauchen mehrerer Kometen das Reich der Mitte beunruhigte, verbot der Kaiser den Beischlaf von Astrologen mit Beamten oder Bürgern, damit astrologische Erkenntnisse nicht vorschnell nach außen sickerten. »Das Zensorat hat das zu überwachen«, befahl Majestät.

Auch in der christlichen Überlieferung spielte die Astrologie eine Rolle. Die Weisen aus dem Morgenland waren zum Stern von Bethlehem gepilgert, weil unter ihm der Weltherrscher geboren werden sollte.

Ungewöhnliche Ereignisse am Firmament wie Sonnen- oder Mondfinsternis, beflügelten und beschäftigten die Phantasie der Sternengucker stets am stärksten. Eine wilde Sau verschlang den Mond, eine Schlange die Sonne. Der griechische Geschichtsschreiber Herodot notierte im 5. Jahrhundert v. Chr. über die ägyptischen Himmelswächter: »Wenn ein Wunderzeichen geschieht, so schreiben sie den Ausgang sorgfältig auf, und wenn einmal in Zukunft etwas Ähnliches geschieht, so meinen sie, das müsse wieder ebenso kommen.«

In Griechenland selbst wurde die Astrologie dem Denkgebäude der hellenistischen Philosophen angepaßt. Aus Göttern wurden Naturkräfte. Die Fixsternsphäre begrenzte die Welt des Aristoteles. Von den Farben bis zu den Zahlen wurde alles Sternen zugeordnet. Besonders wichtig war die Astrologie für die Medizin. Jedes Organ wurde einem Planeten zugeteilt, sämtliche Körperteile einem Tierkreiszeichen.

Von Athen sprang die Kunst der Sterndeutung nach Rom. Dort gewann sie übermächtigen Einfluß. Die Kaiser, von Tiberius über Nero und Vespasian bis hin zu Marc Aurel, hielten sich Hofastrologen, auch wenn sie die Astrologie in ihrem Reich zeitweilig verbieten ließen und Cicero, Tacitus und Seneca gegen sie wetterten.

Cäsars Legionen führten den Stier als Emblem, Augustus ließ eine Silbermünze mit dem Steinbock prägen. Beim Wagenrennen im kaiserlichen Stadion trug jeder der zwölf Ställe ein Symbol des Tierkreises; die sieben Bahnen waren den sieben damaligen Planeten gewidmet, genau wie die sieben Tage der neu geschaffenen Woche.

In dieser Situation betrat eine Ausnahmeerscheinung die Szene und bündelte nahezu das gesamte astronomische, astrologische und geographische Wissen seiner Zeit: Claudius Ptolemäus aus Alexandrien. Er lebte etwa von 100 bis 160 n. Chr., war Kind der hellenistischen und ägyptischen Kultur und schuf das Ptolemäische Weltbild. Danach bildete die Erde den Mittelpunkt der Welt. Sonne, Mond und Planeten kreisten um sie. Auf dieses geozentrische Modell sollte die Menschheit fast anderthalb Jahrtausende schwören (obgleich der Grieche Aristarchos von Samos schon um 250 v. Chr. behauptet hatte, die Erde drehe sich »kreisförmig um die Sonne«).

Das Hauptwerk des Ptolemäus, das bis zum Ausgang des Mittelalters die Astronomie bestimmte, bestand aus 13 Bänden und trug den Titel »Syntaxis mathematica«, auch unter der arabischen Abkürzung »Almagest« bekannt. Es enthält unter anderem Berechnungen der Planetenbahnen und den ältesten bekannten Sternenkatalog mit 1028 Himmelskörpern.

Das zweite umfangreiche Werk des Ptolemäus »Geographike hyphegesis« umfaßte acht Bücher, sechs davon mit Tabellen über Längen- und Breitengrade und einem Verzeichnis von etwa 8000 Orten der Erde. Dieses Verzeichnis ist die älteste Quelle für eine Vielzahl geographischer und ethnologischer Namen, wie Friesen und Langobarden, Sachsen und Sudeten.

Die dritte, mehrbändige Arbeit des Ägypters, der auch Schriften über Akustik und Optik verfaßte, war der Astrologie gewidmet: »Quadripatitum« oder »Tetrabiblos«, das »Viererbuch«. Es behandelt in vier Büchern die Beschaffenheit der Gestirne, ihre Bewegungen sowie ihre Wirkungen auf irdische Ereignisse und den einzelnen Menschen. »Tetrabiblos« war nach dem »Großen Brockhaus« von 1978 eine »wissenschaftliche Begründung der Astrologie als Physik des Weltalls«. Das Werk wurde über Jahrhunderte zur Bibel der Sterndeuter. Der vielleicht bedeutendste Wissenschaftler seiner Zeit erwies sich als beständigster aller Astrologen.

»Sterblich, wie ich bin«, schrieb er, »weiß ich, daß ich nur für einen Tag geboren bin. Aber wenn ich die gezackte Vielfalt der Sterne auf ihren Bahnen kreisen sehe, dann berühren meine Füße nicht länger die Erde. Ich steige auf zu Zeus, um mich an Ambrosia zu laben, der Speise der Götter.«

Für Ptolemäus war das Weltall eine Art ineinandergreifendes Räderwerk. Voll ausgebaut, so beschrieb Arthur Koestler in »Die Nachtwandler« dieses Vehikel, »benötigen die sieben Fahrgäste, Sonne, Mond und die fünf Planeten eine Maschinerie von nicht weniger als 39 Rädern, um sich durch den Himmel zu bewegen.«

Als ein Jahrtausend später Alfons X. von Kastilien, genannt Alfons der Weise, in das Ptolemäische System eingeweiht wurde, seufzte er: »Wenn der Allmächtige mich gefragt hätte, bevor er sich an die Schöpfung machte, hätte ich ihm zu etwas Einfacherem geraten.«

Ptolemäus war noch ganz dem hellenistischen Weltbild verhaftet gewesen, von der Mathematik des Pythagoras bis zur Philosophie des Aristoteles, des Erziehers von Alexander dem Großen. Nach ihm aber brach eine neue Macht über Europa herein, die ihrer Anlage nach der Astrologie voller Mißtrauen gegenüberstand: Das Christentum. Es witterte in der Astrologie die Frucht eines heidnischen Glaubens sowie einen Zweifel an der Allmacht Gottes und am freien Willen des Menschen.

Als das Christentum 380 n. Chr. Staatsreligion im Römischen Reich geworden war, schleuderte der bedeutendste aller Kirchenväter, Aurelius Augustinus (354–430 n.Chr.), einen vernichtenden Bannfluch gegen die Astrologie. Augustinus war als Sohn eines Heiden und einer christlichen Mutter im nordafrikanischen Tagaste geboren worden und hatte in seiner Jugend selbst Astrologie studiert. Durch die Gnade Gottes aber, so zürnte er nun, habe er »die trügerischen Prophezeiungen der Sterndeuter und ihre gottlosen Albernheiten erkannt und verworfen«. Die Astrologie stehe im Widerspruch zum freien Willen des Menschen. »Fornicatio animae«, sagte er. Kaiser Justitian I. verbot die Astrologie im Jahr 533, zahlreiche Astrologen flohen aus Rom nach Persien.

Die Kraft des aufblühenden Christentums wies in Europa der Astrologie vorübergehend eine Nebenrolle zu. Gleichzeitig stieg in der arabischen Welt das Interesse an der Astrologie. Die Technik der Sternbeobachtung und Sterndeutung wurde dort weiterentwickelt und verfeinert. Der Koran verbot zwar die Anbetung von Sonne und Mond. Das schmälerte aber keineswegs die Leidenschaft der Araber für Astronomie und Astrologie. Sie hatten neue Berechnungen angestellt, neue Auslegungen ersonnen, neue Observatorien gebaut. Vor allem aber hatten sie, entsprechend ihrer moslemischen Religion, der Astrologie stark fatalistische Züge verliehen: Jedes Schicksal schien vorherbestimmt. Harun Al Raschid, Vorbild des Kalifen aus »1001 Nacht« und Zeitgenosse Karls des Großen, war in Bagdad einer der Schirmherren dieser Schule. Die Osmanen nahmen später Halbmond und Stern in ihre Flaggen auf.

Über Sizilien und Spanien kehrte die Astrologie tief im Mittelalter mit Macht ins Abendland zurück. Mit dem Ende des Karolinger Reiches begann eine Periode des Unfriedens, in der viele Menschen Trost in den Sternen suchten. Die Jahrtausendwende vertiefte ihre Unsicherheit.

Gerbert von Aurillac, der als Sylvester II. die Papstwürde errang, ehe er 1003 n. Chr. starb, lehnte zwar Geburtshoroskopie ab, rechnete die Astrologie aber den Naturwissenschaften zu. An den Universitäten von Paris und Padua, Bologna und Florenz wurden Lehrstühle für Astrologie errichtet. Astronomie galt als ihre Hilfswissenschaft.

Der gelehrte Albertus Magnus ordnete die heilende Wirkung von Pflanzen dem Einfluß von Planeten und Tierkreiszeichen zu. Wie sein Schüler Thomas von Aquin glaubte er an den Einfluß der Sterne auf das irdische Geschehen. Aber beide waren zugleich überzeugt, daß der freie Wille des Menschen stark genug sei, die Sternenkraft zu überwinden.

Der schottische Gelehrte Michael Scotus, in der Astrologie erfahren, beriet den Staufer-Kaiser Friedrich II. Und das Grabmal von Piero d'Abano, der Philipp dem Schönen gedient hatte, trug die Gravur: »Er war so geschickt in der Astrologie, daß man ihn der Magie bezichtigte.« Unscharf war noch die Grenze zwischen Wissen und Glauben.

Mit Anbruch der Renaissance erblühte die Astrologie zu neuer Größe. Das Abendland besann sich auf die Antike, auf Athen und Rom und deren Werte. Humanisten suchten die Liebe zum Lernen wiederzubeleben und sahen skeptisch auf die Theologie.

Im Reich des schwarzbärtigen Kaisers Karl V. ging die Sonne nicht mehr unter. Kolumbus hatte Amerika entdeckt. Vasco da Gama umrundete das Kap der Guten Hoffnung und Ferdinand Magellan segelte um die Welt, bis er auf den Philippinen von Eingeborenen erschlagen wurde. Die Seefahrer waren die Astronauten ihrer Zeit.

Welch eine Zeit! Erasmus von Rotterdam, so heißt es bei Arthur Koestler, »legte das Ei der Reformation« und Martin Luther brütete es aus. Luther nagelte (oder nagelte nicht) seine Thesen an die Schloßkirche von Wittenberg. Der Borgia-Papst mißbrauchte seine schöne Tochter Lucrezia und verheiratete sie viermal. Bevor er ihr den Kopf abhacken ließ, zeugte Heinrich VIII. mit der sechsfingrigen Anna Boleyn Englands größte Königin, Elizabeth I.

Welch eine Zeit! Leonardo entwarf Flugmaschinen und malte die Mona Lisa... Michelangelo schuf die Pieta. In Deutschland zeichnete Dürer. Dante schrieb seine »Göttliche Komödie«, Cervantes »Don Quixote « und Machiavelli »Der Fürst«.

Welch eine Zeit! Diego Hurtado de Mendoza berichtet über sie: »Der Einfluß der Gestirne auf die Erfolge der menschlichen Tätigkeit ward in dieser Epoche wenig bezweifelt.« Und Hermann Kesten stellte fest: »Astrologen waren die großen Puppenspieler des Jahrhunderts, an ihren Drähten zappelten die Mächtigen der Erde.«

Hofastrologen stellten Königen, Fürsten und Bischöfen Horoskope. Papst Paul III., den uns Leopold von Ranke als einen Mann »voll von Talent und Geist« und »durchdringender Klugheit« beschreibt, war unter seiner Tiara zutiefst sternengläubig.

Mendoza: »Paul III. unternahm keine wichtige Sitzung des Konsistoriums, keine Reise, ohne die Tage zu wählen, ohne die Konstellation beobachtet zu haben. Ein Bund mit Frankreich fand darum Anstand, weil zwischen den Nativitäten (Gestirnskonstellation bei der Geburt) des Königs und des Papstes keine Konformität sei.«

Frankreichs Königin Katharina von Medici, Gattin

Heinrichs II. und Mutter Karls IX. machte ihren Astrologen Michel de Notredame zum Leibarzt ihres Sohnes, bevor unter ihr in der Bartholomäusnacht 10000 Hugenotten oder mehr starben. Unter dem Namen Nostradamus reimte der Astrologe – angeblich auf Grund göttlicher Offenbarungen – vieldeutige Prophezeiungen bis zum Jahr 3000, denen manche Menschen heute noch Glauben schenken.

Kaum ein Souverän mochte ohne Astrologie herrschen, kaum ein Arzt ohne sie praktizieren. Einer der größten von ihnen, Philippus Aurelius Theophrastus Bombastus von Hohenheim, ging als Paracelsus in die Geschichte ein. Er wurde Säulenheiliger der Medizin. Er knüpfte an die Naturheilkunde an, führte chemische Heilmittel ein, entdeckte das Zink, bekämpfte die Syphilis mit Arsen, vertraute auf die Astrologie und verlangte astrologische Kenntnisse von jedem Arzt.

Paracelsus: »Im Menschen sind Sonne und Mond und alle Planeten, desgleichen sind in ihm auch alle Sterne und das ganze Chaos... der Leib zieht den Himmel an sich... Das alles ist eine große göttliche Ordnung.«

Unzählig waren die Legenden über astrologische Vorhersagen, die sich bestätigt haben sollen. Portugals Prinz Heinrich, der dritte von sechs Söhnen des Königs Johann I., wurde von einem Sterndeuter prophezeit, es sei »dem Prinzen bestimmt, zu großen und noblen Eroberungen aufzubrechen, vor allem aber ist es ihm bestimmt, Dinge zu entdecken, die anderen Menschen verborgen und ein Geheimnis sind.« War das eine »Sich- selbst-erfüllende-Prophezeiung«? Unter dem Namen »Der Seefahrer« brach Heinrich lange vor Kolumbus zu neuen Ufern auf, steuerte unbekannte Küsten Afrikas an, und suchte 40 Jahre lang, was Ptolemäus einst »Promentorium Sanctum« genannt hatte, Land jenseits der bekannten Gewässer.

Die größte aller Entdeckungen aber, die die Welt verändern sollte, wurde in Frauenburg in Ostpreußen gemacht, genauer: im Nordwestturm des Walles, der die auf einem Hügel gelegene Kathedrale des Ortes umgab.

Am 24. Mai 1543 lag dort der Domherr der Kathedrale, Nikolaus Koppernigk aus Thorn, im Sterben. Dreißig Jahre hatte er in dem dreigeschossigen Turm gelebt, mit freiem Blick, tagsüber auf das Frische Haff, nachts auf den Sternenhimmel. Nun hatte eine Gehirnblutung den Siebzigjährigen gefällt. Wenige Stunden vor seinem Tod wurde ihm nach der Überlieferung das erste vollständig ausgedruckte Exemplar eines wissenschaftlichen Werkes aufs Bett gelegt, dessen Veröffentlichung er fast drei Jahrzehnte herausgeschoben, und das er dem astrologiegläubigen Papst Paul III. gewidmet hatte. Arthur Koestler hat den Moment unübertroffen beschrieben: Der Geist des Sterbenden weilte schon fern, aber seine Hände fühlten das Buch, sein Buch, das den Titel trug: »Von den Umdrehungen der himmlischen Sphären«.

Kopernikus, wie der latinisierte Name des Domherrn im Ermland lautete, hatte bei seinen astronomischen Beobachtungen und Berechnungen des Sternenhimmels erkannt: Nicht die Erde war das Zentrum des Planetensystems, sondern die Sonne. Nicht die Sonne drehte sich um die Erde, sondern die Erde um die Sonne – genau wie andere Planeten. Nur der Mond umkreiste die Erde. Verglichen mit dem Abstand zu den Fixsternen und Sternbildern war der Abstand von der Erde zur Sonne bedeutungslos klein.

Jahrtausende hatte die Menschheit Unsinn geglaubt. Nun sollte das Ptolemäische System vom Kopernikanischen System abgelöst werden. An die Stelle des geozentrischen Weltbildes trat das heliozentrische Weltbild. Theologie, Astronomie und Astrologie, Kirche und Wissenschaft standen vor einem Trümmerhaufen ihrer Theorien. Es sollte noch ein weiteres Jahrhundert vergehen, ehe die neue Wahrheit sich durchsetzte.

Es war ausgerechnet ein Astrologe gewesen, der noch vor Kopernikus selbst als erster über dessen astronomische Entdeckungen berichtet hatte: sein Schüler Hans Joachim von Lauchen, ein brillanter Feuerkopf. Er war in Tirol geboren, dem alten Rhätien, und nannte sich danach Rhetikus. In »The Discoverers« berichtet Daniel J. Boorstin, der Vater des Rhetikus, ein Arzt, sei wegen Zauberei geköpft worden. Sicher scheint, daß der Sohn seine Studien an der Universität von Wittenberg mit einer Arbeit abschloß, daß nach dem römischen Recht astrologische Vorhersagen nicht verboten seien.

1539 war er dann im Alter von 25 Jahren in die Dienste von Kopernikus getreten und hatte schon im nächsten Jahr »Narratio prima« drucken lassen, einen Report über das noch nicht erschienene »Buch der Umdrehungen des hochgelehrten und ganz vortrefflichen Mathematikers, des ehrwürdigen Herrn Dr. Nikolaus von Thorn, Kanonikus von Ermland«.

Die Veröffentlichung des Rhetikus erregte zunächst wenig Aufsehen – genau wie das Kopernikus-Buch selbst, dessen erste Auflage von tausend Exemplaren nie ausverkauft wurde und das in 400 Jahren nur vier Neuauflagen erlebte. Erkenntnisse aus dem Ermland am

Rande der westlichen Zivilisation schienen kaum geeignet, die Welt zu erschüttern.

Erst das Drama des Galileo Galilei (1564–1642), der gut zwanzig Jahre nach dem Tod des Kopernikus geboren worden war, trug entscheidend zur Durchsetzung des neuen Weltmodells bei. Galilei wird neben Sir Isaak Newton als Begründer der modernen Physik angesehen. Er war erst Professor in Pisa und Padua, später angesehener Hofmathematiker und Hofphilosoph des Großherzogs in Florenz. Er baute das nur ein Jahr zuvor vom holländischen Brillenschleifer Hans Lippershey erfundene Teleskop nach, entdeckte die Berge des Mondes, den Sternenreichtum der Milchstraße, die vier größten Jupitermonde und die Saturnringe. 1632 bekannte der Gefeierte sich öffentlich zu dem zuvor von der Kirche verbotenen heliozentrischen Weltbild des Kopernikus. Daraufhin wurde er von der Inquisition verhaftet und – obgleich er widerrief und abschwor – zu unbefristeter Haft verurteilt. Die letzten fünf Jahre seines Lebens war er blind. Nicht belegt ist, daß er am Ende seines Prozesses die Worte sprach, die einer der meistzitierten Aussprüche auf jener Erde wurde, der sie gegolten hatte: »Und sie bewegt sich doch.«

Wiederum war es ein Astrologe gewesen, der Galilei bei seinem Eintreten für Kopernikus ermutigt hatte und wie Galilei Weltruhm als Astronom erringen sollte: Johannes Kepler aus Weil. »Seid guten Mutes, Galilei, und tretet hervor«, schrieb er dem sieben Jahre Älteren nach Rom.

Kepler wurde als Siebenmonatskind 1571 geboren; Kopernikus war damals schon 28 Jahre tot. Er stammte aus bescheidenen protestantischen Verhältnissen, studierte Theologie und Mathematik und gab als schlecht bezahlter Mathematiker der Landesregierung in Graz nebenbei Kalender mit astrologischen Vorhersagen heraus, um sich ein Zubrot zu verdienen. Schon mit dem ersten hatte er Glück. Er prophezeite bittere Kälte und Angriffe der Türken. Sechs Monate später konnte er seinem Universitätslehrer Michael Maestlin mitteilen: »Übrigens haben sich die Voraussagen des Kalenders soweit als richtig erwiesen. Es ist eine ungeahnte Kälte in unserem Land. In den Höfen auf den Bergen sterben die Leute vor Kälte. Nach zuverlässigen Berichten fallen ihnen die Nasen ab, wenn sie nach Hause kommen und sich schneuzen. Was die Türken anbetrifft, so haben sie am 1. Januar das ganze Land von Wien bis Wiener Neustadt verheert, alles in Brand gesteckt und Menschen und Beute mit sich fortgeführt.«

Um 1600 wurde Johannes Kepler Assistent des dänischen Astrologen und Astronomen Tycho de Brahe, ein armer Teufel der eine, ein reicher Aristokrat der andere. Tycho Brahe entstammte einer alten dänischen Familie. Bei einem Duell war ihm als Student ein Stück seiner Nase abgesäbelt worden, das er durch eine Gold- und Silberlegierung ersetzt hatte. Er verfaßte jährlich Voraussagen für seinen König und machte sich gleichzeitig über die »waghalsigen Astrologen« lustig: »Viele von ihnen kennen nicht einmal die Sterne (man schämt sich, es niederzuschreiben).« Obgleich er es eigentlich unter der Würde eines Aristokraten fand, plante er die Veröffentlichung einer Streitschrift: »Contra Astrologos pro Astrologia« – »Gegen die Astrologen, für die Astrologie.« Denn er glaubte, daß Scharlatane unter ihnen dem schweren Schaden zufügten, was er für Wissenschaft hielt.

Als Astronom wurde Tycho Brahe wegen seiner Beobachtungen und Berechnungen zu den Großen seiner Zeit gezählt – auch wenn er noch ein halbes Jahrhundert nach dem Tod des Kopernikus nicht an dessen heliozentrisches Weltbild glaubte und bis zu seinem eigenen Ende überzeugt war, daß die Sonne sich um die Erde drehe. Er trat in die Dienste von Kaiser Rudolf II., der ihm Schloß Benatek nordöstlich von Prag für seine Studien zur Verfügung stellte. Dort wurde Johannes Kepler Assistent von Tycho Brahe. Ihre Verbindung dauerte nur 18 Monate. Am 13. Oktober 1601 war Brahe zum Abendessen bei Baron Rosenberg in Prag geladen. Als Gentleman betrachtete er es als schlechte Manieren, während des Essens von der Tafel aufzustehen, um sich zu erleichtern. Er hielt darum, wie Kepler notierte, »sein Wasser über Gebühr der Höflichkeit zurück« bis Blase und Niere versagten. Er starb elf Tage später nach schwerem Delirium. Johannes Kepler wurde sein Nachfolger als kaiserlicher Mathematiker.

Der Astrologe Kepler war sich sicher und unsicher zugleich: »Daß der Himmel am Menschen etwas tut, ist deutlich genug erkennbar, nur was er im besonderen tut, bleibt verborgen.« Er hütete sich davor, leichtfertige Aussagen zu machen: »Es sind der Astrologen viel, die Lust und Glauben zu solchem Spiel haben, wer gern und sehenden Auges will betrogen sein, der mag ihrer Müh und Kurzweil sich betragen; die Philosophie und also auch die wahre Astrologia ist ein Zeugnis von Gotteswerken und gar nicht ein leichtfertig Ding, da will ich meines Teils nicht verunehren.« Wie Tycho Brahe sah Kepler in manchem Astrologen eine Gefahr für die Astrologie.

Golo Mann bemerkt in seinem »Wallenstein« über Johannes Kepler, nie »gab es einen Wahrsager, der seine Verantwortung ernster genommen hätte«, als den »allerberühmtesten Nativitätendeuter«. Dennoch – oder gerade deshalb – wurde er 1608 gebeten, für einen 24jährigen »böhmischen Herrn« ein Horoskop zu stellen. Ob er wußte, für wen, ist unbekannt. Zwar notierte er auf einer Kopie des Horoskops, die er für sich behielt, in seiner Geheimschrift den Namen »Waltstein«. Doch niemand weiß, wann er das tat. Tatsächlich war sein Auftraggeber Albrecht Wenzel Eusebius von Wallenstein, damals blutjunger Offizier in Habsburger Diensten.

Kepler sagte Wallenstein ein großartiges, gefährliches Leben voraus und die Ehe mit einer reichen Witwe für 1608. »Anno 1609«, so kritzelte Wallenstein später an den Rand des Horoskops, »im Majo habe ich diese Heirat getan mit einer Wittib, wie dahier ad vivium describiert wird«. Er hatte die Witwe Lucretia von Vickov geehelicht, die nur fünf Jahre danach starb, ihm umfangreiche Grundherrschaften in Mähren hinterließ und zum vermögenden Mann machte.

Im Dezember 1624 – der Dreißigjährige Glaubenskrieg hatte inzwischen begonnen, und Wallenstein war zum Gubernator des Königreichs Böhmen ernannt worden – diktierte er sein Testament und wandte sich noch einmal an Johannes Kepler mit der Bitte, sein nunmehr 16 Jahre altes erstes Horoskop zu überarbeiten und zu erweitern. Da Vorhersagen zwar eingetreten seien, aber nicht zum angegebenen Termin (Heirat 1609 statt 1608), frage er, ob nicht vielleicht durch Rückschlüsse der genaue Zeitpunkt seiner Geburt revidiert werden müsse, da ja die Uhren »nit allezeit recht gehen«. Kepler machte sich wieder an die Arbeit. Die Korrektur ergab unter anderem, daß der Mond in ein neues Haus wanderte. Das deute freilich bestenfalls auf eine Besserung der »Manier in der Gesellschaft« hin.

Kepler sah am Himmel zunächst den Stern des Mannes hell leuchten, der dann auch zum mächtigsten Feldherrn des Dreißigjährigen Krieges aufstieg. Doch nach den Jahren des Glanzes wurde das zweite Horoskop plötzlich düster, prophezeite für März 1634 »fürchterliche Wirren« und brach dann ab. Am 25. Februar 1634 wurde Wallenstein in Eger ermordet.

Johannes Kepler, der 1628 offiziell als Mathematiker in die Dienste des »Friedländers» getreten und schon 1630 vor ihm verstorben war, hinterließ der Wissenschaft die drei Keplerschen Gesetze über die Planeten und ihre elliptischen Bahnen. Er, der große Astronom, war der historisch wichtige Astrologe Wallensteins gewesen – nicht der durch Schillers Drama berühmt gewordene Seni, mit vollem Namen Giovanni Battiste Zenno, den Golo Mann eine »Sumpfblüte« nannte.

Wallenstein und Kepler waren tot. Der Krieg wütete weiter. Er war eine Heimsuchung des Kontinents. Nach schwedischen Angaben wurden in seinem Verlauf mindestens 1700 Burgen, 1500 Städte und 17000 Dörfer zerstört. Etwa die Hälfte aller Deutschen wurde getötet, die Hälfte des Volksvermögens vernichtet. Das Ende des Krieges 1648 war zugleich Geburtsstunde der absolutistischen Staaten. Und der Siegeszug der Naturwissenschaften begann. Sie sollten die Rätsel der Welt lösen. René Descartes hatte als ihr Schrittmacher die Losung ausgegeben: Nur was meßbar ist, ist wichtig. Für den Glauben wurde der Raum eng, für Aberglaube und Magie, Alchimie und Metaphysik noch enger. Vernunft und Verstand wurden die neuen Götzen.

Das Christentum kam noch mit einem blauen Auge davon. Die Astrologie aber war der vielleicht größte Verlierer des neuen Spiels auf Erden. Sie wurde belächelt und verhöhnt, geschmäht und verboten. Wilhelm Knappich hat in seiner »Geschichte der Astrologie« ihren »katastrophalen Rückschlag« nachgezeichnet. In Frankreich wurde die Astrologie 1666 aus der Akademie der Wissenschaften ausgeschlossen, 1682 untersagte der Sonnenkönig Ludwig XIV. Druck und Verbreitung astrologischer Almanache. In Italien verdammte die römische Kurie 1688 astrologische Literatur. Im Deutschen Reich wurden Weissagungen 1699 verboten. Und 1756 erließ auch Maria Theresia eine Verordnung, wonach in Kalendern »alle astrologischen Wahrsagereyen und abergläubische Mutmaßungen hinfüro wegzulassen sind.«

»Was ist heutzutage verächtlicher als die Astrologie, das Sterndeuten, Kalenderschreiben und Nativität stellen?« fragte Mitte des 17. Jahrhunderts der Altdorfer Mathematikprofessor Abdias Trew. Astrologie wurde »Köhlerglaube«, Astrologen »Sternenschwindler« (J. Amos Comenius). »Nostradamus und die albernsten Quacksalber sind, mit diesen Narren verglichen, noch immer sehr vernünftige Leute«, spottete Voltaire über persische Sterndeuter. Und selbst der gutherzige Philosoph G.W. Leibniz befand, »die astrologische Wahrsagekunst« laufe auf »bloße Täuschung« hinaus, die er verachte.

Zum zweiten Mal seit Christi Geburt war in Europa die Astrologie im Armenhaus gelandet. Das erste Mal war es zwischen 400 und 800 n. Chr. gewesen, als das Christentum in der Blüte seiner jugendlichen Kraft stand und die Sehnsucht der Menschen nach Überirdischem und Auferstehung befriedigte. Diesmal übernahmen Rationalismus und Aufklärung die Führung. Die Wahrheit lag in den Naturwissenschaften. Fortschrittsglaube löste Sternenglauben ab. Der freien Forschung gehörte die Zukunft. Einst war die Astronomie Stieftochter der Astrologie gewesen. Jetzt trennten sich die Wege. Neue Möglichkeiten und neue Methoden, neue Beobachtungen und neue Einsichten, neue Hypothesen und ein neuer Zeitgeist brachen sich Bahn und pflügten die Astrologie unter.

Entscheidend zu diesem Abstieg hatte das heliozentrische Weltbild des Kopernikus beigetragen. Zwar hatte es über hundert Jahre gebraucht, bis es sich durchsetzte. Papst Gregor XVI. meinte sogar erst 1831 gnädig, »Lassen wir doch die Erde sich drehen«, und erst 1992 rehabilitierte Papst Johannes Paul II. den verurteilten Galileo Galilei. Aber die Kirche war in diesen Fragen längst nicht mehr maßgebend. Die Naturwissenschaften waren die neuen Herren der Welt. Kopernikus war einer ihrer Heroen. Und er hatte der Astrologie den Teppich unter den Füßen fortgezogen. Je mehr sein heliozentrisches Weltbild erforscht und vervollständigt wurde, um so gründlicher wurde die Astrologie der Lächerlichkeit preisgegeben. Was sollte man von einer Lehre halten, deren Grundlagen auf der Annahme entstanden waren, Sonne und Planeten drehten sich um die Erde? Mehr als das: Planeten waren von Anbeginn Kern der Astrologie gewesen. Nun aber wurden von Astronomen gleich drei neue entdeckt: Uranus 1781, Neptun 1846 und Pluto 1930. Wie stand es da um die Allwissenheit der bisherigen Planeten? Und durch eine zunächst nicht erkannte Präzession der Erdachse veränderte sich auch noch die Tagundnachtgleiche. Die Tierkreiszeichen entfernten sich damit immer mehr von den Tierkreis-Sternenbildern, deren Namen sie trugen, bis sie um etwa eine Einheit gegeneinander verschoben waren.

Spätestens seit der Aufklärung stand die Astrologie so vor der Ruine ihres Ansehens und ihrer Glaubwürdigkeit. Ihr Tempel war eingestürzt. Ihre Lehre wurde als Aberglaube gebrandmarkt. Sie lag am Boden. Aber sie war nicht tot. Ihre klügsten Köpfe machten sich daran, die Scherben aufzuklauben und wieder zusammenzusetzen. Jahrtausendealte Inhalte, Erfahrungswerte und Methoden wurden überprüft. Es kam ja nicht darauf an, welche Himmelskörper sich um welche drehten, sondern darauf, wo Sonne und Planeten wann standen. Und ein Steinbock bleibt ein Steinbock, ob in Feuerland oder Finnland. Das System wurde modifiziert und ergänzt, alle neuen astronomischen Resultate einbezogen.

Unbekümmerte Geister verleugneten selbst in dieser Zeit nicht ihr Interesse an der Astrologie, auch wenn sie sich nicht mit ihr identifizierten. Als Schiller sich mit Wallensteins astrologischen Neigungen quälte, die wohl für seinen Geschmack zu weit gingen, da half ihm sein Freund Goethe 1798 brieflich auf die Sprünge: »Die Erfahrung spricht, daß die nächsten Gestirne einen entscheidenden Einfluß auf Witterung, Vegetation etc. haben; man darf nur stufenweise immer aufwärts steigen und es läßt sich nicht sagen, wo die Wirkung aufhört. Findet doch der Astronom überall Störungen eines Gestirns durchs andere. Ist doch der Philosoph geneigt, eine Wirkung auf das Entfernteste anzunehmen.«

Gut hundert Jahre später veröffentlichte eine Zeitung erstmals ein Tageshoroskop, wie es heute täglich in Millionenauflagen gedruckt wird. Das war 1899. Das 20. Jahrhundert brach an. Und es brachte im Abendland das zweite Comeback der Astrologie. Wie einst im Mittelalter waren die Menschen wieder bereit für die Sterndeuterei. Der »Mutterkatastrophe« des Jahrhunderts, dem Ersten Weltkrieg, entsprangen der Zweite Weltkrieg und die Monster Stalin, Hitler und Mao. Der Zweibeiner zertrümmerte das Atom, klonte Leben und brach zu den Sternen auf. Gleichzeitig zerfielen die christlichen Werte und die Wissenschaftsgläubigkeit geriet ins Wanken: Jeder Fortschritt brachte zugleich neue Gefahren. Diese Zeit war wie geschaffen für astrologische Saat.

Ebenfalls umstrittene Lehren wie die Tiefenpsychologie und Anthroposophie hatten sich nach dem Ersten Weltkrieg mit der Astrologie verbündet. C. G. Jung sah in der astrologischen Symbolik »Archetypen« der Seele. Nach dem Zweiten Weltkrieg brach die Esoterik mit Gurus und Sekten, Seelenwanderung und kosmischer Energie über die Industrienationen herein und zündete die zweite Stufe des astrologischen Booms. Menschen glaubten an sie, Scharlatane verdienten an ihr, Akademiker stritten für sie. Wieder versuchte der Mensch mit der Kraft seines Geistes das Himmelszelt zu erobern.

Die Astrologie teilte sich in sechs große Strömungen auf, die Solange de Mailly-Nesle in dem Werk »Astrologie« dargestellt hat:

- ▷ Die esoterische und spirituelle Astrologie. Sie ist eine Art Offenbarungsglaube.

- ▷ Die empirische oder pragmatische Astrologie. Ihr Schwerpunkt ist die Weissagung – vom Zeitungshoroskop bis zum Computerhoroskop.
- ▷ Die wissenschaftliche Astrologie. Sie versucht die Grundlagen der Astrologie wissenschaftlich zu beweisen, bisher ohne naturwissenschaftlichen, allgemein anerkannten Nachweis.
- ▷ Die reformierte Astrologie. Sie will durch neue Techniken die Interpretationen präzisieren.
- ▷ Die symbolische und psychologische Astrologie. Sie möchte die astrologische Symbolik mit Hilfe der Tiefenpsychologie rehabilitieren.
- ▷ Die mundane Astrologie. Sie befaßt sich mit Geschichte und Staaten, Meteorologie, Umwelt und Naturkatastrophen.*

Je mehr Einwirkungen kosmischer Kräfte auf irdisches Geschehen durch die Naturwissenschaften erforscht wurden, desto mehr rückte Astrologie wieder in den Bereich des Vorstellbaren. Ebbe und Flut (durch die Anziehungskraft des Mondes) waren Wasser auf ihre Mühlräder. Sie sproß unabhängig von Religionen und politischen Systemen. Sie gedieh in Demokratie und Diktatur. Der unsterbliche Caruso und der Sohn der großen Queen Viktoria ließen in den Sternen lesen. Der NS-Staat warf Astrologen in Konzentrationslager. Aber Heinrich Himmler bestellte bei dem Astrologen Wilhelm Th. H. Wulff, der im KZ eingesperrt gewesen war, gegen

* Vgl.: Solange de Mailly-Nesle, Astrologie, Köln 1995, S. 83ff.

Kriegsende ein Horoskop Hitlers, um zu sehen wie die Chancen für einen Putsch standen.

Ein halbes Jahrhundert danach hielt die Astrologie mit Nancy Reagan Einzug im Weißen Haus. Der ehemalige Stabschef von Präsident Ronald Reagan, Donald T. Regan, erinnert sich in seinem Buch »For the record«: »So gut wie jeder wichtige Schritt oder jede wichtige Entscheidung wurde vorher mit einer Frau in San Francisco abgestimmt, die Horoskope stellte. Schon kurz bevor der Präsident bei einem Attentat 1981 angeschossen wurde, hatte diese Astrologin prophezeit, daß Ronald Reagan ›etwas Schlimmes‹ zustoßen werde. Die First Lady sprach von der Frau immer als ihrer ›Freundin‹. Obwohl ich diese Seherin nie persönlich kennenlernte, wurde sie für meine Arbeit und die Staatsgeschäfte zu einem so bedeutsamen Faktor, daß ich auf meinem Schreibtisch schließlich einen farbigen Terminkalender liegen hatte: Die ›guten‹ Tage waren grün, die ›schlechten‹ Tage rot und die ›ungewissen‹ Tage gelb markiert. Ich brauchte diese Gedächtnisstütze, um zu wissen, wann es günstig war, den Präsidenten der Vereinigten Staaten von einem Ort an einen anderen zu bringen, für ihn einen Auftritt in der Öffentlichkeit einzuplanen oder Verhandlungen mit einer ausländischen Macht aufzunehmen.«

Elizabeth Teissier, nach dem Guinness-Buch der Rekorde von 1989 die meistgelesene Astrologin Europas, stellte Horoskope für Spaniens König und Frankreichs Präsidenten. Auch Boris Jelzin, der Übernatürlichem zugeneigt schien und sich von einer Wunderheilerin behandeln ließ, wurde als sternengläubig beschrieben. Sein ehemaliger Pressesprecher Woschtschanow erklärte in Londons »Sunday Times«: »Jelzin ist sehr abergläubisch. Bei persönlichen Entscheidungen läßt er sich vom Horoskop beeinflussen. Wenn zum Beispiel das Wasser schlechten Strahlungen ausgesetzt ist, geht er nicht angeln.«

Hundertachtzig Wissenschaftler – darunter achtzehn Nobelpreisträger – unterzeichneten 1975 eine Erklärung gegen die Astrologie, weil sie »zur Zunahme von Irrationalismus und Kulturfeindlichkeit« beitrage. Und der Mitbegründer der Weltraummedizin und Astronom Professor Hans Haber war überzeugt: »Die Sterne lügen nicht, weil sie uns nichts zu sagen haben.«

Der US-Banker James Pierpoint Morgan (1837–1913), der sich bei der New Yorker Astrologin Evangeline Adams über den Einfluß der Planeten auf die Börse informierte, meinte dagegen lakonisch zu einer Zeit, als eine Million noch eine Million war: »Millionäre glauben nicht an Astrologen, Milliardäre halten sich welche.«

Wer hat recht?

Als Amerikas Präsident Dwight D. Eisenhower 1957 erkrankte, mußte ich als junger Reporter von seiner Ranch in Gettysburg berichten. Eines Abends stand ich dort mit einem der angereisten Medizinmänner inmitten von Black-Angus-Rindern. Unter dem Sternenhimmel kam die Sprache auf die Astrologie. Was er von ihr halte, fragte ich den Mann der Wissenschaft. Seinen Namen habe ich vergessen, seine Antwort nicht: »Wenn an der Astrologie soviel dran wäre, wie die Anhänger glauben, gäbe es kaum noch eine andere Wissenschaft. Und wenn so wenig dran wäre, wie die Gegner glauben, gäbe es die Astrologie nach 6 000 Jahren nicht immer noch.«

Statistik der Sterne

Es liegt in der menschlichen Natur, frappierende Resultate einer statistischen Untersuchung zuweilen voreilig in einer bestimmten Richtung zu interpretieren und zu wenig darüber nachzudenken, ob es unter Umständen auch noch ganz andere Erklärungsmöglichkeiten gibt. Wir haben uns in diesem Buch immer sehr davor gehütet, dort einfache Erklärungen anzubieten, wo es auch andere, vielleicht kompliziertere, geben könnte; oder gar einen Zusammenhang zu behaupten, der durch die statistischen Unterlagen nicht abgesichert ist.

Zunächst wollen wir uns mit einigen Grundbegriffen der Statistik beschäftigen, die uns in den folgenden Kapiteln immer wieder begegnen werden. Vergessen wir also für einen Augenblick die Sternzeichen und wenden wir uns jenen beliebten Würfelbeispielen zu, mit denen jeder Student der Statistik schon in den allerersten Vorlesungen traktiert wird.

Wenn wir einen korrekt beschaffenen Würfel 600mal werfen, ist nach den elementaren Regeln der Wahrscheinlichkeitsrechnung zu erwarten, daß jede der sechs Ziffern 100mal erscheint. Denn ein Sechstel von 600 ist 100. Das nennen wir den Erwartungswert.

Aber auch wenn der Würfel völlig korrekt beschaffen

ist, wird in Wirklichkeit kaum jede Zahl exakt 100mal geworfen werden. Die eine Ziffer wird vielleicht nur 90mal fallen, andere Ziffern dagegen 108mal oder 114mal. Wenn die Ziffer 5 zum Beispiel 110mal geworfen wurde, so bezeichnen wir dies als den Istwert. Er liegt in diesem Fall um 10 Prozent über dem Erwartungswert (110 gegenüber 100).

Je weiter der Istwert vom Erwartungswert entfernt liegt, um so geringer ist die Wahrscheinlichkeit des Zufalls. Wo aber verläuft die Grenze? Ab wann scheint Zufall zweifelhaft? Wenn die Ziffer 5 in 600 Würfen 122mal erscheint? Oder 139mal? Ab wann kann man mit an Sicherheit grenzender Wahrscheinlichkeit den Würfel als unkorrekt bezeichnen? Wenn die Ziffer 5 in 600 Würfen 183mal gefallen ist? Oder 194mal? Könnte sie nicht auch 600mal erscheinen? Der Würfel hat ja kein Gedächtnis...

Mit den Methoden der mathematischen Statistik lassen sich Kriterien festlegen, welche Abweichungen zwischen Erwartungswerten und Istwerten nach der Wahrscheinlichkeitsrechnung noch als zufallsbedingt hingenommen werden können und welche nicht. Dabei gilt das Gesetz der großen Zahl: Je breiter wir unsere Versuchsreihe anlegen, je größer also die Grundgesamtheit ist, desto treffsicherer werden die Aussagen sein.

Es würde den Rahmen dieses Buches sprengen, die Methoden in aller Ausführlichkeit darzustellen, zumal deren Verständnis profunde mathematische Kenntnisse erfordert. Begriffe wie »Normalverteilung«, »Gaußsche Glockenkurve«, »Varianz« und »Standardabweichung« spielen dabei eine Rolle.

Für unsere Zwecke können wir uns damit begnügen,

die Nutzanwendung dieser statistischen Methoden für unsere Untersuchung darzulegen, wobei wir die Vollblutmathematiker unter den Lesern bitten, uns gewisse Vereinfachungen nachzusehen. Sie dienen der besseren Verständlichkeit, ohne dabei das jeweilige Ergebnis grundsätzlich zu beeinträchtigen.

Zur Veranschaulichung der Wirkung der großen Zahl ein Beispiel: Mit der gleichen Wahrscheinlichkeit, mit der die Zahl 5 bei 600 Würfen 120mal erscheint, erscheint sie bei 60 000 Würfen 10 200 mal. Bei dem 600er-Test beträgt die Abweichung des Istwertes vom Erwartungswert 20 Prozent, beim 60 000er-Test aber nur noch 2 Prozent. So engt eine größere Grundgesamtheit die relativen Abweichungen zwischen Ist- und Erwartungswerten ein.

Ob je ein Mensch die Geduld hätte, einen Würfel 60 000mal zu werfen, sei dahingestellt. 1882 berichtete ein Forscher namens Wolf in einer Zürcher naturwissenschaftlichen Zeitung über eine tatsächlich durchgeführte Versuchsreihe mit immerhin 20 000 Würfen. Für uns ist die Erkenntnis relevant, die in der Gaußschen Glockenkurve über die Wahrscheinlichkeitsdichte festgehalten ist:

Je größer die Grundgesamtheit, desto geringer die relative Abweichung zwischen Erwartungs- und Istwert, die kaum mehr als Zufall erklärbar ist.

In der Statistik haben sich gewisse Gepflogenheiten herausgebildet, wie die Wahrscheinlichkeit eines zufälligen Zustandekommens von Abweichungen zwischen Erwartungswert und Istwert zu bewerten und zu bezeichnen ist.

Gebräuchlich ist:

- Wenn die Wahrscheinlichkeit für das zufällige Zustandekommen der Abweichung höchstens 5 Prozent beträgt bzw. im Verhältnis 1 : 20 steht, bezeichnet man die Abweichung als signifikant.
- Wenn die Wahrscheinlichkeit höchstens 1 Prozent beträgt bzw. im Verhältnis 1 : 100 steht, nennt man die Abweichung hoch signifikant.

Wohlverstanden: Diese Definitionen sind reine Konvention. In der Regel wird das zur Verfügung stehende Datenmaterial und der Zweck der Untersuchung das Signifikanzniveau bestimmen.

Wenn etwa untersucht werden soll, ob eine Erkrankung in bestimmten Berufsgruppen gehäuft auftritt und insgesamt nur 500 Befunde verfügbar sind, wird man sich notgedrungen mit einem relativ niedrigen Signifikanzniveau zufrieden geben. Wenn es hingegen gilt, die Reißfestigkeit von Kletterseilen zu testen, wird uns ein Signifikanzniveau von 5 Prozent oder selbst 1 Prozent nicht genügen. Man wird bei den Kletterseilen – zumal man die Länge der Testreihe beliebig wählen kann – ein wesentlich höheres, also strengeres Niveau fordern, ehe man den Seilen aus einer bestimmten Produktionsserie das Qualitätssiegel zuerkennt.

Auch hier gilt wieder: Je größer die Grundgesamtheit, desto aussagekräftiger das Ergebnis.

In unseren Untersuchungen mit extrem langen Datenreihen haben wir uns für folgende Definitionen entschieden: Wir bezeichnen die Abweichung zwischen Istwert und Erwartungswert

- ▷ als leicht signifikant, wenn die Wahrscheinlichkeit für ihr zufälliges Zustandekommen höchstens 5 Prozent beträgt bzw. im Verhältnis 1 : 20 steht;
- ▷ als signifikant, wenn die Wahrscheinlichkeit für ihr zufälliges Zustandekommen höchstens 1 Prozent beträgt bzw. im Verhältnis 1 : 100 steht;
- ▷ als hoch signifikant, wenn diese Wahrscheinlichkeit höchstens 0,1 Prozent beträgt oder im Verhältnis 1 : 1000 steht.

Damit haben wir begrifflich strengere Maßstäbe angelegt, als dies in den meisten statistischen Untersuchungen üblich ist. In den nachstehenden Kapiteln haben wir das Signifikanzniveau in den Tabellen jeweils wie folgt gekennzeichnet:

*   = leicht signifikant;
** = signifikant;
*** = hoch signifikant.

In den Grafiken sind die Säulen der Sternzeichen mit signifikanten Werten dunkel unterlegt. Die dazugehörigen Einzeltests untersuchen dabei, ob die beobachtete Abweichung in die jeweilige Richtung signifikant ist. Hell dargestellt sind dagegen die unauffälligen Abweichungen vom Erwartungswert.

In den zwei Untersuchungen über Krankheiten und Berufe haben wir darauf verzichtet, leichte Signifikanzen auszuweisen. Sie sind hier lediglich mit dem Wort »Hinweis« gekennzeichnet. Im Rahmen dieser beiden Analysen war der Stichprobenumfang so groß und es waren so viele Einzelauswertungen erforderlich, daß ein »multiples Testproblem« nicht auszuschließen war. Bei diesem Phänomen können signifikante Abweichungen häufiger zustande kommen als dies der Statistiker zu erkennen vermag.

Zwei weitere Begriffe werden uns in den folgenden Kapiteln immer wieder begegnen, nämlich der sogenannte Chi-Quadrat-Anpassungstest und der Chi-Quadrat-Unabhängigkeitstest. Auch zu deren Erläuterung wollen wir uns wieder der probaten Würfelbeispiele bedienen.

Wird ein Würfel 600mal geworfen, so könnte sich das folgende Bild ergeben:

Augenzahl	Zahl der Würfe
1	90
2	81
3	106
4	93
5	134
6	96
insgesamt	**600**

Um zu prüfen, ob dieses Ergebnis durch den Zufall zu erklären ist, führt der Statistiker bei solchen eindimensionalen Verteilungen in der Regel zunächst den Chi-Quadrat-Anpassungstest durch. Dabei wird die komplette Tabelle in einer Rechenoperation daraufhin getestet, ob die vorgefundene Verteilung mit der angenommenen Gleichverteilung (Nullhypothese) vereinbar ist.

▷ Falls ja, wenn also die Abweichungen zwischen tatsächlicher Verteilung und dem erwarteten Wert ohne weiteres durch Zufall zustande gekommen sein können, erübrigt sich weiteres Grübeln. Es sind dann auch bei der Analyse der Einzelwerte keine verwertbaren signifikanten Abweichungen zu erwarten.

▷ Falls nein, wenn also die Hypothese der Gleichverteilung nicht aufrechterhalten werden kann, lohnt es sich, in die Analyse der einzelnen Abweichungen einzusteigen und zu ermitteln, welche davon als signifikant zu bezeichnen sind und welche nicht.

In dem oben tabellarisch dargestellten Würfel-Beispiel würde der Chi-Quadrat-Anpassungstest zeigen, daß die Nullhypothese nicht haltbar ist. Die Einzelanalyse würde sodann ergeben, daß gegenüber dem Erwartungswert von 100 die Augenzahl 5 hoch signifikant überrepräsentiert und die Augenzahl 2 leicht signifikant unterrepräsentiert ist.

Der Chi-Quadrat-Unabhängigkeitstest kommt zur Anwendung, wenn zwei Merkmale vorliegen, die zusammen erhoben wurden. Daraus resultiert eine zweidimensionale Verteilungstabelle, die angibt, wie oft jede mögliche Paarkombination vorliegt.

Auch hier wieder ein Beispiel aus dem Reich der Würfel: Wir werfen einen roten und einen blauen Würfel gleichzeitig und notieren das Augenpaar. Nach 3600 Würfen haben wir eine zweidimensionale Verteilung in Form einer Tabelle mit 6 x 6 Feldern, die angibt, wie oft zum Beispiel der Fall eingetreten ist, daß beim roten Würfel eine 2 geworfen wurde und gleichzeitig beim blauen Würfel eine 5. Sind beide Würfel unverfälscht und übt keiner magische Kräfte auf den anderen aus, so ist die zu erwartende Anzahl in den 36 Feldern unserer Tabelle jeweils für jedes mögliche Augenpaar gleich 100 (3600 : 36 = 100).

roter Würfel zeigt	blauer Würfel zeigt 1	2	3	4	5	6	insgesamt
1	98	121	89	95	117	104	624
2	108	78	91	93	115	106	591
3	105	110	86	111	77	96	585
4	91	81	130	107	92	120	621
5	97	121	106	91	91	103	609
6	105	80	102	90	101	92	570
insgesamt	604	591	604	587	593	621	3600

Die Prüfung der Hypothese, daß kein Würfel den anderen beeinflußt, d.h. daß die Augenzahlen beider Würfel völlig unabhängig voneinander sind, geschieht mit Hilfe des Chi-Quadrat-Unabhängigkeitstests. Die tatsächlich zustande gekommene zweidimensionale Häufigkeitstafel wird mit jenen Häufigkeiten verglichen, welche zu erwarten sind, vorausgesetzt, beide Merkmale sind voneinander unabhängig.

Nur wenn der Unabhängigkeitstest zu dem Ergebnis führt, daß mit hoher Wahrscheinlichkeit ein Zusammenhang zwischen beiden Merkmalen besteht, ist es der Mühe wert, die Abweichungen in den einzelnen Feldern der Tabelle näher zu analysieren.

Bei unseren Untersuchungen war ein typisches Beispiel für eine zweidimensionale Verteilung die Frage:

Treten Bräute, die unter einem bestimmten Sternzeichen geboren sind, besonders häufig mit Bräutigamen eines bestimmten Sternzeichens vor den Traualtar?

Der Chi-Quadrat-Unabhängigkeitstest ergab, daß sich eine Untersuchung der Einzelwerte auf Signifikanz lohnt. Im Kapitel »Wer heiratet wen?« finden Sie das Ergebnis.

Zum Schluß noch ein Wort zur Terminologie: Wir haben es in diesem Buch gelegentlich mit komplizierten Sachverhalten zu tun. Um diese dem Leser nahezubringen, haben wir uns um eine allgemein verständliche Sprache bemüht. Wir bitten die Statistiker der Universität München, die uns stets anhielten, uns in der Fachsprache auszudrücken, um Nachsicht, wenn wir dies nicht immer tun. Wir versuchen, ihren Anregungen und Wünschen weitgehend nachzukommen, aber manchmal sehen wir uns veranlaßt, Kompliziertes zu vereinfachen. Um es vergleichsweise mit den Worten einer Gourmet-Speisekarte auszudrücken: »*Fruits de terre en robe de chambre à la Duc d'Arcangues*« nennen wir manches Mal schlicht – »Kartoffeln«.

Statt von »Angehörigen eines Sternzeichens« zu sprechen, verwenden wir der Einfachheit halber oft nur den Begriff »Sternzeichen«.

KAPITEL 1

Wer kauft welche Astro-Literatur?

»Weltliteratur ist das Resultat einer geglückten Kombination der 26 Buchstaben des Alphabets.«
Shawn G. Custer

Millionen Menschen glauben seit Jahrtausenden an die Macht der Sterne. Mehr als eine Milliarde Horoskope werden wöchentlich gedruckt.

Laut einer Repräsentativumfrage wissen 93 Prozent aller Deutschen, unter welchem Sternzeichen sie geboren sind. Doch ob an der Astrologie überhaupt etwas dran ist oder nicht, das weiß keiner, und eben das wollte ich ergründen. Aber wie ich das Jahrtausendrätsel angehen sollte, wußte ich nicht.

Auf einer Photoreise in Key West (Florida) – nach einem Besuch in dem verwitterten Colonial House, in dem einst Ernest Hemingway »In einem anderen Land« schrieb – fiel eine Sternschnuppe und erhellte meine Gedanken.

In einer Buchhandlung entdeckte ich zwölf Bände einer astrologischen Buchreihe. Für jedes Sternzeichen ein Buch. Theoretisch mußte jedes Buch etwa gleich oft verkauft sein. Und wenn nicht?

Dann würde das darauf hindeuten, daß Angehörige des einen oder anderen Sternzeichens sich mehr oder weniger für Astrologie interessierten als die Angehörigen anderer Sternzeichen. Damit wäre die Vermutung erhärtet, daß die Sternzeichen sich unterschiedlich verhalten – eines der Fundamente der Astrologie.

Früh am nächsten Morgen machte ich mit Herzklopfen zwei Anrufe nach München und Wiesbaden. In München fragte ich meinen Freund, den Verleger Rolf Heyne, der auch Astrologisches herausgibt, ob er mir die Verkaufszahlen einzelner Bändchen einer Astro-Reihe zur Verfügung stellen könnte. Ja, von der Astro-Reihe »Tierkreiszeichen«. Er faxte sie in mein Büro. In Wiesbaden bat ich den zuständigen Herrn Bosse des Bundesamtes für Statistik, mir doch bitte die Geburtenziffer der deutschen Bevölkerung zuzusenden – wir mußten ja wissen, wie viele Widder oder Waagen in jedem Jahr lebten. Auch er überraschte mich mit einer prompten Zusage.

Nun kam die Nacht der tausend Zahlen: Über 300 000 Daten verkaufter Heyne-Bücher und die Geburtenziffern seit 1950.

Mit meiner Assistentin »Maus« Birling rechneten wir auf einem schäbigen Visitenkartenrechner – es war schon Nacht – die nicht sehr schwierigen, aber vielstelligen Dreisätze aus. Es war wie das Flöhehüten – aber vor Mitternacht stand fest: Die Abweichungen des Kaufverhaltens der verschiedenen Sternzeichen von der Erwartungslinie waren so groß, daß sogar ich ahnen konnte, es befänden sich signifikante Ausreißer darunter.

Später bestätigten mir die Statistiker der Uni München bei zehn der zwölf Sternzeichen hoch signifikante Abweichungen (s. Grafik S. 60). Ein Einfluß der Sternzeichen auf den Menschen, zumindest auf sein Kaufverhalten bei Astro-Literatur, war nachgewiesen. Heureka!

Damit lag die Vermutung nahe, daß die Sternzeichen sich auch in anderen Bereichen unterschiedlich verhielten – eines der Fundamente der Astrologie.

Es war sicher ein erster Schritt – aber wir standen erst am Anfang eines langen Weges.

Die Astro-Buch-Parabel hatte noch eine pikante Pointe: Durch das Kaufverhalten gläubiger Anhänger der Astrologie konnten wir den ersten Nachweis erbringen, daß die Astrologie – zumindest in diesem Punkt – nicht nur auf Glauben beruht.

Die Analyse

Um statistisch zu überprüfen, ob die Angehörigen der zwölf Sternzeichen ein unterschiedliches Kaufverhalten an den Tag legen, benötigt man zunächst die Verkaufszahlen der Bücher über einen längeren Zeitraum. Zahlenmaterial über einen Zeitraum von vier Jahren stand uns zur Verfügung.

Im zweiten Schritt braucht man eine sogenannte Bezugspopulation. Also eine für den Erwerb solcher Bücher in Frage kommende Grundgesamtheit von möglichen Käufern. Und das ist methodisch bereits etwas schwieriger.

Wir sind bei unserer Untersuchung von den in der Bundesrepublik geborenen Personen ausgegangen, die den Jahrgängen 1950 bis 1979 angehören. Über die Geburtenzahlen dieser Jahre, untergliedert nach Geburtsmonaten, gibt es beim Statistischen Bundesamt in Wiesbaden umfassendes und verläßliches Datenmaterial. Für den Zeitraum 1936 bis 1949 dagegen ist das Material aus historischen Gründen lückenhaft und problematisch.

Um dennoch sicherzugehen, daß sich die Verteilung der zwischen 1950 bis 1979 geborenen Bevölkerung nach Geburtsmonaten nicht wesentlich von der Verteilung bei älteren Jahrgängen unterscheidet, wurden die Daten über die Jahrgänge 1950 bis 1979 mit den ebenfalls verläßlichen Zahlen der Jahrgänge 1920 bis 1935 verglichen. Es zeigten sich dabei keine ins Gewicht fallenden Unterschiede. Um schließlich auch den Einwand auszuschließen, daß durch geburtenstarke Jahrgänge oder den Pillenknick Verwerfungen eingetreten sein könnten, die die statistische Sicherheit beeinträchtigen, haben wir die Geburtsdaten unterschiedlich gruppiert. Etwa nur die Jahrgänge 1959–1965 oder 1966–1979 herangezogen und damit unsere Berechnungen wiederholt. Die dabei festgestellten Abweichungen waren unauffällig.

Nun sind nicht alle Menschen, die zwischen 1950 und 1979 geboren wurden, heute noch am Leben und damit potentielle Buchkäufer. Aus dem Jahrgang 1950 sind naturgemäß schon mehr Menschen verstorben als aus dem Jahrgang 1979. Auch diesen Aspekt haben wir berücksichtigt. Die Zahlen wurden anhand der Tabelle »Altersspezifische Sterbeziffern und Sterbewahrscheinlichkeiten« des Statistischen Bundesamts bereinigt. Mit Hilfe dieser Zahlen ist für jeden einzelnen Geburtenjahrgang die Überlebenswahrscheinlichkeit bestimmbar, und somit läßt sich statistisch korrekt errechnen, wie viele Menschen aus den jeweiligen Geburtsjahrgängen noch am Leben sind.

Als Bezugspopulation für unsere Berechnungen stand am Ende die nach den Sterbewahrscheinlichkeiten bereinigte Zahl der in der Bundesrepublik zwischen 1950 und

1979 geborenen Personen. Diese Bezugspopulation besteht aus insgesamt 23879258 Männern und Frauen.

Natürlich erfaßt das Statistische Bundesamt die Geburten nicht nach Sternzeichen, sondern nach Kalendermonaten. Also mußten wir von Kalendermonaten in Sternzeichen umrechnen. Entsprechend ihrer Laufzeit (z. B. Wassermann: 21. Januar bis 19. Februar) haben wir die Monatszahlen jeweils auf die beiden beteiligten Sternzeichen umgelegt. Die Besonderheiten in den Schaltjahren wurden dabei berücksichtigt.

Dies führte uns schließlich zu folgender Aufteilung der Bezugspopulation:

Bezugspopulation

Sternzeichen	Geburtenzahlen der Jahrgänge 1950 - 1979	Anteil an den Geburtenzahlen der Jahrgänge 1950 - 1979 in Prozent	Tatsächliche Buchverkäufe Heyne "Tierkreis" in Stückzahlen
Widder	2.139.460	8,96 %	26.799
Stier	2.047.972	8,58 %	24.966
Zwillinge	2.146.536	8,99 %	25.675
Krebs	2.035.639	8,52 %	27.528
Löwe	2.047.455	8,57 %	25.735
Jungfrau	2.019.327	8,46 %	25.307
Waage	1.868.883	7,83 %	24.865
Skorpion	1.829.677	7,66 %	27.062
Schütze	1.777.207	7,44 %	24.831
Steinbock	1.923.268	8,05 %	25.443
Wassermann	2.022.631	8,47 %	27.527
Fische	2.021.203	8,46 %	27.630
	23.879.258	**100,00 %**	**313.368**

Diese Tabelle zeigt die sehr ausgeprägte Saisonalität der Geburtenzahlen. Während etwa die Widder und die Zwillinge jeweils fast 9 Prozent der Bezugspopulation ausmachen, liegt der Bevölkerungsanteil der Schützen nur bei 7,44 Prozent.

Innerhalb von vier Jahren, 1991 bis 1994, hat der Heyne-Verlag in Deutschland insgesamt 313 368 Bücher aus seiner Taschenbuch-Reihe »Tierkreiszeichen« verkauft.

Die Anteile der einzelnen Bände an der Gesamtverkaufszahl haben wir in der Tabelle rechts den Anteilen der Sternzeichen an der Bezugspopulation gegenübergestellt.

Sehen wir uns die rechte Seite der Tabelle (s. S. 57) etwas genauer an: Beim Widder ist die Abweichung mit minus 0,41 Prozent angegeben. Das ist die ermittelte Differenz zwischen Istwert (8,55 Prozent) und Erwartungswert (8,96 Prozent).

Da der Anteil der Widder an der Bezugspopulation 8,96 Prozent beträgt, hätte man erwarten können, daß auch der Anteil des Widder-Buches an der Gesamtverkaufszahl bei 8,96 Prozent liegt. Demzufolge hätten 28 076 Widder-Bücher verkauft werden müssen. Tatsächlich wurden jedoch nur 26 799 Bücher (bzw. 8,55 Prozent) über das Tierkreiszeichen Widder verkauft, also etwa 4,5 Prozent weniger als zu erwarten gewesen wäre.

Umgekehrt beim Skorpion: Seinem Anteil von 7,66 Prozent an der Bezugspopulation hätten 24 011 verkaufte Skorpion-Bücher entsprochen. Dem steht eine effektive Verkaufszahl von 27 062 gegenüber. Es wurden also fast 13 Prozent mehr Skorpion-Bücher verkauft, als man nach dem Anteil der Skorpione an der Bezugspopulation hätte annehmen dürfen (s. Tabelle S. 60).

Sind dies lediglich zufällige Abweichungen, wie sie immer und überall zu erwarten sind? Oder lassen sich solche Abweichungen mit hoher Wahrscheinlichkeit nicht mehr mit dem Zufall erklären?

Wer kauft wie viele Tierkreiszeichen-Bücher?

Sternzeichen	Geburtenzahlen der Jahrgänge 1950 - 1979	Anteil an den Geburtenzahlen der Jahrgänge 1950 - 1979 in Prozent	Tatsächliche Buchverkäufe Heyne "Tierkreis" in Stückzahlen	Tatsächliche Buchverkäufe Heyne "Tierkreis" in Prozent	Abweichung von der Erwartung in Prozent
Widder	2.139.460	8,96 %	26.799	8,55 %	-0,41 %
Stier	2.047.972	8,58 %	24.966	7,97 %	-0,61 %
Zwillinge	2.146.536	8,99 %	25.675	8,19 %	-0,80 %
Krebs	2.035.639	8,52 %	27.528	8,78 %	+0,26 %
Löwe	2.047.455	8,57 %	25.735	8,21 %	-0,36 %
Jungfrau	2.019.327	8,46 %	25.307	8,08 %	-0,38 %
Waage	1.868.883	7,83 %	24.865	7,93 %	+0,11%
Skorpion	1.829.677	7,66 %	27.062	8,64 %	+0,97 %
Schütze	1.777.207	7,44 %	24.831	7,92 %	+0,48 %
Steinbock	1.923.268	8,05 %	25.443	8,12 %	+0,07 %
Wassermann	2.022.631	8,47 %	27.527	8,78 %	+0,31 %
Fische	2.021.203	8,46 %	27.630	8,82 %	+0,35 %
	23.879.258	100,00 %	313.368	100,00 %	

Um dies herauszufinden, haben wir das Datenmaterial dem Statistischen Institut der Ludwig-Maximilians-Universität München übergeben und um Überprüfung der festgestellten Abweichungen auf ihre Signifikanz hin gebeten.

Dazu wurde zunächst ein Chi-Quadrat-Anpassungstest durchgeführt (s. S. 46). Mit diesem ersten Test wurde untersucht, ob die sogenannte Hypothese der gleichen Verkaufsanteile haltbar ist. Allgemeinverständlicher ausgedrückt: Kann man angesichts der Abweichungen noch die Annahme aufrechterhalten, daß das Interesse an den Tierkreiszeichen-Büchern bei den Angehörigen aller Sternzeichen etwa gleich stark ausgeprägt ist? Oder sind die Abweichungen der Istverkaufszahlen von den Erwartungsverkaufszahlen so hoch, daß man sie nicht mehr dem Zufall zuschreiben kann? In diesem Fall wäre die Hypothese der Gleichverteilung nicht haltbar. Wir dürften dann annehmen, daß es irgendeinen Zusammenhang gibt zwischen Sternzeichenzugehörigkeit und Astrologieinteresse.

Der Test ergab folgendes: Die Wahrscheinlichkeit, daß die Istverkaufszahlen rein zufällig zustande kamen, ist kleiner als 1:10 000 000. Aufgrund des zuvor festgelegten Signifikanzniveaus (s. S. 45) konnte somit ein Zufall statistisch ausgeschlossen werden. Im nächsten Schritt galt es, für jedes einzelne Sternzeichen zu prüfen, ob die Abweichungen zwischen Ist- und Erwartungswerten signifikant sind oder nicht.

Es ist bemerkenswert, daß bei zehn der zwölf Sternzeichen hoch signifikante Abweichungen aufgetreten sind. Krebs, Skorpion, Schütze, Wassermann und Fische weisen im Vergleich mit dem Erwartungswert höhere Istverkaufszahlen auf, wobei das Sternzeichen Skorpion mit einer besonders ausgeprägten Abweichung auffällt.

Niedriger als erwartet, sind die tatsächlichen Verkaufszahlen bei Widder, Stier, Zwillinge, Löwe und Jungfrau, wobei das Sternzeichen Zwillinge die größte Abweichung aufweist (s. Tabelle S. 60).

Sofern die Gültigkeit der statistischen Wissenschaft nicht generell in Zweifel gezogen wird, gilt damit eines als gesichert: Es gibt einen, wie auch immer gearteten, deutlichen Zusammenhang zwischen der Zugehörigkeit zu einem bestimmten Sternzeichen und dem Kauf astrologischer Literatur.

RESÜMEE:
Es wurden die Verkäufe der Heyne-Taschenbuchreihe »Tierkreiszeichen« untersucht. Als Grundgesamtheit standen die Daten von 313 368 Buchverkäufen in den Jahren 1991 bis 1994 zur Verfügung, aufgegliedert nach Sternzeichen. Es wurden zehn hoch signifikante Abweichungen festgestellt. Der Zufall ist bei diesem Ergebnis mit einer Wahrscheinlichkeit von mindestens 1 : 10 000 000 ausgeschlossen.

Sternzeichen	Geburtenzahlen der Jahrgänge 1950 - 1979	Anteil an den Geburtenzahlen der Jahrgänge 1950 - 1979 in Prozent	Tatsächliche Verkäufe Heyne "Tierkreis" in Stückzahlen	Erwartete Verkäufe aufgrund Bevölkerungsanteil in Stück	Abweichung von der Erwartung in Prozent (Siehe Grafik)	Grad der Signifikanz
Widder	2.139.460	8,96 %	26.799	28.076	-4,55 %	*** -
Stier	2.047.972	8,58 %	24.966	26.876	-7,11 %	*** -
Zwillinge	2.146.536	8,99 %	25.675	28.169	-8,85 %	*** -
Krebs	2.035.639	8,52 %	27.528	26.714	+3,06 %	*** +
Löwe	2.047.455	8,57 %	25.735	26.869	-4,22 %	*** -
Jungfrau	2.019.327	8,46 %	25.307	26.500	-4,50 %	*** -
Waage	1.868.883	7,83 %	24.865	24.525	+1,38 %	neutral
Skorpion	1.829.677	7,66 %	27.062	24.011	+12,71 %	*** +
Schütze	1.777.207	7,44 %	24.831	23.322	+6,47 %	*** +
Steinbock	1.923.268	8,05 %	25.443	25.239	+0,81 %	neutral
Wassermann	2.022.631	8,47 %	27.527	26.543	+3,71 %	*** +
Fische	2.021.203	8,46 %	27.630	26.524	+4,17 %	*** +
	23.879.258	100,00 %	313.368	313.368		

* leicht signifikant ** signifikant *** hoch signifikant

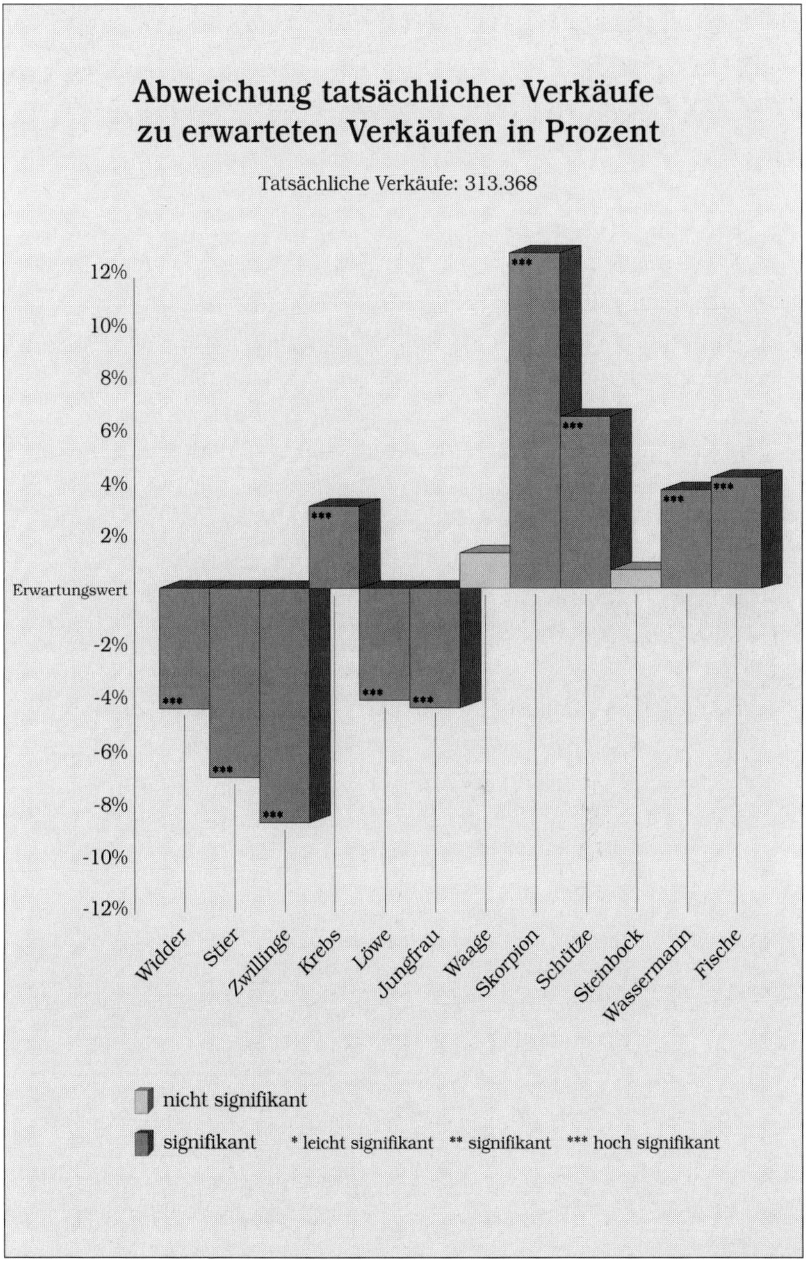

Abweichung tatsächlicher Verkäufe
zu erwarteten Verkäufen in Prozent
Tatsächliche Verkäufe: 313.368
12%
10%
8%
6%
4%
2%
Erwartungswert
-2%
-4%
-6%
-8%
-10%
-12%
***
Widder
Stier
Zwillinge
Krebs
Löwe
Jungfrau
Waage
Skorpion
Schütze
Steinbock
Wassermann
Fische
nicht signifikant
signifikant
* leicht signifikant
** signifikant
*** hoch signifikant

Astrologisches & Bemerkenswertes

Da solche Wahrscheinlichkeitsaussagen am Ende eines jeden Kapitels im Resümee wiederkehren, wollen wir sie hier kurz erläutern:

Das Ergebnis des Chi-Quadrat-Tests sagt uns, daß die Wahrscheinlichkeit, daß kein Zusammenhang mit den Sternzeichen besteht, verschwindend gering ist, nämlich 1:10 000 000 oder nahe Null. Damit ist ein irgendwie gearteter Zusammenhang zwischen Sternzeichen und dem Kaufverhalten eindrucksvoll nachgewiesen.

Zwar sind alle Werte, die über 1:1000 liegen, für die praktische Arbeit der Statistiker kaum relevant, da sie nur noch geringe Auswirkungen auf das gesuchte Resultat haben. Wir weisen sie trotzdem aus.

Das Charakterbild des Skorpions, dessen Sternzeichen-Buch am meisten gekauft wurde, findet man in dem astrologischen Band »Schlüsselworte zur Astrologie« von Banzhaf und Haebler wie folgt beschrieben:

> »Skorpion ist das Zeichen der Tiefe und der Extreme. Sein Archetyp ist der Magier, sein Schatten der Vampir. Nichts interessiert den Skorpion weniger als Oberfläche und Mittelmaß. Seine Welt ist die des Hintergründigen. Er ist der faustische Mensch, den sein Forscherdrang unwiderstehlich zu allem Verborgenen, Geheimnisvollen, Verdrängten zieht, zu den Tabus, die eine Gesellschaft hervorgebracht hat. (...) Drang, Geheimnisse zu lüften und Mut, sich dabei auch in Gefahrenbereiche zu begeben. Tiefgrün-

dig und analytisch. Scharfsinnig und unnachgiebig auf der Suche nach der letzten Weisheit. Spricht ganz sicherlich das an, was alle anderen gerne verschwiegen hätten.«*

Nach diesem Psychogramm scheint der Skorpion in der Tat dafür prädestiniert zu sein, sich für die Geheimnisse der Astrologie zu interessieren. Der Autor dieses Buches ist im Zeichen des Skorpion geboren.

In »Schlüsselworte zur Astrologie« liest man weiter über Zwillinge, deren Bücher am wenigsten verkauft wurden:

> Stärke: Überlegtes, planvolles, konzentriertes Handeln unter rationalen Gesichtspunkten aufgrund klarer Erkenntnisse, kritisch geprüfter Konzepte ohne nennenswerte emotionale Beteiligung. (...) Findig, kritisch logisch und betont intellektuell.**

Diese Persönlichkeit scheint wenig geneigt, Okkultem nachzuspüren.

In diesem Zusammenhang möchten wir noch auf ein Phänomen hinweisen, das Zweisteins Logeleien in der »ZEIT« alle Ehre machen würde.

In den Berechnungen der Bücherverkäufe sind wir gemäß der Aussage des Verlages davon ausgegangen, daß vornehmlich einzelne Bände gekauft wurden.

Nun gibt es aber sicher auch Käufer, die alle zwölf

* Hajo Banzhaf und Anna Haebler, Schlüsselworte zur Astrologie, München 1996, S. 56f.

** a.a.O., S. 47

Bücher en bloc erwerben. Und da stellt sich die Frage, ob solche Käufer das Resultat unserer Signifikanzen spürbar beeinflussen.

Ja, sie beeinflussen unser Ergebnis, und zwar auf eine kuriose Weise: Bei En-bloc-Verkäufen werden von den zehn Signifikanzen acht (Stier, Zwillinge, Krebs, Löwe, Jungfrau, Skorpion, Wassermann, Fische) verstärkt und zwei (Widder und Schütze) abgeschwächt. Bei 80 Prozent En-bloc-Verkäufen würden theoretisch die Sternzeichen Schütze und Widder sogar vom negativen in den positiven Bereich wechseln. Die beiden hoch signifikanten Ausreißer Skorpion und Zwilling würden ihr Signifikanzniveau bedeutend verstärken. Sicherlich eine Logelei von eher akademischem Charakter. Bei einem En-bloc-Anteil von etwa 20 Prozent, was nach unseren Recherchen schon recht hoch angesetzt wäre, bliebe unser Signifikanzbild so gut wie unberührt.

Zu den Randgruppen, deren Kaufverhalten nicht zu erfassen ist, gehören außerdem Astro-Gläubige, die das Buch eines fremden Sternzeichens kaufen, um etwas über einen Freund zu erfahren oder ihm dieses Buch zu schenken; Kleptomanen, die ihr eigenes Sternzeichen-Buch im Laden nicht unauffällig erreichen können und deshalb ein anderes greifen; oder ausländische Touristen, die in der deutschen Bezugspopulation nicht auftauchen.

All diesen Gruppen ist eine Eigenschaft gemein: Ihr Kaufverhalten beeinflußt das Untersuchungsergebnis nur geringfügig und hebt sich dabei zum Teil gegenseitig auf.

KAPITEL 2

Wer heiratet wen?

»Soweit die Erde Himmel sein kann, soweit ist sie es in einer glücklichen Ehe.«
Marie von Ebner-Eschenbach (1830–1916)

Die Familie ist älter als die geschriebene Geschichte. Sie existiert in Ansätzen im Tierreich. Es gibt sie in jedem Erdteil, von den Eskimos bis zu den Buschmännern. In allen Religionen wird sie geehrt, vom Christentum bis zum Shintoismus. Die Familie, so definierte der große Historiker Will Durant, »ist der Kern der Zivilisation«. Und den Kern der Familie bildet die Ehe.

Die Ehe war immer Gegenstand von Lob und Spott zugleich. »Der größte Segen auf dem Erdenrund, wenn Weib und Gatten treuer Eintracht Band umschlingt«, sang der Dichter Euripides vor 2400 Jahren. Sein Zeit- und Berufskollege Xenarchos aber höhnte: »Glücklich leben die Zikaden; denn sie haben stumme Weiber.«

Johann Wolfgang von Goethe befand: »Die Ehe ist der Anfang und der Gipfel aller Kultur.« Und derselbe Goethe lästerte über Heiraten: »Sie verderben die zartesten Verhältnisse«. Hörte Goethe auf Goethe? Nein, er heiratete.

Neben der Einehe (Monogamie) gibt es bei Naturvölkern und im Orient die Mehrehe (Polygamie), und zwar sowohl als Verbindung eines Mannes mit mehreren Frauen (Polygynie), als von einer Frau mit mehreren Männern (Polyandrie). Dabei wird zuweilen zwischen

Hauptehe und Nebenehe unterschieden. »Eine völlige Freiheit von ehelichen Bindungen (Promiskuität) hat man nirgends feststellen können«, heißt es noch im »Großen Brockhaus« von 1978. Indes: Die Deutschen machen auf diesem Sektor Fortschritte.

Im 20. Jahrhundert des Zweifels begannen viele Bundesbürger offenbar dem Wert der Ehe ernsthaft zu mißtrauen. Die Zahl der Heiraten in Deutschland sank dem Statistischen Jahrbuch zufolge von 750452 im Jahr 1950 auf 440244 im Jahr 1994 – trotz Wiedervereinigung.

Die Beweggründe zweier Menschen, mit der Ehe die wohl innigste Bindung einzugehen, scheinen jedoch unverändert geblieben zu sein: Liebe und Leidenschaft, der Wunsch nach Kindern, die Sehnsucht nach Glück und Geborgenheit und manchmal vielleicht sogar der Drang zur Mitgift, selbst wenn erfahrene Schotten mahnen: »Heirate nie des Geldes wegen. Du leihst es dir billiger.«

Haben etwa auch Sternzeichen Einfluß auf die Gattenwahl? Ist vielleicht davon die Rede, wenn es heißt: Ehen werden im Himmel geschlossen?

Die Analyse

Wir haben in unserem Institut den Versuch unternommen, die von der Astrologie behaupteten Phänomene der gegenseitigen Anziehung oder Ablehnung zweier Menschen aufgrund ihrer Zugehörigkeit zu einem bestimmten Sternzeichen statistisch zu prüfen. Also festzustellen, ob diese Phänomene sich bei näherer Betrachtung als Irrglaube erweisen oder ob sie nach den strengen Kriterien der Mathematik und der Statistik als existent anerkannt werden müssen.

Die Untersuchung über den Einfluß der Sternzeichen auf die Wahl des Ehepartners wurde möglich durch die freundliche Unterstützung des Bundesamtes für Statistik in Bern, dessen Abteilung »Bevölkerungsentwicklung« seit 1987 jede Eheschließung in der Schweiz mit den Geburtsdaten beider Partner registriert.

Die uns zur Verfügung gestellten Daten umfassen alle in den Jahren 1987 bis 1994 in der Schweiz geschlossenen Ehen. Das sind 717 526 Frauen und Männer, die aufgrund der Geburtsdaten ihrem Sternzeichen zugeordnet werden konnten. Die 144 möglichen Kombinationen »Sternzeichen der Braut/Sternzeichen des Bräutigams« haben wir in einer zweidimensionalen 12 x 12-Felder-Tabelle zusammengefaßt (s. S. 68).

Unterstellt man, daß die Zugehörigkeit zu einem bestimmten Sternzeichen keinerlei Einfluß auf die Partnerwahl hat, müßte sich die Zahl der Eheschließungen in etwa gleichmäßig auf die 144 möglichen Kombinationen verteilen. Dabei ist freilich zu berücksichtigen, daß die im heiratsfähigen Alter stehenden Angehörigen der einzelnen Sternzeichen in jeweils unterschiedlicher Anzahl existieren. Da im Verlauf des Jahres die Zahl der Geburten im Frühjahr besonders hoch und im Herbst besonders niedrig ist, sind die im März/April geborenen Widder natürlich auch unter den Eheschließenden überproportional vertreten und die im Oktober/November geborenen Skorpione unterproportional.

In einem nächsten Schritt haben wir die Tabelle der Erwartungswerte ermittelt (s. S. 68). Nehmen wir als Beispiel die Kombination Stier-Frau/Wassermann-Mann.

Eheschließungen - tatsächliche Kombinationen 1987 - 1994

	FRAUEN											
MÄNNER	Widder	Stier	Zwillinge	Krebs	Löwe	Jungfrau	Waage	Skorpion	Schütze	Steinbock	Wasserm.	Fische
Widder	3154	2925	2952	2738	2862	2737	2578	2404	2317	2622	2788	2932
Stier	2828	2843	2692	2698	2553	2577	2585	2445	2271	2574	2654	2697
Zwillinge	2895	2844	2973	2694	2708	2620	2576	2438	2343	2544	2745	2798
Krebs	2634	2626	2684	2554	2546	2511	2288	2284	2156	2340	2628	2694
Löwe	2862	2602	2626	2589	2561	2511	2355	2282	2120	2444	2464	2666
Jungfrau	2615	2601	2560	2481	2426	2542	2324	2267	2114	2353	2464	2516
Waage	2572	2467	2585	2447	2489	2339	2331	2094	2086	2278	2429	2466
Skorpion	2405	2288	2299	2338	2271	2211	2120	2065	1924	2179	2313	2467
Schütze	2510	2295	2275	2204	2227	2134	2024	1931	1994	2023	2261	2188
Steinbock	2636	2606	2549	2412	2441	2410	2248	2217	2067	2494	2533	2605
Wassermann	2813	2544	2777	2565	2682	2602	2409	2213	2227	2525	2812	2735
Fische	2906	2765	2740	2670	2597	2502	2377	2466	2248	2452	2757	2738

Eheschließungen - erwartete Kombinationen 1987 - 1994

	FRAUEN											
MÄNNER	Widder	Stier	Zwillinge	Krebs	Löwe	Jungfrau	Waage	Skorpion	Schütze	Steinbock	Wasserm.	Fische
Widder	3021	2890	2918	2796	2794	2732	2596	2494	2380	2652	2838	2898
Stier	2875	2750	2777	2661	2659	2600	2471	2374	2265	2524	2701	2759
Zwillinge	2945	2817	2844	2726	2723	2663	2531	2431	2320	2586	2767	2825
Krebs	2740	2621	2647	2537	2534	2479	2355	2262	2159	2406	2575	2629
Löwe	2753	2633	2659	2548	2546	2490	2366	2273	2169	2417	2587	2641
Jungfrau	2678	2562	2587	2479	2477	2422	2301	2211	2110	2351	2516	2570
Waage	2616	2502	2527	2421	2419	2366	2248	2160	2061	2297	2458	2510
Skorpion	2460	2353	2376	2277	2275	2225	2114	2031	1938	2160	2311	2360
Schütze	2385	2282	2304	2208	2206	2158	2050	1969	1879	2095	2241	2289
Steinbock	2674	2558	2583	2475	2473	2418	2298	2208	2107	2348	2512	2566
Wassermann	2828	2705	2732	2618	2615	2558	2430	2335	2228	2483	2657	2714
Fische	2857	2733	2759	2644	2642	2584	2455	2359	2251	2508	2684	2741

Wir wissen, daß von den 358 763 heiratenden Frauen insgesamt 31 406 dem Sternzeichen Stier angehörten. Dies sind 8,754 Prozent aller heiratenden Frauen. Zum anderen wissen wir, daß sich unter den 358 763 heiratenden Männern 30 904 »Wassermänner« befanden, was 8,614 Prozent aller heiratenden Männer entspricht.

Der Erwartungswert für die Kombination Stier-Frau/Wassermann-Mann errechnet sich durch die Multiplikation dieser beiden Prozentsätze: 8,754 % x 8,614 % = 0,754 %. Unter normalen Umständen wäre demnach zu erwarten gewesen, daß bei 0,754 Prozent aller 358 763 Eheschließungen eine Stier-Frau und ein Wassermann-Mann sich das Jawort gaben. Der Erwartungswert für diese Kombination liegt damit bei 2 705. Tatsächlich kam es in der Schweiz in den Jahren 1987 bis 1994 aber lediglich zu 2 544 Eheschließungen mit dieser Sternzeichen-Kombination.

Spricht der Statistiker von »Unabhängigkeitszahl«, so ist derjenige Wert gemeint, der in unserer zweidimensionalen Tabelle unter der Annahme anzusetzen ist, daß das Sternzeichen der Braut (Merkmal 1) und das Sternzeichen des Bräutigams (Merkmal 2) unabhängig voneinander sind.

Wir haben in der geschilderten Weise für alle 144 Tabellen-Felder die jeweiligen Erwartungs- oder Unabhängigkeitswerte errechnet. Wie zu vermuten war, haben sich dabei teils geringe, teils aber auch sehr beachtliche Differenzen zu den Istwerten ergeben.

Bis hierher bewegten wir uns noch im Bereich der relativ einfachen Mathematik. Nun galt es, mit den ausgeklügelten Methoden der Statistik die Abweichungen in den 144 Feldern abzuklopfen: Welche sind durch Zufall erklärbar? Und welche sind so ausgeprägt, daß man sie als signifikant oder gar hoch signifikant bezeichnen muß?

Mit dieser Fragestellung haben wir unsere beiden 144-Felder-Tabellen, also die Tabelle der Istwerte und die Tabelle der Erwartungswerte, den Statistikern der Ludwig-Maximilians-Universität in München vorgelegt.

Diese haben als erstes an der zweidimensionalen Tabelle der tatsächlichen Eheschließungen den sogenannten Chi-Quadrat-Unabhängigkeitstest durchgeführt (s. S. 47). Die Fragestellung lautete: Ist die Hypothese haltbar, daß das Sternzeichen des heiratenden Mannes (Merkmal 1) völlig unabhängig ist vom Sternzeichen der Partnerin (Merkmal 2) und umgekehrt? Der Unabhängigstest ergab, daß diese Nullhypothese nur mit einer äußerst geringen Wahrscheinlichkeit von 0,0018 Prozent (1 : 55 555) haltbar ist. Die Behauptungen, daß bestimmte Sternzeichen-Kombinationen häufiger heiraten als andere, ist damit statistisch als hoch signifikant einzustufen.

Es lohnte sich also, nun Feld für Feld in die Einzelanalyse der Abweichungen zwischen Ist- und Erwartungswerten einzutreten.

Dabei stellte sich heraus, daß bei 25 der insgesamt 144 Kombinationen signifikante oder zumindest leicht signifikante Abweichungen zwischen Istwerten und Erwartungswerten bestehen (s. Tabelle S. 74–75).

Signifikant bzw. leicht signifikant über der erwarteten Anzahl liegen Eheschließungen mit folgenden Konstellationen:

Mann	Frau
Widder	Widder**
Stier	Stier*
Stier	Waage**
Zwillinge	Zwillinge*
Löwe	Widder*
Jungfrau	Jungfrau**
Waage	Waage*
Skorpion	Fische**
Schütze	Schütze**
Schütze	Widder**
Steinbock	Steinbock***
Wassermann	Wassermann***
Fische	Skorpion**

* = leicht signifikant   ** = signifikant   *** = hoch signifikant

Es fällt auf, daß unter diesen dreizehn Kombinationen von Sternzeichen, zwischen denen offenbar eine besondere Anziehungskraft wirkt, sich acht (!) Kombinationen befinden, bei denen beide Partner dem gleichen Sternzeichen angehören.

MÄNNER		FRAUEN Widder	Stier	Zwillinge	Krebs	Löwe
Widder	Tatsächliche Ehen	3154	2925	2952	2738	2862
	Erwartete Ehen	3021	2890	2918	2796	2794
	Signifikanz/Diff.	** +133	+35	+34	-58	+68
Stier	Tatsächliche Ehen	2828	2843	2692	2698	2553
	Erwartete Ehen	2875	2750	2777	2661	2659
	Signifikanz/Diff.	-47	* +93	* -85	+37	* -106
Zwillinge	Tatsächliche Ehen	2895	2844	2973	2694	2708
	Erwartete Ehen	2945	2817	2844	2726	2723
	Signifikanz/Diff.	-50	+27	** +129	-32	-15
Krebs	Tatsächliche Ehen	2634	2626	2684	2554	2546
	Erwartete Ehen	2740	2621	2647	2537	2534
	Signifikanz/Diff.	* -106	+5	+37	+17	+12
Löwe	Tatsächliche Ehen	2862	2602	2626	2589	2561
	Erwartete Ehen	2753	2633	2659	2548	2546
	Signifikanz/Diff.	** +109	-31	-33	+41	+15
Jungfrau	Tatsächliche Ehen	2615	2601	2560	2481	2426
	Erwartete Ehen	2678	2562	2587	2479	2477
	Signifikanz/Diff.	-63	+39	-27	+2	-51
Waage	Tatsächliche Ehen	2572	2467	2585	2447	2489
	Erwartete Ehen	2616	2502	2527	2421	2419
	Signifikanz/Diff.	-44	-35	+58	+26	+70
Skorpion	Tatsächliche Ehen	2405	2288	2299	2338	2271
	Erwartete Ehen	2460	2353	2376	2277	2275
	Signifikanz/Diff.	-55	-65	* -77	+61	-4
Schütze	Tatsächliche Ehen	2510	2295	2275	2204	2227
	Erwartete Ehen	2385	2282	2304	2208	2206
	Signifikanz/Diff.	** +125	+13	-29	-4	+21
Steinbock	Tatsächliche Ehen	2636	2606	2549	2412	2441
	Erwartete Ehen	2674	2558	2583	2475	2473
	Signifikanz/Diff.	-38	+48	-34	-63	-32
Wasserm.	Tatsächliche Ehen	2813	2544	2777	2565	2682
	Erwartete Ehen	2828	2705	2732	2618	2615
	Signifikanz/Diff.	-15	*** -161	+45	-53	+67
Fische	Tatsächliche Ehen	2906	2765	2740	2670	2597
	Erwartete Ehen	2857	2733	2759	2644	2642
	Signifikanz/Diff.	+49	+32	-19	+26	-45

Gesamtanzahl der ausgewerteten Eheschließungen: 358.763

FRAUEN						
Jungfrau	Waage	Skorpion	Schütze	Steinbock	Wasserm.	Fische
2737	2578	2404	2317	2622	2788	2932
2732	2596	2494	2380	2652	2838	2898
+5	-18	* -90	-63	-30	-50	+34
2577	2585	2445	2271	2574	2654	2697
2600	2471	2374	2265	2524	2701	2759
-23	** +114	+71	+6	+50	-47	-62
2620	2576	2438	2343	2544	2745	2798
2663	2531	2431	2320	2586	2767	2825
-43	+45	+7	+23	-42	-22	-27
2511	2288	2284	2156	2340	2628	2694
2479	2355	2262	2159	2406	2575	2629
+32	-67	+22	-3	-66	+53	+65
2511	2355	2282	2120	2444	2464	2666
2490	2366	2273	2169	2417	2587	2641
+21	-11	+9	-49	+27	** -123	+25
2542	2324	2267	2114	2353	2464	2516
2422	2301	2211	2110	2351	2516	2570
** +120	+23	+56	+4	+2	-52	-54
2339	2331	2094	2086	2278	2429	2466
2366	2248	2160	2061	2297	2458	2510
-27	* +83	-66	+25	-19	-29	-44
2211	2120	2065	1924	2179	2313	2467
2225	2114	2031	1938	2160	2311	2360
-14	+6	+34	-14	+19	+2	** +107
2134	2024	1931	1994	2023	2261	2188
2158	2050	1969	1879	2095	2241	2289
-24	-26	-38	** +115	* -72	+20	* -101
2410	2248	2217	2067	2494	2533	2605
2418	2298	2208	2107	2348	2512	2566
-8	-50	+9	-40	*** +146	+21	+39
2602	2409	2213	2227	2525	2812	2735
2558	2430	2335	2228	2483	2657	2714
+44	-21	** -122	-1	+42	*** +155	+21
2502	2377	2466	2248	2452	2757	2738
2584	2455	2359	2251	2508	2684	2741
* -82	* -78	** +107	-3	-56	+73	-3

positiv ■ negativ * leicht signifikant ** signifikant *** hoch signifikant

Signifikant bzw. leicht signifikant unter der erwarteten Anzahl liegen folgende Konstellationen:

Mann	Frau
Widder	Skorpion*
Stier	Zwillinge*
Stier	Löwe*
Krebs	Widder*
Löwe	Wassermann**
Skorpion	Zwillinge*
Schütze	Fische*
Schütze	Steinbock*
Wassermann	Skorpion**
Wassermann	Stier***
Fische	Jungfrau*
Fische	Waage*

Bei diesen Paaren ist die Neigung, miteinander vor den Traualtar zu treten, geringer als zu erwarten war.

Bei 25 der 144 möglichen Sternzeichen-Kombinationen sind mithin die Abweichungen zwischen jeweiligem Istwert und Erwartungswert so groß, daß man nicht mehr von Zufall sprechen kann. Es scheint eine unerklärliche Kraft am Werke zu sein, die die emotionale Bindung zwischen den Angehörigen bestimmter Sternzeichen in besonderem Maße beeinflußt.

Aber hat das wirklich mit den Sternzeichen zu tun? Um einer Antwort auf diese Frage näher zu kommen, machten wir ein interessantes Experiment:

Wir ordneten über das ganze Jahr verstreute Tage nach dem Zufallsprinzip zu einem fiktiven »Sternzeichen« zusammen. So bekamen wir zwölf künstliche »Sternzeichen« und entsprechend wieder 144 mögliche Partner-Kombinationen.

Mit diesen neu geschaffenen Sternzeichen haben wir dann exakt die gleichen Berechnungen angestellt wie zuvor für die echten Sternzeichen. Jetzt waren wir sehr gespannt, ob sich auch hier signifikante Abweichungen zwischen Ist- und Erwartungswerten einstellen würden.

Und siehe da, mit dem Chi-Quadrat-Unabhängigkeitstest war insgesamt keine signifikante Abhängigkeit mehr nachweisbar. Die Abweichungen waren so klein, daß sie mit der sogenannten Nullhypothese der Unabhängigkeit kompatibel waren, sie lagen also interessanterweise im statistischen Normbereich.

Dieses bemerkenswerte Ergebnis zeigt, daß die Sternzeichen bei der Partnerwahl offenbar von besonderer Bedeutung sind. Die von unserem Institut mit wissenschaftlichen Methoden durchgeführten Untersuchungen zum möglichen Einfluß des Sternzeichens auf die Wahl eines Ehepartners berechtigen zu der Annahme, daß ein solcher Zusammenhang besteht. Dazu s. S. 212/213!

RESÜMEE:
Es wurde der Zusammenhang zwischen Sternzeichen und Eheschließungen untersucht. Als Grundgesamtheit standen die Daten von 358 763 Heiraten der Jahre 1987 bis 1994 in der Schweiz, aufgegliedert nach Sternzeichen beider Partner, zur Verfügung. Unter den 144 möglichen Paar-Kombinationen wurden 25 signifikante Abweichungen festgestellt. Der Zufall ist bei diesem Ergebnis mit einer Wahrscheinlichkeit von mindestens 1 : 50 000 auszuschließen.

Astrologisches & Bemerkenswertes

In den folgenden Abschnitten möchten wir den Leser mit dem wohl außergewöhnlichsten Phänomen vertraut machen, dem wir bei unseren Recherchen begegnet sind. Eine der Grundthesen der Astrologie besagt, daß Zeichen gleicher Elemente in der Regel besonders harmonieren. Die zwölf Sternzeichen sind den vier Elementen wie folgt zugeordnet:

Feuer: Widder, Löwe und Schütze
Luft: Wassermann, Zwilling und Waage
Erde: Stier, Jungfrau und Steinbock
Wasser: Krebs, Skorpion und Fische

Astrologische Elemente

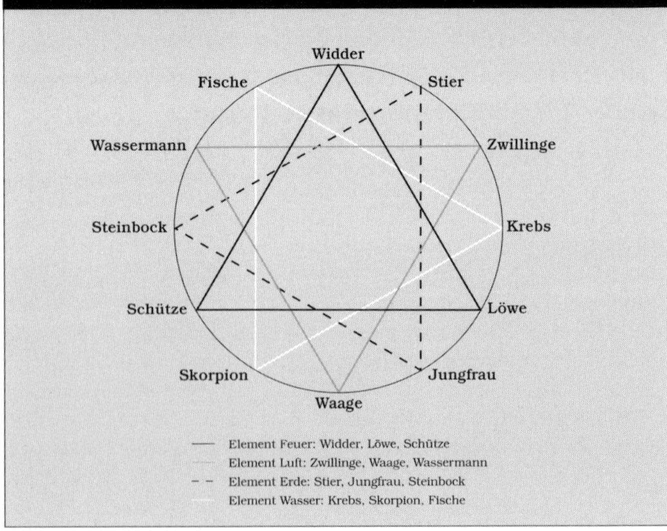

Wir haben oben gesehen, daß es unter der großen Zahl der geschlossenen Ehen dreizehn Paarkombinationen gibt, die signifikant am häufigsten zur Ehe führen. Ergo haben sie von allen 144 möglichen Paaren die größte Anziehung füreinander.

Der Vergleich zwischen der Elementenhypothese der Astrologie und unseren statistisch fundierten Nachweisen zeigt nun ein erstaunliches Resultat: Zwölf von den dreizehn Paaren, die sich am meisten heiraten, sind vom selben Element.

Dieses frappante Ergebnis haben wir mit Hilfe der Kombinatorik auf die mögliche Beteiligung des Zufalls hin untersucht. Mit dem Ergebnis: Der Zufall ist mit einer Wahrscheinlichkeit von 1 : 7 700 000 (!) auszuschließen.

Wir dürfen daraus folgern: Die Astrologie hat jedenfalls mit ihrer Hypothese der Anziehung von Sternzeichen derselben Elemente ins Schwarze getroffen – und mit einer Treffsicherheit, die man nahezu als unendlich bezeichnen kann.

Ein weiteres bemerkenswertes Ergebnis: Wir haben oben gesehen, daß sich nicht nur Zeichen gleichen Elements besonders anziehen, sondern auch, daß Partner mit identischem Sternzeichen weit überdurchschnittlich häufig zueinander finden – nämlich in acht von dreizehn signifikanten Fällen.

Wir sind dem Einfluß des Zufalls auch hier mit Hilfe der Kombinatorik nachgegangen – und kamen abermals zu einem beeindruckenden Ergebnis.

Die Wahrscheinlichkeit, daß sich unter dreizehn Sternzeichenkombinationen mit überdurchschnittlicher Heiratsneigung acht signifikante Kombinationen mit identischen Sternzeichen befinden, ist kleiner als

1 : 6 700 000 (!) Bemerkenswerterweise ist die astrologische Literatur hinsichtlich der Harmonie gleicher Sternzeichen eher zurückhaltend. Umso mehr hielten wir es für angebracht, auch auf dieses Kuriosum erstmals hinzuweisen.

Ähnlich – wenn auch lange nicht so ausgeprägt – verhält es sich mit den zwölf Paarkombinationen, die nach unseren Berechnungen signifikant seltener zueinander finden. Die gegenseitige Anziehungskraft der Partner aufeinander ist hier offenbar eher gering. Diese Sternzeichen stehen auf dem Zodiakkreis im Quadrat oder in Opposition zueinander, also in Winkeln von 90° bzw. 180° und harmonieren auch nach Aussagen der Astrologen wenig miteinander.

Astrologische Quadrate

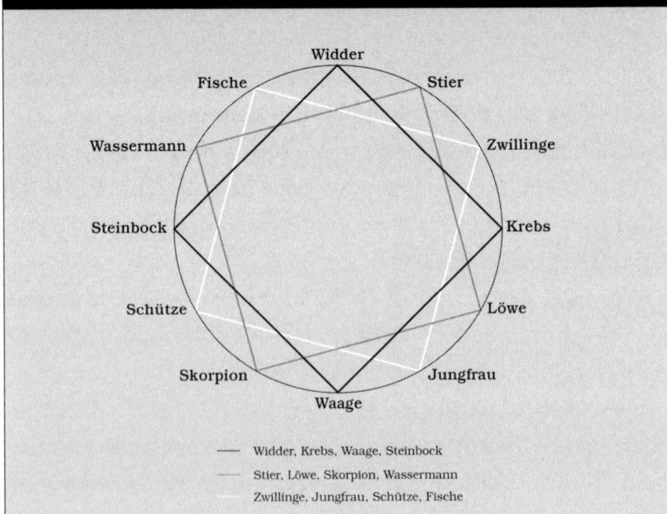

Im einzelnen betrifft dies folgende Kombinationen:

Widder/Krebs/Waage/Steinbock
Stier/Löwe/Skorpion/Wassermann
Zwillinge/Jungfrau/Schütze/Fische

Von den zwölf Paaren, die sich seltener heiraten, stehen sechs im Quadrat zueinander. Wiederum anhand der Kombinatorik können wir errechnen, daß der Zufall bei diesem Resultat mit einer Wahrscheinlichkeit von 1 : 433 ausgeschlossen ist.

Noch auf ein drittes interessantes Phänomen möchten wir eingehen: die »Sich-selbst-erfüllende-Prophezeiung«.

Die Astrologie sagt oft, Skorpione heiraten gerne Fische. Anhänger der Sich-selbst-erfüllenden Prophezeiung halten dagegen: Der Skorpion hat sich erkundigt, welches Zeichen am besten zu ihm paßt. Er hat es bei einem Eheberater gehört oder in einem Astrologiebuch gelesen und sucht vielleicht deshalb in Heiratsannoncen nach seinem vermeintlichen Idealpartner. Dieses Phänomen existiert mit Gewißheit. Fragt sich nur, wie gewichtig sein Einfluß ist. Ist der Prozentsatz der Astro-Gläubigen so groß, daß er die Heiratsstatistiken spürbar verändern kann?

Dazu folgendes: In der astrologischen Literatur werden Kombinationen identischer Sternzeichen sehr zurückhaltend beurteilt. Also tendentiell negativ oder neutral, selten nur positiv.

Bekanntlich haben wir unter den 13 Kombinationen mit signifikant hoher Anziehungskraft acht Paare mit identischen Sternzeichen. Da diese, wie oben ausgeführt, kaum harmonieren, kann es somit gar keine Prophezeiung geben, an der sich Astrologie-Gläubige orientieren können.

In diesem Kontext sei noch erwähnt, daß sich unter den zwölf Kombinationen mit signifikant geringer Anziehungskraft nicht eine einzige Kombination mit identischen Sternzeichen befindet.

Wir sind dieser Frage noch weiter nachgegangen und beauftragten das Allensbacher Institut für Demoskopie, eine repräsentative Studie über das Phänomen durchzuführen.

Astrologische Sternzeichen und Partnerschaft

Das IMWA-Institut hat die Statistik der Eheschließungen in der Schweiz unter astrologischen Gesichtspunkten statistisch ausgewertet. Dabei ergaben sich einige überraschende Ergebnisse. Personen mit bestimmten Sonnenzeichen fanden weitaus häufiger zu Ehen zusammen, als nach der Zufallstheorie zu erwarten gewesen wäre. Zugleich kamen bei bestimmten anderen Kombinationen von Sonnenzeichen weitaus weniger Lebensbündnisse zustande, als die Wahrscheinlichkeitsrechnung verlangt hätte.

Als mögliche Erklärung wird bei solchen Befunden oft ein äußerer Einfluß angenommen: Da ja unzweifelhaft ein beträchtlicher Teil der Bevölkerung den astrologischen Fragen mit Interesse gegenüberstehe und auch über einige astrologische Kenntnisse verfüge, könne man annehmen, daß diese Personen ihre Lebens- und Ehepartner vor allem unter astrologischen Gesichtspunkten wählten. Als Indiz für die Wirksamkeit solcher Orientierungsmuster wird zudem oft auf Bekanntschafts- und Eheanzeigen in Zeitungen hingewiesen, in denen explizit nach Partnern mit bestimmten Sonnenzeichen gesucht wird.

Im Auftrag des IMWA-Instituts wurde nun die Frage untersucht, welche praktische Bedeutung der astrologische Aspekt für Ehen und nichteheliche Lebensgemeinschaften hat. Wie verbreitet ist etwa die Vorstellung von einer besonderen Harmonie von Menschen mit bestimmten Sonnenzeichen? Und wie oft werden Ehen und Partnerschaften mit Blick auf derartige anzustrebende Kombinationen von Sonnenzeichen geschlossen? Gibt es Anzeichen dafür, daß die astrologisch Interessierten vor bestimmten anderen Kombinationen von Sonnenzeichen zurückschrecken? Ist es wahrscheinlich, daß die unterschiedlichen Abweichungen von den Erwartungswerten der Heiratsstatistik tatsächlich auf einem astrologischen Vorwissen beruhen, oder muß man für die gefundenen Abweichungen andere Ursachen annehmen?

Beantwortet wurden die geschilderten Untersuchungsfragen mit den Mitteln der Demoskopie in einer repräsentativen Befragung von 2174 Deutschen ab 16 Jahre.

Die Umfrage

Die Befragung fand vom 25. März bis zum 7. April 1997 im gesamten Bundesgebiet statt. Die Interviews wurden als persönliche Interviews, als sogenannte »face to face« und »paper and pencil«-Interviews geführt. Erfahrungsgemäß sind bei dieser Form des Interviews die geringsten Störfaktoren zu erwarten.

In Westdeutschland fanden 1073 Interviews statt, in Ostdeutschland 1101 Interviews. Für die im folgenden ausgewiesenen Gesamtergebnisse wurden diese Interviews dann so gewichtet, wie es den Bevölkerungsanteilen in West- und Ostdeutschland entspricht.

Die Fragen wurden im Rahmen einer Mehrthemen-Umfrage gestellt, wobei die anderen Themen – Lebensgefühl, Einstellung zur Arbeit, zu Medien, Wahrnehmung von Unternehmen und Marken, politische Einstellungen sowie Versicherungen – keine Beziehung zum Thema Astrologie hatten. Die Fragen des IMWA-Instituts wurden am Ende des Fragebogens gestellt.

Die Fragen

Um die oben umrissene Ermittlungsaufgabe zu erfüllen, wurden die folgenden Fragen gestellt. Da der Sprachgebrauch der Bevölkerung zu treffen war, wurde dabei nicht nach Sonnenzeichen gefragt, sondern durchgehend nach Sternzeichen.

a) An alle Befragten: »Kennen Sie Ihr Sternzeichen?« Falls »Ja«: »Welches ist es?«

b) An Befragte, die ein Sternzeichen genannt hatten: Ist der/die Befragte verheiratet oder lebt er/sie in einer festen Beziehung?

c) An Befragte, die ein Sternzeichen genannt hatten und verheiratet sind bzw. in einer festen Beziehung leben: »Kennen Sie das Sternzeichen Ihres Partners?« Falls »Ja«: »Welches ist es?«

d) An Befragte, die ein Sternzeichen genannt hatten und verheiratet sind bzw. in einer festen Beziehung leben und das Sternzeichen ihres Partners genannt hatten: »Als Sie sich füreinander entschieden haben: Hat das Sternzeichen dabei eine Rolle gespielt?« Mögliche Antworten: Ja / Ein bißchen / Nein / Keine Angabe

e) An Befragte, die ein Sternzeichen genannt hatten und verheiratet sind bzw. in einer festen Beziehung leben und das Sternzeichen ihres Partners genannt hatten: »Glauben Sie, daß es Sternzeichen gibt, die besonders gut zusammenpassen, in der Partnerschaft besonders glücklich sind?« Mögliche Antworten: Glaube ich / Glaube ich nicht / Unentschieden, weiß nicht

f) Nachfrage an Befragte, die hier »Glaube ich« geantwortet hatten: »Und passen Ihre Sternzeichen, nach dem, was man so hört, gut zusammen?«
Mögliche Antworten: Passen gut / Nein / Weiß nicht

Die Ergebnisse der Umfrage

a) Kenntnisse der Sonnenzeichen, Verteilung der einzelnen Gruppen
93 Prozent der Befragten kennen ihr Sonnenzeichen; nur 7 Prozent von ihnen antworteten auf die Frage »Kennen Sie Ihr Sternzeichen?« mit Nein. Dabei war der Anteil der Kundigen in Westdeutschland etwas höher als in Ostdeutschland. Dort vermochten 12 Prozent keine Auskunft über ihr Sonnenzeichen zu geben. Besonders Frauen verfügen über astrologische Kenntnisse; von den Frauen in Westdeutschland gaben 96

Prozent ein Sternzeichen an. Weniger Informationen über das Sternzeichen erhält man von den Männern. Von ihnen nannten 90 Prozent ihr Sternzeichen.
Auf die einzelnen Gruppen der Sternzeichen entfielen zwischen 6 und 10 Prozent der Befragten. Die Verteilung läßt keine größeren Unterschiede erkennen. Die Gruppe derjenigen, die im Sonnenzeichen des Schützen geboren wurden, stellten die kleinste Gruppe. (s. Tabelle 1)

Tabelle 1: Kennen Sie Ihr Sternzeichen?

	Bevölkerung insgesamt
Ja, ich kenne es	93 %
Nein, ich kenne es nicht	7 %
	100 %
Falls "Ja", "Und welches ist es?"	
Steinbock	8 %
Wassermann	7 %
Fische	8 %
Widder	10 %
Stier	9 %
Zwillinge	8 %
Krebs	7 %
Löwe	8 %
Jungfrau	8 %
Waage	8 %
Skorpion	6 %
Schütze	6 %
	93 %
Befragte insgesamt	**2174**

Verteilung der Sonnenzeichen Bundesrepublik Deutschland Bevölkerung ab 16 Jahre

b) Partnerschaft und Sonnenzeichen
Von den Befragten, die ihr eigenes Sternzeichen angegeben haben, sind 59 Prozent verheiratet, 12 Prozent leben in einer festen partnerschaftlichen Beziehung.

c) Von dieser Gruppe derjenigen, die ein eigenes Sternzeichen angeben und zudem entweder verheiratet sind oder in einer festen Beziehung leben, können wiederum 94 Prozent das Sternzeichen ihres Lebenspartners nennen. Die Unterschiede zwischen Ost und West verschwinden dabei praktisch: Wer sein eigenes Sternzeichen kennt, kennt meist auch das der Lebenspartnerin oder des Lebenspartners; in diesem Sachverhalt gibt es keinen Unterschied zwischen den beiden Landesteilen.
Auch bei den Sonnenzeichen der Partner stellt sich in etwa eine Gleichverteilung ein.

d) Die Rolle der Sonnenzeichen bei der Partnerwahl
Bei den bewußten Kriterien für die Partnerwahl spielt der astrologische Aspekt keine besondere Rolle. Denn von den 1261 Befragten, die in einer festen Partnerschaft leben und ihr eigenes sowie das Sternzeichen des Partners kennen, erklären nur 0,6 Prozent, daß für sie das Sternzeichen bei der Entscheidung füreinander eine Rolle gespielt hat (0,4 Prozent der Bevölkerung insgesamt). Bei den Verheirateten ist der Anteil jener, bei denen das Sternzeichen eine Rolle gespielt hat, nur leicht höher (0,7 Prozent) als bei jenen, die in nichtehelichen Partnerschaften leben (0,2 Prozent). (s. Tabelle 2, S. 86)

Tabelle 2: Als Sie sich füreinander entschieden haben: Hat das Sternzeichen dabei eine Rolle gespielt?

	insgesamt	Verheiratete	In nichtehelicher Partnerschaft
Ja	0,6 %	0,7 %	0,2 %
Ein bißchen	3,8 %	3,9 %	3,3 %
Nein	93,7 %	93,7 %	93,6 %
Keine Angabe	1,9 %	1,7 %	2,9 %
	100 %	**100 %**	**100 %**
Befragte insgesamt	**1261**	**1030**	**231**

Verteilung der Sonnenzeichen Bundesrepublik Deutschland Bevölkerung ab 16 Jahre An Befragte, die ihr Sternzeichen nennen und verheiratet sind bzw. in einer festen Partnerschaft leben und das Sternzeichen ihres Partners nennen.

Offensichtlich trifft also nur eine Gruppe von unter 1 Prozent ihre Partnerwahl bewußt unter astrologischen Gesichtspunkten. Allenfalls am Rande kommt bei einer etwas größeren Minderheit das Sternzeichen mit in den Blick: »Ein bißchen« habe das Sternzeichen bei der Partnerwahl eine Rolle gespielt, erklären 3,8 Prozent der Verheirateten oder partnerschaftlich Gebundenen. Ganz offenbar gehörte aber auch bei diesen astrologisch Interessierten das Sonnenzeichen nicht zu den ausschlaggebenden Momenten bei der Begründung der Partnerschaft.

Die Erklärung von Abweichungen in der Heiratsstatistik durch ein astrologisches Wissen der Bevölkerung wäre also nur wirksam, wenn die Abweichungen in den IMWA-Ergebnissen lediglich 0,7 Prozent der geschlossenen Ehen umfaßten.

e) Die Vorstellung besonders gut zusammenpassender Kombinationen
Wenn das Sternzeichen also in der Regel nicht zu den bewußten Beweggründen für die Begründung der Partnerschaft gehört, gibt es bei recht vielen Befragten doch die Vorstellung von einem harmonischen Zusammenklang bestimmter Sternzeichen in der Partnerschaft. Von jenen, die in einer Ehe oder in einer festen Partnerschaft leben und das eigene Sternzeichen sowie das des Partners nennen können, erklärt immerhin fast ein Viertel (24 Prozent), sie glaubten, daß es Sternzeichen gibt, die besonders gut zusammenpassen und in der Partnerschaft besonders glücklich sind. Besonders jungen Frauen stehen solche günstigen Konstellationen häufig vor Augen.

f) Ihre eigene Ehe oder Partnerschaft mögen dann zwar nur 11 Prozent der Befragten in dieser Gruppe zu einer derart glückverheißenden Verbindung zählen. Dennoch ändert das nichts daran, daß die Vorstellung von astrologisch bevorzugten Verbindungen weit verbreitet ist. (s. Tabelle 3, S. 88)

Gerade in den Gruppen jener, die nach den IMWA-Befunden zu einer Partnerschaft mit besonders häufiger oder besonders seltener Sternzeichenkombination gehören, ist der Glaube an Partnerschaften mit astrologisch begünstigten Aspekten eher selten. In der Gruppe mit besonders häufiger Sternzeichenkombination sind 20 Prozent von einer solchen Harmonie bestimmter Sternzeichen überzeugt, in der Gruppe mit besonders seltener Sternzeichenkombination 19 Prozent. Öfter findet sich die Überzeugung der begünstigten Aspekte dagegen bei

Tabelle 3: Glauben Sie, daß es Sternzeichen gibt, die besonders gut zusammenpassen, in der Partnerschaft besonders glücklich sind?	
	insgesamt
Glaube ich	24 %
Glaube ich nicht	52 %
Unentschieden, weiß nicht	24 %
	100 %
Falls "Glaube ich", "Passen Ihre Sternzeichen, nach dem, was man so hört, gut zusammen?"	
Passen gut	11 %
Nein	5 %
Weiß nicht	8 %
Nichtbefragte Restgruppe	76 %
	100 %
Befragte insgesamt	**1261**

Verteilung der Sonnenzeichen Bundesrepublik Deutschland Bevölkerung ab 16 Jahre
An Befragte, die ihr Sonnenzeichen nennen und verheiratet sind bzw. in einer festen Beziehung leben und das Sonnenzeichen ihres Partners nennen.

denjenigen, deren Verbindungen bei einer astrologischen Auswertung der Heiratsstatistik nicht auffallen. Von ihnen glauben sogar 25 Prozent an einen positiven Einfluß der Gestirne auf bestimmte Vorhaben. (s. Tabelle 4)

Die Demoskopie zeigt hier einen interessanten Unterschied von Überzeugungen und Handeln auf: Zwar ist ein nicht unbeträchtlicher Teil der Ehe- und Partnerschaftsbegründer davon überzeugt, daß es astrologisch begünstigte Partnerschaften gibt. Gleichwohl stehen bei der konkreten Partnersuche dann für mehr als 99 Prozent ganz andere Überlegungen im Vordergrund. Die astrologisch glückverheißende Verbindung wird zwar durchaus gewünscht, aber nicht bewußt gesucht.

Tabelle 4: Glauben Sie, daß es Sternzeichen gibt, die besonders gut zusammenpassen, in der Partnerschaft besonders glücklich sind?

	Partnerschaft mit durchschnittlich häufiger Sternzeichenkombination	Partnerschaft mit überdurchschnittlich häufiger Sternzeichenkombination	Partnerschaft mit unterdurchschnittlich häufiger Sternzeichenkombination
Glaube ich	25 %	20 %	19 %
Glaube ich nicht	51 %	48 %	61 %
Unentschieden, weiß nicht	24 %	32 %	20 %
	100 %	**100 %**	**100 %**
Falls "Glaube ich", "Passen Ihre Sternzeichen, nach dem, was man so hört, gut zusammen?"			
Passen gut	12 %	10 %	6 %
Nein	5 %	4 %	5 %
Weiß nicht	8 %	6 %	8 %
Nichtbefragte Restgruppe	75 %	80 %	81 %
	100 %	**100 %**	**100 %**
Befragte insgesamt	**1046**	**98**	**117**

Verteilung der Sonnenzeichen Bundesrepublik Deutschland Bevölkerung ab 16 Jahre
An Befragte, die ihr Sternzeichen nennen und verheiratet sind bzw. in einer festen Partnerschaft leben und das Sternzeichen ihres Partners nennen.

KAPITEL 3

Wer scheidet von wem?

»Heutzutage ist eine Ehe schon glücklich, wenn man dreimal die Scheidung verschiebt.«
Danny Kaye
(1913–1987)

»For ever is a hell of a long time«, so der Titel der Memoiren des swingenden Playboys Teddy Stauffer. Jahrzehnte brachte er mit Taktstock und Charme die Frauenwelt unserer Hemisphäre sprichwörtlich außer Atem. »For ever« steht in den Staaten für unser »Ja« in Kirche und Standesamt. »Mister Acapulco« widmete seine Erinnerungen alphabetisch »Alberta, Alice, Ampera... bis... Xaviera, Zita, Zayne«. Dazwischen stehen ein gutes Dutzend weiblicher Vornamen – eine der schönsten Frauenparaden jener Zeit.

Der Trend zur Ehe auf Zeit hat heute – jenem Pionier sachte folgend – alle westlichen Industrienationen erfaßt, von der Schweiz bis Kanada.

Vor 60 Jahren mußte noch Englands König auf den schönsten Thron der Welt verzichten, nur um eine geschiedene Frau heiraten zu können. Heute ist der britische Kronprinz selbst geschieden. Mit Ronald Reagan zog der erste geschiedene US-Präsident ins Weiße Haus ein, mit Willy Brandt der erste geschiedene Bundeskanzler ins Palais Chambre. Dabei geht in der Bundesrepublik die Initiative zur Scheidung meist vom weiblichen Ehepartner aus. Doppelt so viele Frauen wie Männer beantragen die Auflösung der Ehe.

Männer scheinen eher geneigt, Rolf Hochhuth zu zitieren: »Keine Ehe ist soviel wert, wie ihre Scheidung kostet.«

Haben die Sternzeichen auch hier die Hand im ernsten Spiel?

Die Analyse

Wir haben untersucht, ob die Häufigkeit von Scheidungen bei bestimmten Sternzeichenkombinationen auffallend hoch ist.

Wieder standen uns als Basismaterial die Unterlagen des Bundesamtes für Statistik in Bern zur Verfügung. Wir erhielten die Daten über alle in den Jahren 1987 bis 1994 in der Schweiz geschiedenen Ehepaare, jeweils mit den Geburtstagen beider Partner. Insgesamt 109 030 Paare.

Die Methodik unserer Untersuchung war exakt die gleiche wie bei den Eheschließungen. Wir können deshalb dieses Mal die einzelnen Etappen der Untersuchung etwas zügiger durcheilen.

Zunächst wurden die 109 030 Frauen und 109 030 Männer ihren jeweiligen Sternzeichen zugeordnet und eine Tabelle der Istwerte mit 12 x 12 Feldern gebildet.

Anschließend wurden – ebenfalls in Form einer solchen Tabelle – die Erwartungswerte ermittelt, die der Statistiker auch Unabhängigkeitswerte nennt. Da beispielsweise die Widder-Männer mit 9,13 Prozent unter den geschiedenen Männern vertreten waren und die Löwe-Frauen mit 8,558 Prozent unter den geschiedenen Frauen, war der Erwartungswert für die Kombination Widder-Mann/Löwe-Frau 9,130 % x 8,558 % = 0,7813 %.

Es stand also zu erwarten, daß 0,7813 % der insgesamt 109 030 Scheidungen auf diese Sternzeichen-Kombination entfielen. Das wären 852 Scheidungsfälle. Tatsächlich wurden Ehen zwischen Widder-Mann und Löwe-Frau in 931 Fällen geschieden, also deutlich häufiger als erwartet (s. Tabellen S. 94).

Jetzt waren wieder die Statistiker am Zuge. Der zunächst durchgeführte Chi-Quadrat-Unabhängigkeitstest (s. S. 47) zeigte: Es gibt bei den Scheidungen keine signifikante Abhängigkeit zwischen den Sternzeichen der beiden Partner. Ganz im Gegensatz zu den Eheschließungen, wo wir einen eindeutigen Zusammenhang festgestellt hatten.

Nun liegt es nahe, daß Sternzeichen-Kombinationen, die über Erwarten häufig als Ehepartner zusammenfinden, auch unter denjenigen, die sich später scheiden lassen, überdurchschnittlich stark vertreten sind – einfach schon aufgrund der größeren Zahl der Heiratsfälle.

Um diesen Effekt auszuschalten, haben wir einen leicht veränderten methodischen Ansatz gewählt:

Wir wußten ja, daß in der Schweiz in den Jahren 1987 bis 1994 insgesamt 358 763 Ehen geschlossen und 109 030 Ehen geschieden wurden. Aufgrund dieser beiden Zahlen haben wir einen Scheidungsquotienten von 0,304 errechnet. Anders ausgedrückt: Auf 1000 Eheschließungen entfielen in den Jahren 1987 bis 1994 in der Schweiz im Durchschnitt 304 Scheidungen.

Diese Rechnung kann man nun individuell für jede der 144 möglichen Sternzeichen-Kombinationen anstellen. Wir wissen beispielsweise, daß es in dem betrachteten 8-Jahres-Zeitraum 2605 Eheschließungen und 726 Scheidungen zwischen Steinbock-Männern und Fische-

Scheidungen - tatsächliche Kombinationen 1987 - 1994

	FRAUEN											
MÄNNER	Widder	Stier	Zwillinge	Krebs	Löwe	Jungfrau	Waage	Skorpion	Schütze	Steinbock	Wasserm.	Fische
Widder	887	866	924	815	931	803	802	718	698	775	828	907
Stier	833	829	863	760	765	805	808	707	667	772	784	834
Zwillinge	902	810	891	842	837	826	780	701	705	815	837	870
Krebs	816	772	833	728	788	751	725	715	639	724	811	810
Löwe	827	836	814	807	788	767	764	711	667	730	723	840
Jungfrau	839	780	816	754	745	773	682	661	681	714	745	771
Waage	819	774	772	734	723	723	660	651	618	676	735	719
Skorpion	743	731	748	678	677	656	631	611	598	632	689	780
Schütze	710	701	738	673	713	613	595	592	622	581	629	679
Steinbock	799	834	818	720	766	748	680	690	651	724	791	726
Wassermann	806	771	913	809	778	780	767	698	705	725	829	807
Fische	902	863	835	820	820	761	718	692	690	751	812	863

Scheidungen - erwartete Kombinationen 1987 - 1994

	FRAUEN											
MÄNNER	Widder	Stier	Zwillinge	Krebs	Löwe	Jungfrau	Waage	Skorpion	Schütze	Steinbock	Wasserm.	Fische
Widder	902	873	910	834	852	822	786	744	725	787	841	877
Stier	855	827	862	790	807	779	745	704	687	745	797	831
Zwillinge	890	861	897	823	840	811	775	733	715	776	829	865
Krebs	826	800	833	764	780	753	720	681	664	720	770	803
Löwe	841	814	848	777	794	766	733	693	675	733	784	817
Jungfrau	812	786	819	751	767	740	708	670	653	708	757	790
Waage	780	755	786	721	736	711	680	643	627	680	727	758
Skorpion	741	717	747	685	700	675	646	611	595	646	691	720
Schütze	711	688	717	658	671	648	620	586	571	620	663	691
Steinbock	811	785	818	750	766	739	707	669	652	707	756	788
Wassermann	851	824	858	787	803	775	742	701	684	742	793	827
Fische	864	836	871	799	815	787	753	712	694	753	805	839

Frauen gegeben hat. Daraus errechnet sich ein Scheidungsquotient von 0,279. Er liegt deutlich niedriger als der allgemeine Scheidungsquotient von 0,304. Dies könnte ein Hinweis sein, daß die Verbindung Steinbock-Mann/Fische-Frau von besonderer Beständigkeit ist.

Wenn man auf diese Weise Scheidungsquotienten für alle 144 möglichen Kombinationen errechnet, erhält man eine neue Tabelle mit 12 x 12 Feldern (s. S. 96–97). Auf diese Tabelle ließ sich nun wieder der Chi-Quadrat-Unabhängigkeitstest (s. S. 47) anwenden. Er führte zu dem Ergebnis, daß zumindest eine leichte Signifikanz dafür besteht, daß es bei den Scheidungen einen Zusammenhang gibt mit den Sternzeichen der Beteiligten. Der Zusammenhang war allerdings bei weitem nicht so eindeutig wie bei den Heiraten.

Die Analyse der Abweichungen im einzelnen ergab, daß speziell die Ehe folgender Sternzeichen-Kombinationen einen signifikant unterdurchschnittlichen Scheidungsquotienten aufweisen, also offenbar besonders beständig sind:

Mann	Frau
Widder	Widder
Zwillinge	Stier
Stier	Krebs
Steinbock	Fische
Fische	Skorpion

Umgekehrt liegt der Scheidungsquotient speziell bei folgenden Kombinationen erheblich über dem Durchschnitt:

MÄNNER		FRAUEN Widder	Stier	Zwillinge	Krebs	Löwe
Widder		0,281	0,296	0,313	0,298	0,325
	Signifikanz	** -				** +
Stier		0,295	0,292	0,321	0,282	0,300
	Signifikanz				* -	
Zwillinge		0,312	0,285	0,300	0,313	0,309
	Signifikanz		** -	* -		
Krebs		0,310	0,294	0,310	0,285	0,310
	Signifikanz				* -	
Löwe		0,289	0,321	0,310	0,312	0,308
	Signifikanz	* -				
Jungfrau		0,321	0,300	0,319	0,304	0,307
	Signifikanz	* +				
Waage		0,318	0,314	0,299	0,300	0,290
	Signifikanz	** +				
Skorpion		0,309	0,319	0,325	0,290	0,298
	Signifikanz		* +	** +		
Schütze		0,283	0,305	0,324	0,305	0,320
	Signifikanz	* -		** +		* +
Steinbock		0,303	0,320	0,321	0,299	0,314
	Signifikanz					
Wassermann		0,287	0,303	0,329	0,315	0,290
	Signifikanz	* -		* +	* +	* -
Fische		0,310	0,312	0,305	0,307	0,316
	Signifikanz					

Gesamtanzahl der geschiedenen Ehen: 109.030 Allgemeiner Scheidungsquotient : 0,30

FRAUEN						
Jungfrau	Waage	Skorpion	Schütze	Steinbock	Wasserm.	Fische
0,293	0,311	0,299	0,301	0,296	0,297	0,309
0,312	0,313	0,289	0,294	0,300	0,295	0,309
0,315	0,303	0,288 * -	0,301	0,320 ** +	0,305	0,311
0,299	0,317	0,313	0,296	0,309	0,309	0,301
0,305	0,324 * +	0,312	0,315	0,299	0,293	0,315
0,304	0,293	0,292	0,322	0,303	0,302	0,306
0,309	0,283 * -	0,311	0,296	0,297	0,303	0,292
0,297	0,298	0,296	0,311	0,290	0,298	0,316
0,287	0,294	0,307	0,312	0,287	0,278 * -	0,310
0,310	0,302	0,311	0,315	0,290	0,312	0,279 *** -
0,300	0,318	0,315	0,317	0,287	0,295	0,295
0,304	0,302	0,281 ** -	0,307	0,306	0,295	0,315

positiv ▬ negativ * leicht signifikant ** signifikant *** hoch signifikant

Mann	Frau
Widder	Löwe
Zwillinge	Steinbock
Waage	Widder
Skorpion	Zwillinge
Schütze	Zwillinge

Auch zwischen Scheidungen und Sternzeichenzugehörigkeit der Partner bestehen demzufolge interessante und statistisch nachweisbare Zusammenhänge.

Eine Frage, die uns interessiert hat: Zeichnen sich Sternzeichen-Kombinationen, die besonders häufig in einer Ehe zueinanderfinden, auch durch besondere eheliche Treue aus, sind mithin bei den Scheidungen unterrepräsentiert? Dies wäre zu vermuten. Wir haben diese Vermutung statistisch überprüft, und zwar in folgender Weise:

Wir haben für jede der 144 Kombinationen die Zahl der tatsächlichen Heiraten im Zeitraum 1987 bis 1994 zur Zahl der zu erwartenden Heiraten in Relation gesetzt, also einen Quotienten gebildet aus Istwerten und Erwartungswerten. Diesen Quotienten nennen wir der Einfachheit halber die »Heiratsrate«. Eine Heiratsrate von 1,05 würde bedeuten, daß bei der betreffenden Sternzeichen-Kombination tatsächlich 5 Prozent mehr Ehen geschlossen wurden, als es zu erwarten gewesen wäre.

Auf die gleiche Weise kann man eine »Scheidungsrate« errechnen. Eine Scheidungsrate von 0,95 besagt, daß die Zahl der tatsächlichen Scheidungen bei dieser Kombination um 5 Prozent unter dem Erwartungswert lag.

Die Heiratsrate haben wir nun durch die Scheidungsrate geteilt. Wenn der Quotient deutlich über 1 liegt, so ist dies ein Anzeichen dafür, daß sich die Angehörigen dieser beiden Sternzeichen dauerhaft anziehen. Wir haben hier also eine Kombination von häufigeren Eheschließungen und selteneren Scheidungen, als unter normalen Umständen zu erwarten wäre. Umgekehrt: Wenn der Quotient Heiratsrate/Scheidungsrate deutlich unter 1 liegt, weist es darauf hin, daß zwischen den Angehörigen dieser Sternzeichen eine dauerhafte Abneigung – oder sagen wir es diplomatischer: eine dauerhaft unterdurchschnittliche Zuneigung – besteht.

In der nachfolgenden Tabelle kann man die Ergebnisse dieses Rechenexperiments nachlesen (s. S. 100–101). Die drei beständigsten Sternzeichenkombinationen und die drei am ehesten zum Bruch der Beziehung neigenden Sternzeichenkombinationen haben wir besonders hervorgehoben.

RESÜMEE:
Es wurde der Zusammenhang zwischen Sternzeichen und Scheidungen untersucht. Als Ausgangsmaterial standen die Daten von 109 030 in den Jahren 1987 bis 1994 in der Schweiz geschiedenen Ehen zur Verfügung. Mit Hilfe der bereits bekannten Daten zu den Eheschließungen konnten zu Vergleichszwecken Scheidungsquotienten bestimmt werden. Unter den 144 möglichen Kombinationen fanden sich 23 signifikante Abweichungen. Der Zufall ist bei diesem Ergebnis mit einer Wahrscheinlichkeit von mindestens 1 : 26 auszuschließen.

MÄNNER	FRAUEN Widder	Stier	Zwillinge	Krebs	Löwe	Jungfrau
Widder	1,062	1,021	0,996	1,003	0,937	1,026
Stier	1,009	1,031	0,968	1,054	1,013	0,959
Zwillinge	0,970	1,074	1,052	0,966	0,998	0,966
Krebs	0,973	1,038	1,014	1,056	0,994	1,015
Löwe	1,057	0,962	1,028	0,979	1,013	1,007
Jungfrau	0,945	1,024	0,993	0,997	1,008	1,005
Waage	0,936	0,962	1,042	0,993	1,048	0,972
Skorpion	0,975	0,954	0,966	1,038	1,032	1,023
Schütze	1,054	0,988	0,959	0,976	0,951	1,046
Steinbock	1,001	0,959	0,987	1,015	0,987	0,985
Wassermann	1,050	1,005	0,955	0,953	1,059	1,011
Fische	0,974	0,980	1,035	0,983	0,977	1,001

Die drei DAUERHAFT stärksten Anziehungen bestehen zwischen

1) Steinbock-Mann und Fische-Frau (1,102)
Leicht überproportionale Attraktion bei Heiraten,
aber stark unterproportionaler Anteil bei Scheidungen.

2) Fische-Mann und Skorpion-Frau (1,076)
Deutlich überproportionale Attraktion bei Heiraten,
leicht unterproportionaler Anteil bei Scheidungen.

3) Zwillinge-Mann und Stier-Frau (1,074)
Nur durchschnittliche Attraktion bei Heiraten,
aber stark unterproportional beteiligt an Scheidungen.

FRAUEN					
Waage	Skorpion	Schütze	Steinbock	Wassermann	Fische
0,974	0,999	1,011	1,004	0,998	0,978
0,964	1,026	1,032	0,984	0,998	0,974
1,012	1,049	1,024	0,937	0,983	0,984
0,964	0,961	1,037	0,968	0,969	1,015
0,954	0,979	0,990	1,015	1,033	0,982
1,048	1,039	0,960	0,993	0,995	1,003
1,068	0,958	1,026	0,998	0,978	1,036
1,026	1,016	0,988	1,031	1,003	0,965
1,028	0,971	0,975	1,031	1,063	0,973
1,017	0,973	0,982	1,038	0,964	1,102
0,958	0,953	0,969	1,041	1,013	1,033
1,015	1,076	1,004	0,980	1,018	0,971

Dauerhaft stärkste Anziehung ■ Dauerhaft stärkste Abneigung

Die drei DAUERHAFT stärksten Abneigungen bestehen zwischen

1) Waage-Mann und Widder-Frau (0,936)
Leicht unterproportionale Attraktion bei Heiraten,
aber stark überproportional beteiligt an Scheidungen.

2) Widder-Mann und Löwe-Frau (0,937)
Leicht überproportionale Attraktion bei Heiraten,
aber sehr stark überproportional beteiligt bei Scheidungen.

3) Zwillinge-Mann und Steinbock-Frau (0,937)
Leicht unterproportionale Attraktion bei Heiraten,
aber stark überproportional beteiligt bei Scheidungen.

Astrologisches & Bemerkenswertes

Man erkennt deutlich, daß die Sternzeichen bei Scheidungen eine wesentlich geringere Rolle spielen als bei den Eheschließungen. Zumindest eine Erklärungsmöglichkeit liegt auf der Hand: Beim Entschluß zur Heirat sind – normalerweise – Gefühle wie Liebe, sexuelles Verlangen, Kinderwunsch oder die Sehnsucht nach Häuslichkeit ausschlaggebend. Der Entschluß zur Scheidung dagegen wird häufiger von Sachzwängen ausgelöst.

Und noch etwas mag mitspielen: Beim Heiraten bewegen sich zwei Menschen aufeinander zu. Wenn es geheimnisvolle Kräfte gibt, die die Angehörigen bestimmter Sternzeichen aufeinander ausüben, so wirken sie von beiden Partnern her, haben also zwei Ansatzpunkte. Der Wille zur Scheidung geht dagegen sehr oft nur von einem der beiden Partner aus. Kräfte, die möglicherweise mit den Sternzeichen zusammenhängen, haben hier nur einen Ansatzpunkt.

Wir haben uns gefragt: Gibt es Sternzeichen, bei denen das Scheidungsrisiko besonders hoch ist?

- ▷ Bei den männlichen Sternzeichen gab es keine signifikante Abweichung vom mittleren Scheidungsrisiko.
- ▷ Bei den weiblichen Sternzeichen hingegen fand sich eine signifikante Abweichung: die Zwillinge-Frau. Bei ihr ist das Scheidungsrisiko signifikant erhöht. Der Ehemann einer Zwillinge-Frau lebt mit einem überdurchschnittlich hohen Scheidungsrisiko.

Es fällt im vorstehenden Kapitel auf, daß an dreien der dreiundzwanzig am häufigsten geschiedenen Kombinationen die Zwillinge-Frau beteiligt ist. Die astrologische Literatur attestiert Frauen dieses Sternzeichens im allgemeinen Unstetigkeit und Lust an Veränderung.

Anmerkung: Der Autor ist seit 28 Jahren mit einer nie geschiedenen Zwillinge-Frau verheiratet. Er hofft, daß ihm dieser Status quo, trotz der Sterne, erhalten bleibt.

KAPITEL 4

Wer lebt allein?

»Nur Einsamkeit ist Vollgenuß des Lebens.«

August Graf von Platen (1796–1835)

Vornehmlich ohne Weib und Hund kreuzte Errol Flynn unter schwarzen Segeln auf seiner schwarzen Jacht »Zaka« über die sieben Meere. In den abenteuerlichsten Häfen der Welt warf er mit Rumfässern auf Beamte und ungeladene Besucher. Nicht Mangel an Erfolg machten den Piraten aller Kinder- und Erwachsenenträume zum meistbegehrten Single, sondern der Wunsch nach Freiheit.

Es scheint, der Ire war seiner Zeit voraus.

Immer weniger Deutsche heiraten, immer mehr leben als Singles. Für beide Trends ist der wachsende Individualismus eine der wichtigsten Ursachen. Individualismus, noch Anfang des letzten Jahrhunderts wertfrei als »Egoismus« bezeichnet, ist bestrebt, den einzelnen und seine Interessen der Gemeinschaft soweit wie möglich überzuordnen.

Die Zahl der Einpersonenhaushalte in der Bundesrepublik hat sich in den letzten zwanzig Jahren verdoppelt. Das ist Weltrekord.

Der Wohlstand macht's möglich. Denn Individualismus ist die teuerste Lebensform, beim Wohnen, beim Auto, bei der Steuer.

In Städten ist die Single-Dichte am größten. München

wurde mit über 50 Prozent Einpersonenhaushalten auch Hauptstadt dieser Bewegung.

Immer mehr Männer scheuen sich, ihre Freiheit aufzugeben, zu teilen und Verantwortung für andere zu übernehmen, womöglich bis daß der Tod sie scheidet.

Immer mehr Frauen träumen davon, sich in Freiheit und Freizeit selbst zu verwirklichen, auch wenn das seinen Preis hat. Eine Umfrage unter Frauen zwischen 25 und 50 Jahren ergab, daß die Singles in der Woche dreimal weniger Sex hatten als ihre verheirateten Geschlechtsgenossinnen.

»Der Starke ist am mächtigsten allein« hatte Friedrich von Schiller verkündet. Der Maler Max Liebermann formulierte es bei Auflösung der Künstlergruppe »Vereinigung der Elf« berlinerisch: »Wenn ick wat kann, wer' ick mir doch nich mit andern vertragen.«

Steckt auch etwas von diesem Stolz in der Single-Schwemme, die Frauen und Männer gleichermaßen erfaßt hat? Neigen Sternzeichen, denen Astrologen ausgeprägten Freiheitsdrang und starkes Selbstbewußtsein nachsagen, mehr zum Leben allein als andere?

Die Analyse

Wir haben uns gefragt: Gibt es Sternzeichen, die besonders bindungsbereit und damit heiratsfreudig sind? Und gibt es auf der anderen Seite Tierkreiszeichen, deren Angehörige dazu neigen, einen weiten Bogen um das Standesamt zu machen?

Bei der letzten Volkszählung in der Schweiz wurden 1990 für alle Jahrgänge, getrennt nach Männern und

Frauen, auch die exakten Geburtsdaten erfaßt. So konnten wir die Gesamtbevölkerung der Schweiz nach Sternzeichen aufgliedern.

Die Zahlen der einzelnen heiratenden Sternzeichen entnahmen wir der Ehestatistik, jeweils getrennt für Männer und Frauen. Um nun die Bindungsbereitschaft näher zu untersuchen, haben wir diese Daten miteinander verglichen.

Die Heiratsstatistik sagt uns beispielsweise, daß 8,76 Prozent aller eheschließenden Schweizerinnen dem Sternzeichen Stier angehören. Aus der Volkszählung 1990 wissen wir, daß von den 18- bis 40jährigen Frauen in der Schweiz 8,95 Prozent unter dem Sternzeichen Stier geboren sind.

Die Begrenzung der Bezugspopulation auf die 18- bis 40jährigen mag auf den ersten Blick etwas willkürlich erscheinen, denn selbstverständlich heiraten auch Frauen unter 18 und Frauen über 40. Aber diese Vereinfachung ist methodisch vertretbar, denn die Verteilung der Geburtenhäufigkeiten im Jahresablauf ist über Jahrzehnte hinweg nahezu unverändert geblieben. Erst in den allerletzten Jahren, etwa seit 1985, hat sich die Geburtenverteilung im Jahresablauf deutlich verschoben. Jedoch sind diese Jahrgänge noch nicht heiratsfähig, so daß wir für praktische Zwecke von einer relativen Konstanz der Geburtenverteilung im Jahresverlauf ausgehen dürfen.

Aus der Gegenüberstellung der jeweiligen Anteile an den Eheschließungen einerseits und an der »heiratsfähigen Bezugspopulation« andererseits wurde erkennbar, daß bestimmte Sternzeichen offenbar eher bereit sind, sich zu binden (s. Tabellen S. 108–111).

Wer heiratet gerne? (Männer)

Sternzeichen	Geburtenzahlen der Jahrgänge 1954 - 1976	Anteil an den Geburtenzahlen der Jahrgänge 1954 - 1976 in Prozent	Tatsächliche Ehe-schließungen 1987 - 1994	Erwartete Ehe-schließungen 1987 - 1994	Abweichung von der Erwartung in Prozent (Siehe Grafik)	Grad der Signifikanz
Widder	119.253	9,22 %	33.009	33.085	-0,23 %	neutral
Stier	114.184	8,83 %	31.417	31.679	-0,83 %	neutral
Zwillinge	116.041	8,97 %	32.178	32.194	-0,05 %	neutral
Krebs	107.592	8,32 %	29.945	29.850	+0,32 %	neutral
Löwe	107.784	8,34 %	30.082	29.903	+0,60 %	neutral
Jungfrau	106.006	8,20 %	29.263	29.410	-0,50 %	neutral
Waage	102.913	7,96 %	28.583	28.552	+0,11 %	neutral
Skorpion	96.894	7,49 %	26.880	26.882	-0,01 %	neutral
Schütze	95.651	7,40 %	26.066	26.537	-1,77 %	** -
Steinbock	107.966	8,35 %	29.218	29.954	-2,46 %	*** -
Wassermann	112.350	8,69 %	30.904	31.170	-0,85 %	neutral
Fische	106.507	8,24 %	31.218	29.549	+5,65 %	*** +
	1.293.141	100,00 %	358.763	358.763		

* leicht signifikant ** signifikant *** hoch signifikant

Abweichung tatsächlicher Eheschließungen zu erwarteten Eheschließungen in Prozent (Männer)

Tatsächliche Eheschließungen: 358.763

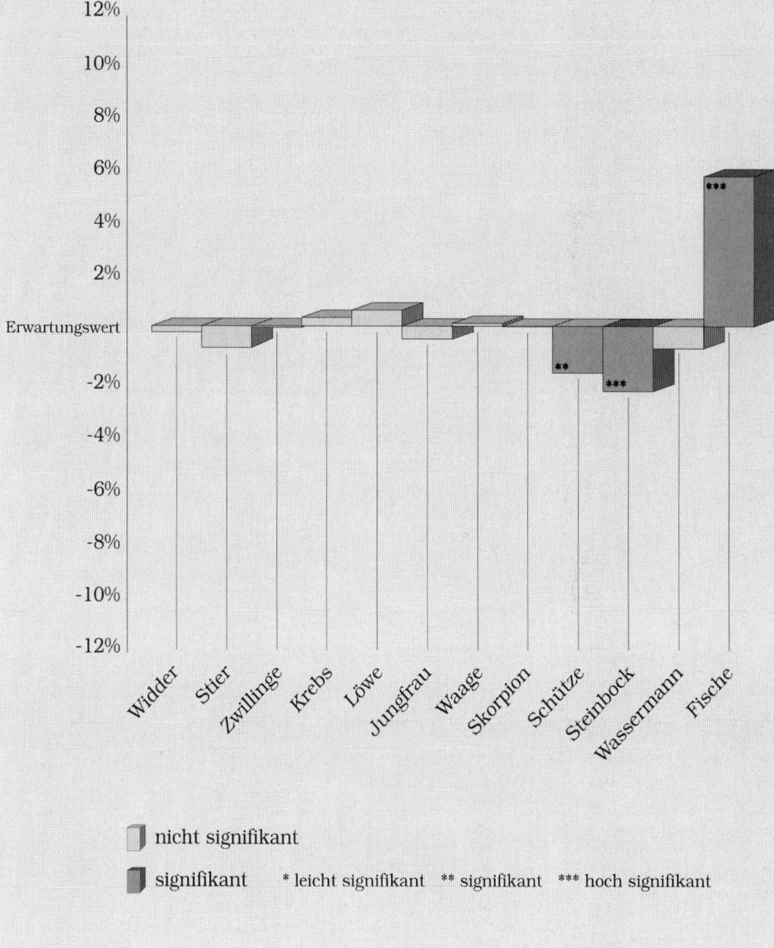

Wer heiratet gerne? (Frauen)

Sternzeichen	Geburtenzahlen der Jahrgänge 1954 - 1976	Anteil an den Geburtenzahlen der Jahrgänge 1954 - 1976 in Prozent	Tatsächliche Ehe-schließungen 1987 - 1994	Erwartete Ehe-schließungen 1987 - 1994	Abweichung von der Erwartung in Prozent (Siehe Grafik)	Grad der Signifikanz
Widder	111.294	9,08 %	32.830	32.576	+0,78 %	neutral
Stier	109.663	8,95 %	31.406	32.098	-2,16 %	*** -
Zwillinge	107.469	8,77 %	31.712	31.456	+0,81 %	neutral
Krebs	101.275	8,26 %	30.390	29.643	+2,52 %	*** +
Löwe	101.735	8,30 %	30.363	29.778	+1,97 %	*** +
Jungfrau	101.503	8,28 %	29.696	29.710	-0,05 %	neutral
Waage	102.473	8,36 %	28.215	29.994	-5,93 %	*** -
Skorpion	90.404	7,38 %	27.106	26.461	+2,44 %	*** +
Schütze	89.964	7,34 %	25.867	26.332	-1,77 %	neutral
Steinbock	97.940	7,99 %	28.828	28.667	+0,56 %	neutral
Wassermann	104.868	8,56 %	30.848	30.695	+0,50 %	neutral
Fische	107.114	8,74 %	31.502	31.352	+0,48 %	neutral
	1.225.702	100,00 %	358.763	358.763		

* leicht signifikant ** signifikant *** hoch signifikant

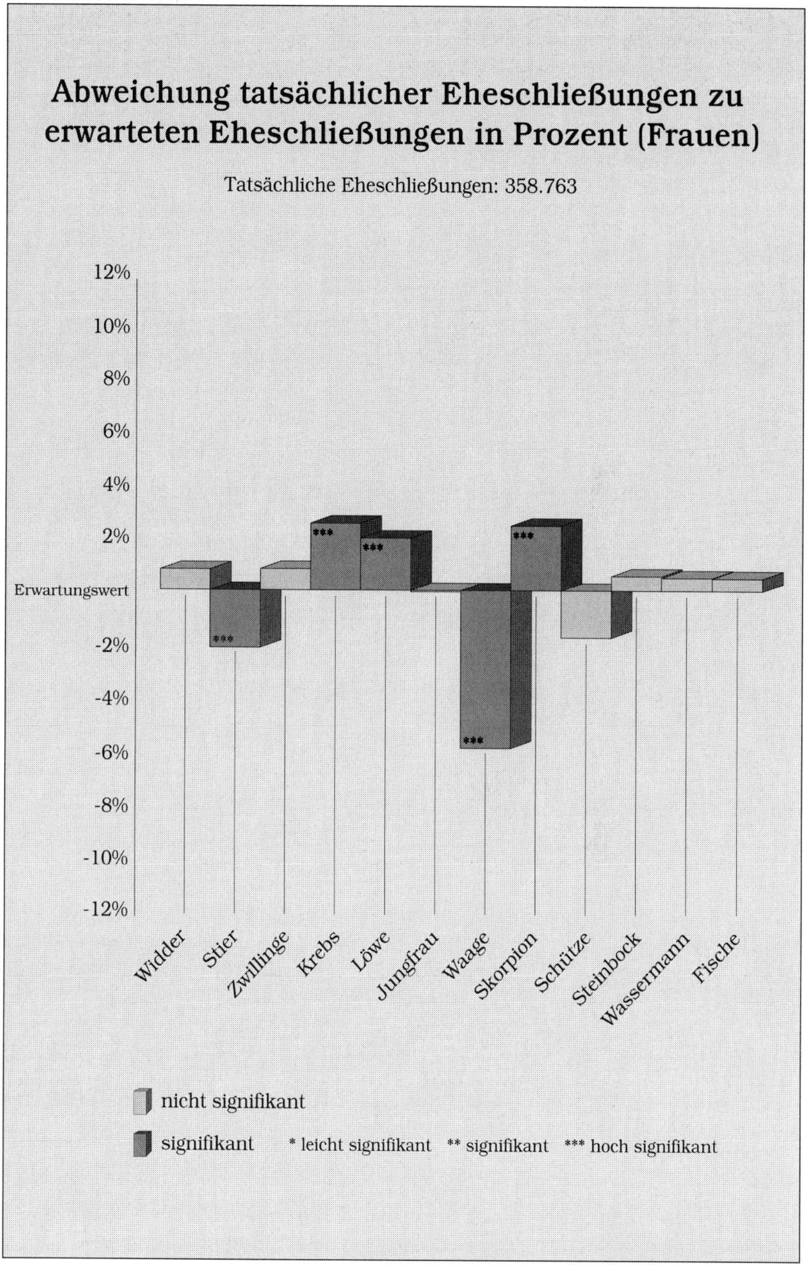
Abweichung tatsächlicher Eheschließungen zu erwarteten Eheschließungen in Prozent (Frauen)
Tatsächliche Eheschließungen: 358.763
12%
10%
8%
6%
4%
2%
Erwartungswert
-2%
-4%
-6%
-8%
-10%
-12%
***
***
***
***
***
Widder
Stier
Zwillinge
Krebs
Löwe
Jungfrau
Waage
Skorpion
Schütze
Steinbock
Wassermann
Fische
nicht signifikant
signifikant
* leicht signifikant
** signifikant
*** hoch signifikant

Eine hoch signifikant überdurchschnittliche Ehefreudigkeit fanden wir bei Krebs-, Löwe- und Skorpion-Frauen sowie bei Fische-Männern.

Auffallend ungern binden sich dagegen, auch hier wieder mit hoher Signifikanz, Stier-, Waage- und Schütze-Frauen sowie Steinbock-Männer.

Wir haben dann die Singles-Thematik von einer anderen Warte aus genauer untersucht.

Im Rahmen der erwähnten schweizerischen Volkszählung wurde unter anderem nach dem Zivilstand der rund 6873000 registrierten Eidgenossen gefragt. Bei einer Singles-Untersuchung querbeet alle Jahrgänge einzubeziehen, wäre freilich wenig sinnvoll. Kinder und Jugendliche müssen ohnehin außer Betracht bleiben. Aber auch bei jungen Erwachsenen ist das Ledigsein noch nicht gezielte Entscheidung oder Ausdruck von Bindungsunfähigkeit, sondern hängt oft schlichtweg damit zusammen, daß man noch in Ausbildung steht, wenig verdient und daher noch keine Familie gründen will. Nach dem allgemeinen Sprachgebrauch wird man erst Ledige ab etwa 30 Jahren als Singles bezeichnen. Wir haben daher unsere Untersuchung auf die 30- bis 65jährigen Schweizer und Schweizerinnen beschränkt.

Ohne auf die Einzelheiten der statistischen Berechnungen einzugehen, kommen wir gleich zu den Resultaten: eindeutig besteht ein Zusammenhang zwischen dem Familienstand »ledig« und der Sternzeichenzugehörigkeit. Der Chi-Quadrat-Test ergab einen Wert von Null – damit kann die Hypothese, daß es keinen Zusammenhang zwischen Familienstand und Sternzeichen gibt, mit allergrößter Sicherheit verworfen werden.

Überproportional viele männliche Ledige sind vertreten unter den Sternzeichen Skorpion (hoch signifikant) und Schütze (hoch signifikant).

Weniger ledige Männer als erwartet befinden sich unter den Sternzeichen Wassermann (signifikant) und Fische (hoch signifikant).

Weniger ledige Frauen als erwartet sind vertreten unter dem Sternzeichen Wassermann (hoch signifikant) und Steinbock (hoch signifikant s. Tabellen S. 114–117).

RESÜMEE:
Es wurde ein Zusammenhang zwischen Sternzeichen und Singles untersucht. Als Ausgangsmaterial lagen die Daten der Heiratsstatistik vor (vergleiche Kapitel 2). Darüber hinaus standen die Daten der Volkszählung in der Schweiz 1990 mit 2 731 766 Frauen und Männern mit dem Zivilstand »ledig« zur Verfügung. Es ergaben sich 7 Signifikanzen.

Ein zufälliger Zusammenhang zwischen Sternzeichen und Ehemuffeln ist mit einer Wahrscheinlichkeit von mindestens 1 : 10 000 auszuschließen.

Ein zufälliger Zusammenhang zwischen Sternzeichen und Ledigen ist mit einer Wahrscheinlichkeit von mindestens 1 : 10 000 000 auszuschließen.

Wer lebt allein? (Männer)

Sternzeichen	Geburtenzahlen der Volkszählung Schweiz 1990 Jahrg. 1925-1960	Anteil an den Geburtszahlen der Jahrgänge 1925-1960 in Prozent	Tatsächliche Singles Familienstand "ledig" Jahrg. 1925-1960	Erwartete Singles Familienstand "ledig" Jahrg. 1925-1960	Abweichung von der Erwartung in Prozent (Siehe Grafik)	Grad der Signifikanz
Widder	123.552	9,13 %	21.824	22.065	-1,09 %	neutral
Stier	117.883	8,72 %	20.752	21.053	-1,43 %	neutral
Zwillinge	119.923	8,87 %	21.536	21.417	+0,55 %	neutral
Krebs	112.160	8,29 %	20.338	20.031	+1,53 %	neutral
Löwe	113.903	8,42 %	20.542	20.342	+0,98 %	neutral
Jungfrau	110.550	8,17 %	19.777	19.743	+0,17 %	neutral
Waage	107.178	7,92 %	19.291	19.141	+0,78 %	neutral
Skorpion	100.959	7,46 %	18.692	18.030	+3,67 %	*** +
Schütze	97.291	7,19 %	17.978	17.375	+3,47 %	*** +
Steinbock	112.382	8,31 %	19.524	20.070	-2,72 %	*** -
Wassermann	117.352	8,68 %	20.534	20.958	-2,02 %	** -
Fische	119.478	8,83 %	20.773	21.337	-2,64 %	*** -
	1.352.611	100,00 %	241.561	241.561		

* leicht signifikant ** signifikant *** hoch signifikant

Abweichung tatsächlicher Singles zu erwarteten Singles in Prozent (Männer)

Tatsächliche Singles: 241.561

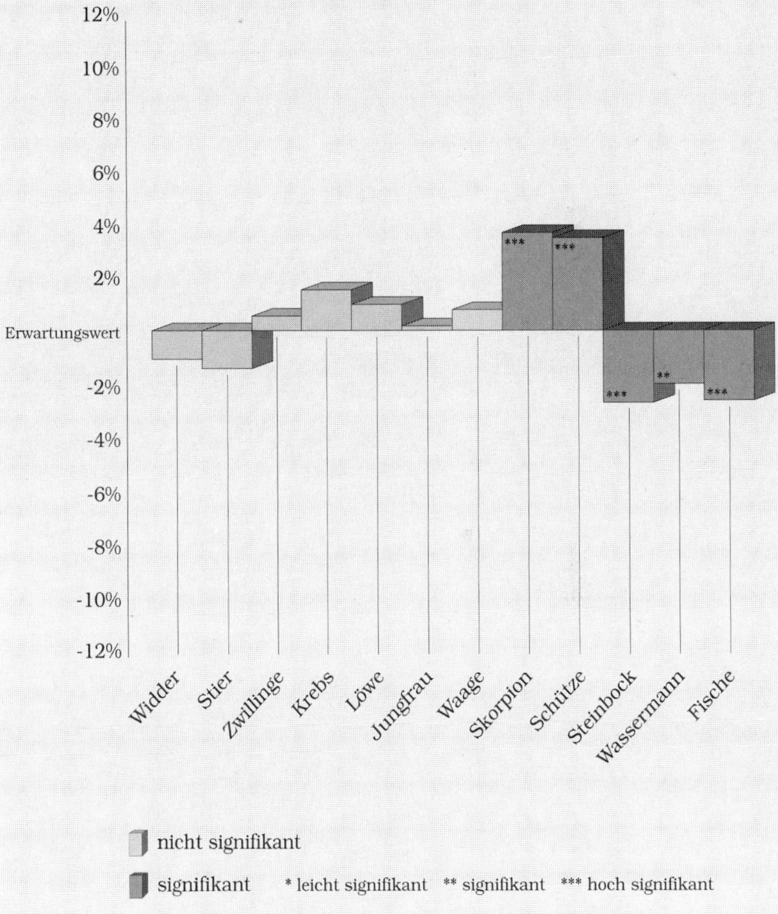

Wer lebt allein? (Frauen)

Sternzeichen	Geburtenzahlen der Volkszählung Schweiz 1990 Jahrg. 1925-1960	Anteil an den Geburtszahlen der Jahrgänge 1925-1960 in Prozent	Tatsächliche Singles Familienstand "ledig" Jahrg. 1925-1960	Erwartete Singles Familienstand "ledig" Jahrg. 1925-1960	Abweichung von der Erwartung in Prozent (Siehe Grafik)	Grad der Signifikanz
Widder	125.826	9,12 %	17.413	17.232	+1,04 %	neutral
Stier	120.206	8,72 %	16.485	16.463	+0,13 %	neutral
Zwillinge	121.731	8,83 %	16.930	16.672	+1,55 %	neutral
Krebs	114.907	8,33 %	16.001	15.737	+1,67 %	neutral
Löwe	116.399	8,44 %	16.141	15.941	+1,25 %	neutral
Jungfrau	113.034	8,20 %	15.540	15.480	+0,38 %	neutral
Waage	109.651	7,95 %	14.790	15.017	-1,51 %	neutral
Skorpion	104.013	7,54 %	14.291	14.245	+0,32 %	neutral
Schütze	100.579	7,29 %	14.033	13.775	+1,87 %	neutral
Steinbock	111.992	8,12 %	14.885	15.338	-2,95 %	*** -
Wassermann	119.628	8,67 %	15.921	16.384	-2,82 %	*** -
Fische	121.199	8,79 %	16.452	16.598	-0,88 %	neutral
	1.379.165	100,00 %	188.882	188.882		

* leicht signifikant ** signifikant *** hoch signifikant

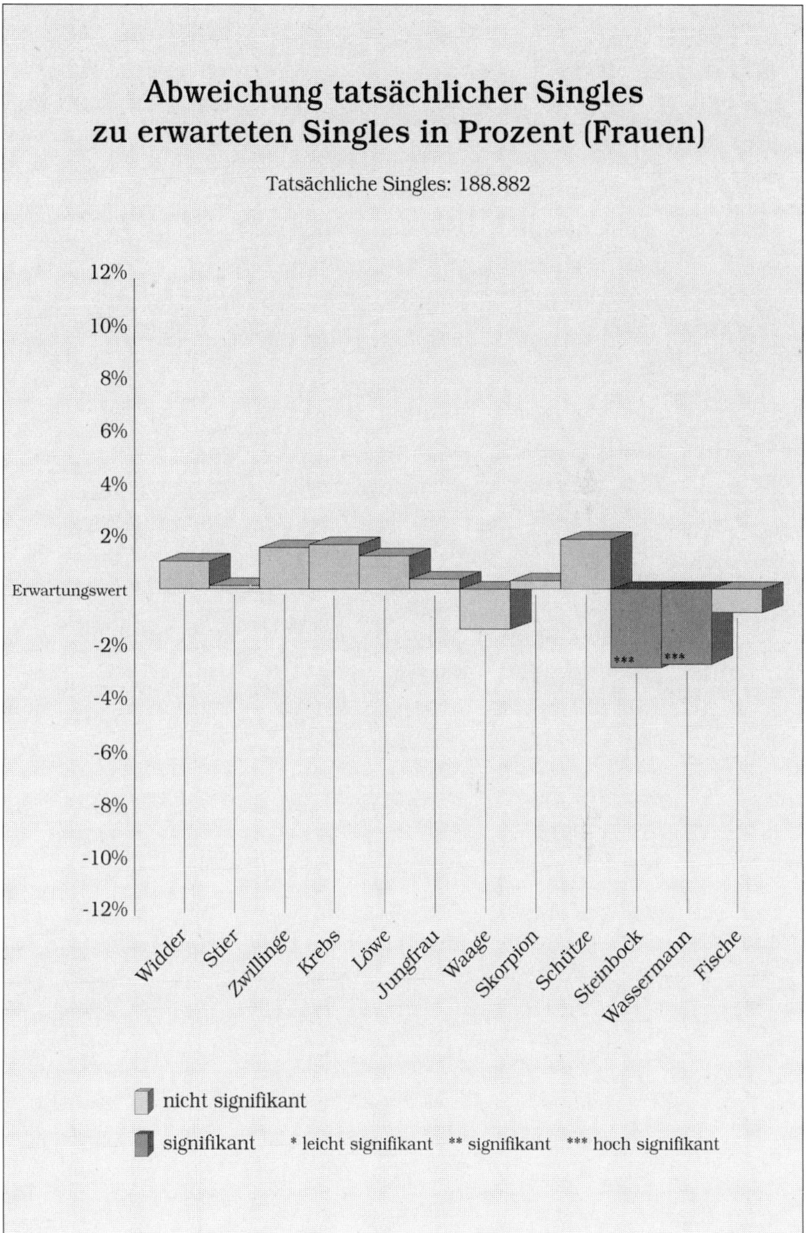

Abweichung tatsächlicher Singles
zu erwarteten Singles in Prozent (Frauen)
Tatsächliche Singles: 188.882
12%
10%
8%
6%
4%
2%
Erwartungswert
-2%
-4%
-6%
-8%
-10%
-12%
***
***
Widder
Stier
Zwillinge
Krebs
Löwe
Jungfrau
Waage
Skorpion
Schütze
Steinbock
Wassermann
Fische
nicht signifikant
signifikant
* leicht signifikant
** signifikant
*** hoch signifikant

Astrologisches & Bemerkenswertes

Wenn wir die Singles-Ergebnisse mit den Resultaten aus der Heiratsstatistik vergleichen, fällt auf, daß nur geringe Übereinstimmung zu bestehen scheint.

Lediglich die Fische-Männer, die offenbar besonders heiratsfreudig sind, sind auch unter den Ledigen unterrepräsentiert.

Nun ist die große Gruppe der Singles statistisch schwer zu erfassen. Es ist sicherlich problematisch, ausschließlich Ledige im Alter von 30 von 65 Jahren als Singles zu betrachten, denn Singles gibt es natürlich auch unter Verwitweten, Geschiedenen und getrennt lebenden Verheirateten. Gleichwohl hielten wir es für richtig, in diesem Buch mit unserem Ergebnis eine Tendenz zu dokumentieren, die auf den ersten Blick im Vergleich zur Heiratsstatistik fast widersprüchlich erscheint.

KAPITEL 5

Wer studiert was?

> »Zu Beginn des Jünglingsalters, zu einer Zeit, da unsere Einsicht noch schwach ist, entscheidet sich jeder für den Beruf. So kommt es, daß die meisten bereits an eine bestimmte Berufs- und Lebensbahn gefesselt sind, ehe sie noch zu beurteilen vermögen, was für sie das Beste sein würde.«
>
> Marcus Tullius Cicero (106–43 v. Chr.)

Auf die Frage, was Mark Twain als Kind zu werden gedachte, gab er zur Antwort: »Mit acht wollte ich Schornsteinfeger werden, mit vierzehn Napoleon. Seitdem sind meine Ambitionen größer und größer geworden.«

Nicht alle Kinder haben so präzise Vorstellungen.

Die Frage nervt: »Was willst du denn einmal werden?« Solange der Junge klein ist, kann er sich mit »Lokomotivführer« noch gut aus der Affäre ziehen. Später wird es schwieriger. Die ehrliche Antwort »Ich weiß es nicht« enttäuscht Onkel und Tante gleichermaßen. Doch spätestens nach Abitur, Wehrpflicht oder Zivildienst erwartet viele männliche und weibliche Twens die Qual der Wahl: Welches Studium können oder sollen sie beginnen?

1960 gab es keine 300 000 Studierende in der Bundesrepublik. Ihre Zahl hat sich seither mehr als versechsfacht.

Heute studieren fast zwei Millionen junge Menschen

an über dreihundert deutschen Hochschulen und Universitäten. Das stärkste Kontingent stellen die Rechts-, Wirtschafts- und Sozialwissenschaften.

Nach einer Untersuchung der Kultusministerien der Länder soll die Gesamtzahl der angehenden Akademiker bis zum Jahr 2010 auf etwa zweieinhalb Millionen ansteigen.

Was allen schlimmstenfalls droht, hat ihnen der Geheimrat aus Weimar mit auf den Weg gegeben:

»Habe nun, ach! Philosophie,
Juristerei und Medizin,
Und leider auch Theologie!
Durchaus studiert, mit heißem Bemühn.
Da steh ich nun, ich armer Tor!
Und bin so klug als wie zuvor.«

Niemand studiert, was in den Sternen steht. Aber hat vielleicht das Sternzeichen bei der Wahl des Studienfachs mitgewirkt? Wir wollten es gern wissen. Zwischen dem Wollen und dem Können liegt nur leider oft der Ozean – in diesem Fall der Länderausschuß der Vergabestelle für Studienplätze. Erst nachdem sie unseren Fall mehrfach debattiert und schließlich grünes Licht gegeben hatten, öffnete die Alma mater ihre Archive über Sternzeichen, Studienbewerber und Studienfächer.

Die Analyse

Umfangreiches Material zu Studienbewerbern und ihrer Fachwahl erhielten wir aus den Daten angehender Studenten, die sich im Wintersemester 1994/95, im Sommersemester 1995 und im Wintersemester 1995/ 96 bei der Zentralen Vergabestelle für Studienplätze (ZVS) in Dortmund beworben haben. Bei dieser Institution bemühen sich alljährlich etwa 100 000 Personen um Plätze in solchen Studienfächern, die wegen des Numerus clausus Zulassungsbeschränkungen unterliegen.

Für unsere Berechnungen konnten wir die Daten von 100 082 Bewerbern für das Wintersemester 1994/95, 31 337 Bewerbern für das Sommersemester 1995 sowie 99 617 Bewerbern für das Wintersemester 1995/96 auswerten.

Die Aufteilung dieser insgesamt 231 036 Studienbewerber auf die verschiedenen Sternzeichen war bekannt. Nach angestrebter Studienrichtung verteilten sie sich auf zehn Numerus-clausus-Disziplinen:

- Architektur
- Betriebswirtschaftslehre
- Biologie
- Jura
- Medizin
- Psychologie
- Pharmazie
- Tiermedizin
- Volkswirtschaftslehre
- Zahnmedizin

		Architektur	Betriebswirtschaft	Biologie
Widder	Tatsächliche Studienbewerber	2017	3663	1070
	Erwartete Studienbewerber	1982	3618	1066
	Signifikanz/Differenz	+35	+45	+4
Stier	Tatsächliche Studienbewerber	1997	3798	1105
	Erwartete Studienbewerber	2049	3740	1103
	Signifikanz/Differenz	-52	+58	+2
Zwillinge	Tatsächliche Studienbewerber	1962	3707	1078
	Erwartete Studienbewerber	1964	3586	1057
	Signifikanz/Differenz	-2	* +121	+21
Krebs	Tatsächliche Studienbewerber	2152	3746	1061
	Erwartete Studienbewerber	2064	3769	1111
	Signifikanz/Differenz	* +88	-23	* -50
Löwe	Tatsächliche Studienbewerber	1929	3639	1065
	Erwartete Studienbewerber	1944	3550	1046
	Signifikanz/Differenz	-15	* +89	+19
Jungfrau	Tatsächliche Studienbewerber	1904	3428	962
	Erwartete Studienbewerber	1891	3452	1018
	Signifikanz/Differenz	+13	-24	* -56
Waage	Tatsächliche Studienbewerber	1871	3368	1009
	Erwartete Studienbewerber	1886	3444	1015
	Signifikanz/Differenz	-15	-76	-6
Skorpion	Tatsächliche Studienbewerber	1723	3103	966
	Erwartete Studienbewerber	1726	3151	929
	Signifikanz/Differenz	-3	-48	+37
Schütze	Tatsächliche Studienbewerber	1742	3151	962
	Erwartete Studienbewerber	1743	3182	938
	Signifikanz/Differenz	-1	-31	+24
Steinbock	Tatsächliche Studienbewerber	1666	2988	930
	Erwartete Studienbewerber	1708	3118	919
	Signifikanz/Differenz	-42	** -130	+11
Wassermann	Tatsächliche Studienbewerber	1811	3416	984
	Erwartete Studienbewerber	1836	3352	988
	Signifikanz/Differenz	-25	+64	-4
Fische	Tatsächliche Studienbewerber	1896	3381	1008
	Erwartete Studienbewerber	1877	3426	1010
	Signifikanz/Differenz	+19	-45	-2

Jura	Medizin	Psychologie	Pharmazie	Tiermedizin	Volkswirtschaftslehre	Zahnmedizin
4869	3601	2278	768	444	584	635
4975	3555	2395	741	448	580	569
* -106	+46	** -117	+27	-4	+4	** +66
4985	3712	2600	775	435	624	573
5144	3675	2476	766	463	600	588
* -159	+37	** +124	+9	-28	+24	-15
4857	3426	2475	681	451	559	557
4931	3523	2374	734	444	575	564
-74	-97	** +101	* -53	+7	-16	-7
5136	3680	2526	772	468	591	630
5183	3703	2495	772	467	604	592
-47	-23	+31	0	+1	-13	* +38
4986	3453	2245	758	424	551	504
4882	3488	2350	727	440	569	558
* +104	-35	-105	* +31	-16	-18	-54
4836	3500	2154	680	406	546	601
4748	3392	2286	707	428	554	543
+88	* +108	** -132	-27	-22	-8	** +58
4988	3375	2231	703	436	522	466
4736	3384	2280	705	427	552	541
*** +252	-9	-49	-2	+9	-30	*** -75
4387	3065	2026	664	385	514	523
4333	3096	2086	645	390	505	495
+54	-31	* -60	+19	-5	+9	+28
4396	3110	2060	640	443	548	478
4376	3127	2107	651	394	510	500
+20	-17	-47	-11	** +49	+38	-22
4311	3165	2067	612	413	522	501
4288	3064	2064	638	386	500	490
+23	+101	+3	-26	+27	+22	+11
4494	3253	2353	687	431	522	513
4610	3294	2219	686	415	538	527
* -116	-41	** +134	+1	+16	-16	-14
4673	3328	2387	733	392	554	523
4712	3367	2296	701	425	549	538
-39	-39	** +91	+32	* -33	+5	-15

positiv, negativ — * leicht signifikant, ** signifikant, *** hoch signifikant

Damit fanden wir eine ähnliche statistische Ausgangssituation vor wie bei der Untersuchung der Eheschließungen. So wie dort geprüft wurde, ob Sternzeichen X eher häufig oder eher selten das Sternzeichen Y als Ehepartner wählt, konnten wir nun untersuchen, ob Sternzeichen X bevorzugt oder eher selten das Studienfach Y wählt.

Ein besonders kritischer Leser wird vielleicht einwenden, daß die Analogie nicht überzeugt. Bei der Eheschließung beruht die Wahl auf Gegenseitigkeit, wohingegen ein Student zwar sein Studienfach, nicht aber ein Studienfach seine Studenten wählen kann. Doch dieser subtile Unterschied ist für die Statistik nicht relevant.

Der Gang der Untersuchung ist uns bereits vertraut:

Wir bilden aus den zwölf Sternzeichen und den zehn untersuchten Studienfächern eine zweidimensionale Tabelle mit 12 x 10 Feldern. Darin tragen wir die effektiv vorgefundenen Istwerte der Sternzeichen-Studienfach-Kombinationen ein.

Mit dem Chi-Quadrat-Unabhängigkeitstest (s. S. 47) klären wir zunächst, ob die Hypothese haltbar ist, daß die Wahl der Studienrichtung völlig unabhängig vom Sternzeichen erfolgt. Dies trifft mit einer Wahrscheinlichkeit zu, die kleiner ist als 1:10 000 000. Das heißt: von einem Zusammenhang zwischen Studienrichtung und Sternzeichen ist auszugehen.

Um in einem zweiten Schritt zu klären, bei welchen Studienfächern besonders ausgeprägte Abweichungen von der Verteilung in der Bezugspopulation auftreten, haben wir zusätzlich einen Chi-Quadrat-Anpassungstest (s. S. 46) durchgeführt. Die Bezugspopulation, die »studierfähige Bevölkerung« gewissermaßen, haben wir in diesem Fall auf die Geburtenjahrgänge 1966 bis 1976 in der Bundesrepublik Deutschland festgelegt, aufgeschlüsselt nach Sternzeichen.

Als Ergebnis ist festzuhalten: Bei den Studienfächern Psychologie, Medizin, Jura, Betriebswirtschaftslehre und Architektur gab es hoch signifikante Abweichungen der Verteilung der Studienbewerber von der Verteilung der studierfähigen Bevölkerung. Signifikant waren die Abweichungen bei den Studienfächern Zahnmedizin und Pharmazie.

Nach diesen Voruntersuchungen erschien eine Detailanalyse der Abweichungen lohnend: Nach dem bekannten Schema wurde für jedes der 120 Felder unserer Tabelle der Erwartungswert ermittelt und sodann mit den Istwerten verglichen. Die Abweichungen zwischen Ist- und Erwartungswerten wurden auf ihre Signifikanz hin geprüft. Dabei ergaben sich 2 hoch signifikante, 10 signifikante sowie 15 leicht signifikante Abweichungen.

Das bedeutet: In fast jeder vierten Sternzeichen-Studienrichtung-Kombination ergaben sich signifikante Abweichungen von jener Verteilung, die zu erwarten war, gesetzt den Fall, es besteht kein Zusammenhang zwischen Sternzeichen und Fächerwahl.

Die ermittelten Präferenzen für und Abneigungen gegen bestimmte Studienrichtungen sind in der vorstehenden Tabelle übersichtlich zusammengestellt: (s. S. 122–123)

Somit ist eines durch diese Untersuchung belegt: Es bestehen eindeutige, statistisch nachweisbare Zusammenhänge zwischen Sternzeichenzugehörigkeit und Wahl des Studienfaches.

Sternzeichen	Geburtenzahlen der Jahrgänge 1966 - 1976	Anteil an den Geburtenzahlen der Jahrgänge 1966 - 1976 in Prozent	Tatsächliche Studien-bewerber	Erwartete Studien-bewerber	Abweichung von der Erwartung in Prozent (Siehe Grafik)	Grad der Signifikanz
Widder	674.142	9,12 %	19.929	20.782	-4,28 %	*** -
Stier	644.898	8,72 %	20.604	19.880	+3,51 %	*** +
Zwillinge	678.693	9,18 %	19.753	20.922	-5,92 %	*** -
Krebs	645.425	8,73 %	20.762	19.896	+4,17 %	*** +
Löwe	644.432	8,71 %	19.554	19.866	-1,59 %	neutral
Jungfrau	623.665	8,43 %	19.017	19.225	-1,10 %	neutral
Waage	575.727	7,78 %	18.969	17.748	+6,44 %	*** +
Skorpion	564.443	7,63 %	17.356	17.400	-0,25 %	neutral
Schütze	545.710	7,38 %	17.530	16.822	+4,04 %	*** +
Steinbock	586.155	7,93 %	17.175	18.069	-5,21 %	*** -
Wassermann	608.864	8,23 %	18.464	18.769	-1,65 %	neutral
Fische	603.662	8,16 %	18.875	18.609	+1,41 %	neutral
	7.395.816	100,00 %	227.988	227.988		

* leicht signifikant ** signifikant *** hoch signifikant

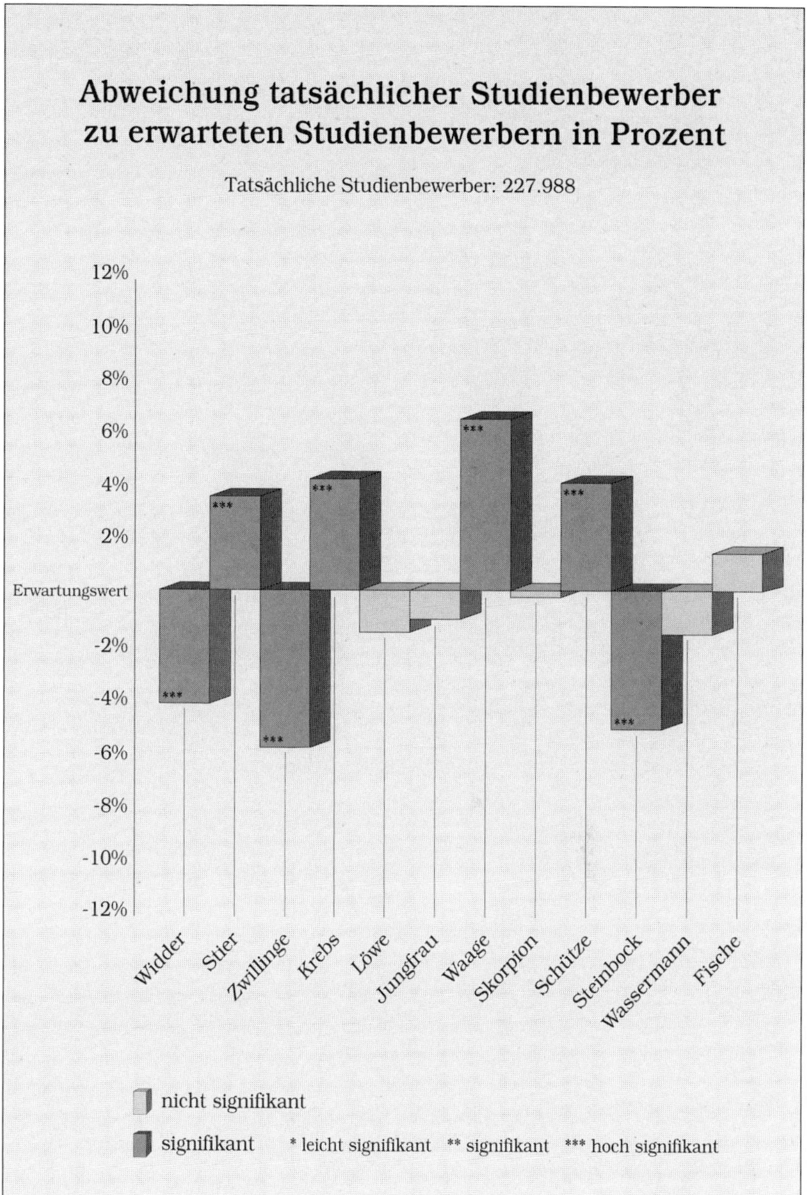

Abweichung tatsächlicher Studienbewerber zu erwarteten Studienbewerbern in Prozent
Tatsächliche Studienbewerber: 227.988
12%
10%
8%
6%
4%
2%
Erwartungswert
-2%
-4%
-6%
-8%
-10%
-12%
***
Widder
Stier
Zwillinge
Krebs
Löwe
Jungfrau
Waage
Skorpion
Schütze
Steinbock
Wassermann
Fische
nicht signifikant
signifikant
* leicht signifikant
** signifikant
*** hoch signifikant

Noch ein weiterer Aspekt interessierte uns: Wen zieht es mit besonderer Macht in die Arme der Alma mater? Und welches Sternzeichen ist bei den Studienanwärtern unterrepräsentiert?

Die Gegenüberstellung der Sternzeichenverteilung bei den Studienplatzbewerbern einerseits und bei der studierfähigen Bevölkerung aus den Jahren 1966 bis 1976 andererseits ergab folgendes Bild: (s. Tabelle S. 126)

Die Sternzeichen Stier, Krebs, Waage und Schütze sind häufiger unter den Studienbewerbern vertreten, als zu erwarten war.

Unterrepräsentiert sind hingegen die Sternzeichen Widder, Zwillinge und Steinbock.

RESÜMEE:
Es wurde der Zusammenhang zwischen Sternzeichen und Studienfachwahl untersucht. Als Ausgangsmaterial standen die Daten von 231 036 Studienanwärtern zur Verfügung. Es ergaben sich bei zehn Fachrichtungen 27 Signifikanzen. Ein zufälliger Zusammenhang zwischen Sternzeichen und Studienfachwahl ist mit einer Wahrscheinlichkeit von mindestens 1:10 000 000 auszuschließen.

Astrologisches & Bemerkenswertes

Man kann über die eine oder andere Ungereimtheit schmunzeln: Warum interessieren sich Jungfrau-Geborene besonders für Medizin und Zahnmedizin, aber eher unterdurchschnittlich für das Studienfach Biologie?

Hat das mit dem gesunden Erwerbstrieb zu tun, der der Jungfrau in der astrologischen Literatur oft attestiert wird?

Andere Ergebnisse entsprechen ebenso dem skizzierten Charakterbild. So verwundert es nicht, daß Waage-Geborene mit ihrem Sinn für Gerechtigkeit und ihrer Begabung zum ausgewogenen Urteil unter den Juristen signifikant überrepräsentiert sind.

Und wenn es ein verborgenes Agens gibt, das Angehörige eines bestimmten Sternzeichens in eine bestimmte Studienrichtung drängt oder sie davon abhält, dann ist es naheliegend, daß gerade das Studienfach Psychologie besonders polarisierend wirkt und deshalb bei den signifikanten Abweichungen am häufigsten vertreten ist. Zweifellos ist diese Studienrichtung dem Wesen der Persönlichkeit enger verbunden als etwa die »Brot«-Studienfächer Betriebswirtschaft oder Pharmazie, bei denen es kaum Auffälligkeiten gibt – und wenn, dann nur leicht signifikante.

KAPITEL 6

Wer arbeitet was?

»Die größte Angelegenheit des Menschen ist zu wissen, wie er seine Stellung in der Schöpfung gehörig erfülle.«

Immanuel Kant
(1724–1804)

Eine der wichtigsten Stationen des Menschen auf dieser Stellungssuche ist sein Beruf.

Der Beruf unterscheidet den Menschen vom Tier.

Nur – was war der erste Beruf? War es die Frau, die dem Jäger für außereheliche Dienste einen Teil der Beute abluchste? Oder hatte er die Beute zu diesem Zweck erlegt? Das Werweissen über die erste Berufswahl von Mann und Frau irrlichtert um diese Frage. In jedem Fall war Freude mit im Spiel.

Der Beruf war ursprünglich eine »Berufung« im ethischen Sinne. Damit unterschied er sich von zufälligen Erwerbstätigkeiten.

Inzwischen sind die Grenzen zwischen »Beruf« und »Job« längst fließend geworden. Beide dienen in der Regel der Anschaffung des Lebensunterhalts und der Ermöglichung materieller Freuden.

»Wer sein Kind kein Handwerk lehrt, bringt ihm das Stehlen bei«, warnten schon die Perser. Und die Engländer ergänzten: »Wer sein Gewerbe wechselt, macht Suppe in einem Korbe.«

Artikel 12 des Grundgesetzes garantiert allen Deutschen die Freiheit der Berufswahl, einschließlich des

Rechts, Arbeitsplatz und Ausbildungsstätte frei zu wählen. Doch Millionen Bundesbürger sind heute arbeitslos. Und immer schwerer wird es für junge Menschen, ihre »Berufung« zu finden. Dabei erfüllt kaum eine andere Leistung den Menschen mit so viel Stolz, wie seine Leistung im Beruf.

»Ein Beruf ist das Rückgrat des Lebens«, meinte Friedrich Nietzsche. »Männer halten selten einen Beruf aus, von dem sie nicht glauben oder sich einreden, er sei im Grund wichtiger als alle anderen. Ebenso ergeht es Frauen mit ihren Liebhabern.«

Wer arbeitet nun was?

Die Analyse

Nachdem wir Zusammenhänge zwischen Sternzeichenzugehörigkeit und der Wahl des Studienfachs gefunden hatten, interessierte uns die Frage, ob auch Affinitäten zwischen Sternzeichen und ausgeübtem Beruf nachweisbar sind.

Das Material, das wir zu dieser Thematik gefunden haben, stammt aus der bereits erwähnten schweizerischen Volkszählung 1990. Dabei wurden die Eidgenossen zunächst nicht nach ihren Berufen, sondern nach der erreichten beruflichen Stellung befragt.

Von den 6,873 Millionen Bürgern der Schweiz machten 4,369 Millionen eine Angabe zur Berufsstellung. Die Restkategorie »Keine Angabe« besteht aus Antwortverweigerern, vor allem aber aus verschiedenen Arten von Nichterwerbstätigen (Rentner, Hausfrauen, Kleinkinder, Schüler, Arbeitslose).

Bei den Bürgern, die eine Angabe machten, wurden folgende Gruppen im Rahmen unserer Untersuchung nicht berücksichtigt: Lehrlinge, mitarbeitende Familienmitglieder und einige andere, nicht klar einzuordnende Berufsbilder, die aber zahlenmäßig nicht nennenswert ins Gewicht fallen.

Fast 93 Prozent der Antwortenden, exakt 4 045 170 Personen, konnten vom Bundesamt für Statistik nach ihrer beruflichen Stellung in eine der folgenden vier Kategorien eingeordnet werden:

- Selbständige (Unternehmer, Freiberufler, Landwirte): 486 469 Personen
- Leitende Angestellte (Direktoren, Prokuristen, höhere Beamte): 234 807 Personen
- Angestellte der mittleren oder unteren Kader (Büroleiter, Werkstattleiter, Filialleiter, Werkmeister, Vorarbeiter, Poliere): 736 392 Personen
- einfache Angestellte/Arbeiter: 2 587 502 Personen.

Das inzwischen bereits vertraute Verfahren in Kürze:

Es wurde eine zweidimensionale Tabelle mit 12 x 4 Zellen gebildet, in welche die Istwerte für die 48 möglichen Kombinationen Sternzeichen/berufliche Stellung eingetragen wurden. Mit Hilfe des Chi-Quadrat-Unabhängigkeitstests (s. S. 47) wurde zunächst wieder geprüft, ob die Verteilung der Zahlen auf die 48 Felder mit der Hypothese der Unabhängigkeit zwischen Sternzeichen und beruflicher Stellung vereinbar ist. Die Wahrscheinlichkeit, daß diese Unabhängigkeit besteht, war geringer als 1 : 10 000 000. Ein eindeutiges Resultat: Es besteht offenbar ein Zusammenhang zwischen den beiden Merkmalen.

Die Einzelanalyse: zunächst Ermittlung der Erwartungswerte. Dann Vergleich der Istwerte mit den Erwartungswerten. Schließlich Untersuchung der Abweichungen auf den Grad der Signifikanzen.

Und damit sind wir auch schon beim Ergebnis: Der Vergleich zwischen Istwerten und Erwartungswerten in den insgesamt 48 Feldern unserer Tabelle brachte in 15 Fällen hoch signifikante und in 4 Fällen signifikante Abweichungen.

In Form einer Tabelle sieht das dann folgendermaßen aus: (s. S. 135)

Es ist festzuhalten, daß es offenbar ausgeprägte Zusammenhänge zwischen Sternzeichenzugehörigkeit und beruflicher Stellung gibt.

In der schweizerischen Volkszählung 1990 wurde neben der Stellung im Berufsleben auch konkret nach dem derzeit ausgeübten Beruf gefragt, bei nicht mehr Erwerbstätigen nach dem zuletzt ausgeübten Beruf. Zwar war die Beantwortung dieser Frage freigestellt, aber es haben immerhin 3 580 913 Personen geantwortet.

Wir haben uns bei der Auswertung auf die 47 am häufigsten genannten Berufe beschränkt, welche über die größten Grundgesamtheiten verfügten. Es hätte wenig Sinn gehabt, beispielsweise die 324 Geflügelzüchter oder die 203 Berufsjäger in der Schweiz nach Sternzeichen zu unterteilen; die Besetzung der einzelnen Felder wäre viel zu klein gewesen, um daraus irgendwelche Aussagen abzuleiten.

Wer arbeitet was? (Stellung im Beruf)

		Selbständige	Leitende Angestellte	Angestellte Mittleres Kader	Angestellte/ Arbeiter
Widder	Tatsächliche Berufstätige	45.437	21.490	67.898	232.204
	Erwartete Berufstätige	44.453	21.455	67.287	233.964
	Signifikanz/Differenz	*** +984	+35	+611	*** -1760
Stier	Tatsächliche Berufstätige	42.835	20.719	64.714	220.491
	Erwartete Berufstätige	42.279	20.406	63.996	222.522
	Signifikanz/Differenz	+556	+313	+718	*** -2031
Zwillinge	Tatsächliche Berufstätige	43.153	21.431	66.768	224.987
	Erwartete Berufstätige	43.166	20.834	65.340	227.193
	Signifikanz/Differenz	-13	*** +597	*** +1428	*** -2206
Krebs	Tatsächliche Berufstätige	40.930	20.352	62.372	211.883
	Erwartete Berufstätige	40.723	19.655	61.642	214.335
	Signifikanz/Differenz	+207	*** +697	+730	***-2452
Löwe	Tatsächliche Berufstätige	40.903	20.298	62.478	215.650
	Erwartete Berufstätige	41.095	19.834	62.205	216.294
	Signifikanz/Differenz	-192	*** +464	+273	** -644
Jungfrau	Tatsächliche Berufstätige	39.504	19.498	60.309	211.313
	Erwartete Berufstätige	40.002	19.307	60.550	210.538
	Signifikanz/Differenz	** -498	+191	-241	+775
Waage	Tatsächliche Berufstätige	37.716	18.420	57.909	206.098
	Erwartete Berufstätige	38.683	18.670	58.553	203.599
	Signifikanz/Differenz	** -967	-250	-644	*** +2499
Skorpion	Tatsächliche Berufstätige	36.620	17.378	54.371	193.715
	Erwartete Berufstätige	36.547	17.639	55.320	192.354
	Signifikanz/Differenz	73	-261	** -949	*** +1361
Schütze	Tatsächliche Berufstätige	35.414	16.788	52.940	186.277
	Erwartete Berufstätige	35.306	17.040	53.442	185.825
	Signifikanz/Differenz	+108	-252	-502	+452
Steinbock	Tatsächliche Berufstätige	38.806	18.555	58.457	212.152
	Erwartete Berufstätige	39.613	19.119	59.962	208.493
	Signifikanz/Differenz	-807	-564	-1505	*** +3659
Wassermann	Tatsächliche Berufstätige	42.384	19.744	63.531	221.253
	Erwartete Berufstätige	41.976	20.260	63.539	220.931
	Signifikanz/Differenz	*** +408	*** -516	-8	+322
Fische	Tatsächliche Berufstätige	42.914	20.134	64.645	224.479
	Erwartete Berufstätige	42.646	20.583	64.552	224.453
	Signifikanz/Differenz	+268	*** -449	+93	+26

positiv negativ * leicht signifikant ** signifikant *** hoch signifikant

Bei der Auswertung der 47 Berufe ergab der Chi-Quadrat-Unabhängigkeitstest (s. S. 47) einen hoch signifikanten Zusammenhang zwischen Sternzeichen und Beruf.

Bei der Einzelanalyse zeigten sich in der 564-Felder-Tabelle (12 x 4 Felder) 43 hoch signifikante und 34 signifikante Abweichungen zwischen Ist- und Erwartungswerten sowie 73 Hinweise. In über einem Viertel der Felder gab es somit zumindest leicht signifikante Werte. Diese sind in den nachstehenden Tabellen zusammengestellt (s. S. 138–145)

RESÜMEE:
Es wurde der Zusammenhang zwischen Sternzeichen und Berufswahl untersucht. Als Ausgangsmaterial standen aus der Volkszählung 1990 in der Schweiz die Daten von 4 045 170 berufstätigen Männern und Frauen zur Verfügung. Es ergaben sich bei den 47 untersuchten Berufen 77 Signifikanzen sowie 73 Hinweise. Ein zufälliger Zusammenhang zwischen Sternzeichen und Berufswahl ist mit einer Wahrscheinlichkeit von mindestens 1:10 000 000 auszuschließen.

Astrologisches & Bemerkenswertes

An die Interpretation der Ergebnisse muß man mit einer gewissen Vorsicht herangehen: Wenn wir etwa sehen, daß Angehörige des Sternzeichens Löwe unter den leitenden Angestellten hoch signifikant überrepräsentiert und unter den einfachen Arbeitern und Angestellten signifikant unterrepräsentiert sind, liegt die Erklärung nahe, daß Löwen geborene Führungspersönlichkeiten sind.

Das muß aber nicht so sein! Die Angaben, die dem Bundesamt für Statistik in Bern gemacht wurden, beruhen ja auf eigenen Einschätzungen der Befragten. Und vielleicht hat der angeblich prestigebewußte Löwe seine Angabe geschönt oder subjektiv die Bedeutung seiner beruflichen Position überschätzt – wie Arthur Millers »Handlungsreisender«.

Das Gegenteil könnte für den Steinbock gelten, dem die Astro-Literatur Ordentlichkeit und Realitätssinn attestiert. Er ist unter den einfachen Angestellten und Arbeitern überrepräsentiert – aber vielleicht nur deshalb, weil er sich selbst nichts vormacht und den Fragebogen der Volkszählung besonders gewissenhaft ausgefüllt hat.

Diese Überlegungen waren uns – neben dem multiplen Testproblem – ein Grund mehr, mögliche Schwankungen aufzufangen, in dem wir die leichten Signifikanzen nur als Hinweise auswiesen.

Astrologie-Interessierte werden bei der Auswertung der einzelnen Berufe nicht überrascht sein, folgende Sternzeichen unter nachstehenden Berufen signifikant häufiger zu finden:

- die schöpferischen Stiere unter den Architekten,
- die kunstliebenden Waagen unter den Inneneinrichtern,
- die einfühlsamen Fische unter den Sozialberufen.

		Land-wirt	Gärt-ner	Florist	Bäcker	Schne der
Widder	Tatsächliche Berufstätige	10289	1961	497	1566	879
	Erwartete Berufstätige	9740	2026	540	1627	866
	Signifikanz/Differenz	*** +549	-65	° -43	-61	+13
Stier	Tatsächliche Berufstätige	8963	1878	513	1452	826
	Erwartete Berufstätige	9196	1913	510	1536	818
	Signifikanz/Differenz	** -233	-35	+3	** -84	+8
Zwillinge	Tatsächliche Berufstätige	8790	1933	518	1647	802
	Erwartete Berufstätige	9358	1947	519	1563	832
	Signifikanz/Differenz	*** -568	-14	-1	+84	-30
Krebs	Tatsächliche Berufstätige	8195	1812	474	1500	743
	Erwartete Berufstätige	8802	1831	488	1470	783
	Signifikanz/Differenz	*** -607	-19	-14	+30	° -40
Löwe	Tatsächliche Berufstätige	8245	1793	503	1505	710
	Erwartete Berufstätige	8816	1834	489	1473	784
	Signifikanz/Differenz	*** -571	-41	+14	+32	** -74
Jungfrau	Tatsächliche Berufstätige	7952	1739	474	1428	732
	Erwartete Berufstätige	8532	1775	473	1425	759
	Signifikanz/Differenz	*** -580	-36	+1	+3	-27
Waage	Tatsächliche Berufstätige	7762	1725	470	1480	778
	Erwartete Berufstätige	8192	1704	454	1368	729
	Signifikanz/Differenz	*** -430	+21	+16	*** +112	° +49
Skorpion	Tatsächliche Berufstätige	7614	1585	428	1414	756
	Erwartete Berufstätige	7736	1609	429	1292	688
	Signifikanz/Differenz	-122	-24	-1	*** +122	** +68
Schütze	Tatsächliche Berufstätige	7855	1659	421	1274	687
	Erwartete Berufstätige	7536	1568	418	1259	670
	Signifikanz/Differenz	*** +319	** +91	+3	+15	+17
Steinbock	Tatsächliche Berufstätige	8847	1886	473	1402	772
	Erwartete Berufstätige	8477	1763	470	1416	754
	Signifikanz/Differenz	*** +370	*** +123	+3	-14	+18
Wassermann	Tatsächliche Berufstätige	10326	1912	523	1412	823
	Erwartete Berufstätige	9170	1908	509	1532	816
	Signifikanz/Differenz	***+1156	+4	+14	** -120	+7
Fische	Tatsächliche Berufstätige	10069	1940	524	1444	824
	Erwartete Berufstätige	9351	1945	519	1562	832
	Signifikanz/Differenz	*** +718	-5	+5	** -118	-8

immer- ıann	Maurer	Maler	Schlosser	Mechaniker (Maschinenbau)	KFZ-Mechaniker	Möbel-schreiner
1272	4225	2661	1234	4532	2463	469
1288	4394	2724	1298	4559	2489	464
-16	° -169	-63	-64	-27	-26	5
1167	3970	2486	1252	4224	2394	444
1216	4148	2572	1226	4305	2350	438
° -49	*** -178	° -86	+26	° -81	44	6
1215	4096	2514	1206	4221	2415	457
1237	4221	2617	1247	4380	2391	445
-22	*** -125	** -103	° -41	*** -159	+24	+12
1159	3628	2469	1137	4022	2306	420
1164	3971	2462	1173	4120	2249	419
-5	*** -343	+7	° -36	** -98	+57	+1
1161	3805	2607	1202	4090	2220	412
1166	3977	2465	1175	4127	2253	420
-5	*** -172	** +142	+27	-37	-33	-8
1157	4059	2475	1201	4041	2257	419
1128	3848	2386	1137	3994	2180	406
+29	*** +211	° +89	° +64	+47	+77	+13
1071	4006	2452	1138	3794	2085	438
1083	3695	2291	1092	3834	2093	390
-12	*** +311	*** +161	+46	-40	-8	** +48
1036	3711	2291	1044	3636	1943	348
1023	3489	2163	1031	3621	1976	368
+13	*** +222	*** +128	+13	+15	-33	-20
963	3518	2160	928	3608	1915	372
996	3399	2108	1005	3528	1925	359
-33	** +119	° +52	° -77	° +80	-10	+13
1198	4047	2347	1186	4094	2090	361
1121	3824	2370	1130	3968	2166	403
** +77	*** +223	-23	° +56	** +126	-76	° -42
1188	4089	2407	1187	4338	2346	401
1212	4136	2564	1222	4292	2343	436
-24	-47	** -157	-35	+46	+3	° -35
1282	4167	2468	1269	4506	2369	452
1236	4218	2615	1246	4377	2389	445
° +46	-51	** -147	+23	** +129	-20	+7

positiv ▬ negativ   ° Hinweis ** signifikant *** hoch signifikant

		Schreiner	Archi- tekt	Bau- zeichner	Bank- kaufman
Widder	Tatsächliche Berufstätige	3335	1552	1521	4620
	Erwartete Berufstätige	3242	1551	1554	4765
	Signifikanz/Differenz	° +93	+1	-33	° -145
Stier	Tatsächliche Berufstätige	3067	1569	1542	4487
	Erwartete Berufstätige	3061	1465	1467	4499
	Signifikanz/Differenz	+6	** +104	° +75	-12
Zwillinge	Tatsächliche Berufstätige	3126	1543	1546	4746
	Erwartete Berufstätige	3114	1490	1493	4578
	Signifikanz/Differenz	+12	+53	+53	+168
Krebs	Tatsächliche Berufstätige	2887	1428	1406	4533
	Erwartete Berufstätige	2930	1402	1405	4306
	Signifikanz/Differenz	° -43	+26	+1	° +227
Löwe	Tatsächliche Berufstätige	2914	1451	1402	4396
	Erwartete Berufstätige	2934	1404	1407	4313
	Signifikanz/Differenz	-20	+47	-5	+83
Jungfrau	Tatsächliche Berufstätige	2857	1396	1400	4178
	Erwartete Berufstätige	2839	1359	1361	4174
	Signifikanz/Differenz	+18	+37	+39	+4
Waage	Tatsächliche Berufstätige	2790	1277	1236	4136
	Erwartete Berufstätige	2726	1305	1307	4007
	Signifikanz/Differenz	+64	-28	° -71	° +129
Skorpion	Tatsächliche Berufstätige	2671	1205	1186	3734
	Erwartete Berufstätige	2575	1232	1234	3784
	Signifikanz/Differenz	° +96	-27	-48	-50
Schütze	Tatsächliche Berufstätige	2549	1158	1137	3720
	Erwartete Berufstätige	2508	1200	1203	3687
	Signifikanz/Differenz	+41	-42	-66	+33
Steinbock	Tatsächliche Berufstätige	2797	1286	1389	4051
	Erwartete Berufstätige	2821	1350	1353	4147
	Signifikanz/Differenz	-24	-64	+36	-96
Wassermann	Tatsächliche Berufstätige	2937	1405	1521	4313
	Erwartete Berufstätige	3052	1460	1463	4486
	Signifikanz/Differenz	° -115	-55	° +58	° -173
Fische	Tatsächliche Berufstätige	2984	1437	1453	4406
	Erwartete Berufstätige	3112	1489	1492	4574
	Signifikanz/Differenz	° -128	-52	-39	° -168

Versicherungs-kaufmann	Marketing-fachmann	Steuer-berater	Unter-nehmer	Buch-halter	Infor-matiker	Program-mierer	Post-beamter
995 996 -1	410 398 +12	436 465 -29	10190 10137 +53	2317 2409 ° -92	1507 1498 +9	989 1042 -53	948 938 +10
925 941 -16	387 376 +11	440 439 +1	9667 9571 +96	2306 2274 +32	1415 1415 0	972 984 -12	880 886 -6
955 957 -2	417 382 +35	474 446 +28	9698 9739 ° -41	2345 2314 +31	1530 1440 ° +90	988 1001 -13	853 902 ° -49
914 900 +14	355 360 -5	438 420 +18	9215 9161 +54	2241 2177 +64	1409 1354 +55	946 942 +4	853 848 +5
920 902 +18	369 360 +9	438 421 +17	9534 9175 *** +359	2221 2180 +41	1345 1356 -11	980 943 +37	877 849 +28
938 873 ° +65	361 348 +13	407 407 0	9096 8879 ° +217	2198 2110 ° +88	1215 1313 ** -98	950 913 +37	857 822 +35
868 838 +30	313 335 -22	389 391 -2	8542 8525 +17	2057 2026 +31	1268 1260 +8	861 876 -15	771 789 -18
809 791 +18	305 316 -11	354 369 -15	8120 8050 +70	1998 1913 ° +85	1214 1190 +24	880 827 ° +53	758 745 +13
708 771 ° -63	313 308 +5	381 359 +22	7837 7843 -6	1867 1864 +3	1196 1159 +37	822 806 +16	718 726 -8
799 867 ° -68	354 346 +8	401 404 -3	8626 8821 -195	2018 2096 -78	1336 1304 +32	884 907 -23	826 817 +9
951 938 +13	347 375 -28	412 437 -25	9162 9543 *** -381	2157 2268 ° -111	1318 1411 ** -93	967 981 -14	866 883 -17
949 956 -7	354 382 -28	434 446 -12	9488 9731 -243	2217 2312 -95	1386 1439 -53	982 1000 -18	900 901 -1

positiv negativ ° Hinweis ** signifikant *** hoch signifikant

		Polizist	Rechts-anwalt	Journalist	Musiker
Widder	Tatsächliche Berufstätige	1344	584	808	409
	Erwartete Berufstätige	1349	586	839	390
	Signifikanz/Differenz	-5	-2	-31	+19
Stier	Tatsächliche Berufstätige	1298	587	824	383
	Erwartete Berufstätige	1274	553	793	368
	Signifikanz/Differenz	+24	+34	+31	+15
Zwillinge	Tatsächliche Berufstätige	1236	603	864	395
	Erwartete Berufstätige	1296	563	806	375
	Signifikanz/Differenz	** -60	+40	° +58	+20
Krebs	Tatsächliche Berufstätige	1250	532	795	371
	Erwartete Berufstätige	1219	529	759	352
	Signifikanz/Differenz	+31	+3	+36	+19
Löwe	Tatsächliche Berufstätige	1266	535	748	353
	Erwartete Berufstätige	1221	530	760	353
	Signifikanz/Differenz	+45	+5	-12	0
Jungfrau	Tatsächliche Berufstätige	1172	517	749	302
	Erwartete Berufstätige	1182	513	735	341
	Signifikanz/Differenz	-10	+4	+14	° -39
Waage	Tatsächliche Berufstätige	1053	506	724	317
	Erwartete Berufstätige	1135	492	706	328
	Signifikanz/Differenz	** -82	+14	+18	-11
Skorpion	Tatsächliche Berufstätige	1056	472	601	301
	Erwartete Berufstätige	1071	465	667	310
	Signifikanz/Differenz	-15	+7	** -66	-9
Schütze	Tatsächliche Berufstätige	1073	401	637	280
	Erwartete Berufstätige	1044	453	649	302
	Signifikanz/Differenz	+29	° -52	-12	-22
Steinbock	Tatsächliche Berufstätige	1206	506	712	348
	Erwartete Berufstätige	1174	510	731	339
	Signifikanz/Differenz	+32	-4	-19	+9
Wassermann	Tatsächliche Berufstätige	1279	525	799	378
	Erwartete Berufstätige	1270	551	790	367
	Signifikanz/Differenz	+9	-26	+9	+11
Fische	Tatsächliche Berufstätige	1297	538	780	362
	Erwartete Berufstätige	1295	562	806	374
	Signifikanz/Differenz	+2	-24	-26	-12

)ekora-eure	Innen-architekt	Geschäftsführer Hotel	Coiffeur	Arzt (allg.Med.)	Physio-therapeut	Zahn-arzt	Kinderkranken-schwester
427	456	3226	2271	1905	686	398	466
433	470	3234	2344	1951	722	400	443
-6	-14	-8	-73	-46	-36	-2	+23
414	435	2974	2190	1959	669	402	435
409	444	3053	2213	1842	682	377	419
+5	-9	° -79	-23	** +117	-13	+25	+16
404	461	3108	2254	1997	716	387	452
416	452	3107	2252	1875	694	384	426
-12	+9	+1	+2	° +122	+22	+3	+26
402	434	2916	2188	1835	644	389	410
391	425	2923	2118	1763	653	361	401
+11	+9	-7	+70	+72	-9	+28	+9
389	416	2980	2162	1804	629	369	395
392	426	2927	2121	1766	654	362	401
-3	-10	+53	+41	+38	-25	+7	-6
376	443	2885	2094	1649	621	346	366
379	412	2833	2053	1709	632	350	388
-3	+31	+52	+41	-60	-11	-4	-22
403	428	2795	2092	1537	586	305	361
364	396	2720	1971	1641	607	336	373
° +39	° +32	+75	** +121	** -104	-21	° -31	-12
378	371	2622	2044	1569	601	311	337
344	374	2568	1861	1550	573	317	352
° +34	-3	+54	*** +183	+19	+28	-6	-15
345	374	2530	1873	1402	554	312	323
335	364	2502	1813	1510	559	309	343
+10	+10	+28	° +60	** -108	-5	+3	-20
349	416	2780	1939	1657	586	341	392
377	409	2814	2040	1698	628	348	386
-28	+7	-34	° -101	-41	-42	-7	+6
396	390	2956	2055	1786	766	353	419
408	443	3045	2207	1837	680	376	417
-12	** -53	-89	*** -152	-51	*** +86	-23	+2
381	443	3060	2081	1916	719	390	420
416	452	3105	2250	1873	693	384	426
-35	-9	-45	*** -169	+43	+26	+6	-6

positiv negativ ° Hinweis ** signifikant *** hoch signifikant

		Kranken-schwester	Sozial-arbeiter	Erzieher	Pfarre
Widder	Tatsächliche Berufstätige	5234	599	866	384
	Erwartete Berufstätige	5172	586	853	426
	Signifikanz/Differenz	+62	+13	+13	° -42
Stier	Tatsächliche Berufstätige	4799	524	799	408
	Erwartete Berufstätige	4883	553	805	402
	Signifikanz/Differenz	° -84	-29	-6	+6
Zwillinge	Tatsächliche Berufstätige	5079	556	815	448
	Erwartete Berufstätige	4969	563	820	409
	Signifikanz/Differenz	+110	-7	-5	° +39
Krebs	Tatsächliche Berufstätige	4667	611	856	401
	Erwartete Berufstätige	4674	530	771	385
	Signifikanz/Differenz	-7	*** +81	** +85	+16
Löwe	Tatsächliche Berufstätige	4699	500	791	379
	Erwartete Berufstätige	4682	530	772	386
	Signifikanz/Differenz	+17	-30	+19	-7
Jungfrau	Tatsächliche Berufstätige	4447	525	727	371
	Erwartete Berufstätige	4530	513	747	373
	Signifikanz/Differenz	-83	+12	-20	-2
Waage	Tatsächliche Berufstätige	4285	475	659	359
	Erwartete Berufstätige	4350	493	717	358
	Signifikanz/Differenz	-65	-18	° -58	+1
Skorpion	Tatsächliche Berufstätige	4004	456	616	323
	Erwartete Berufstätige	4108	465	678	338
	Signifikanz/Differenz	-104	-9	° -62	-15
Schütze	Tatsächliche Berufstätige	4014	422	660	313
	Erwartete Berufstätige	4002	453	660	330
	Signifikanz/Differenz	+12	-31	0	-17
Steinbock	Tatsächliche Berufstätige	4538	491	717	359
	Erwartete Berufstätige	4501	510	742	371
	Signifikanz/Differenz	+37	-19	-25	-12
Wassermann	Tatsächliche Berufstätige	4824	598	855	412
	Erwartete Berufstätige	4870	552	803	401
	Signifikanz/Differenz	-46	° +46	° +52	+11
Fische	Tatsächliche Berufstätige	5117	554	827	433
	Erwartete Berufstätige	4965	563	819	409
	Signifikanz/Differenz	** +152	-9	+8	+24

Hochschul-lehrer	Mittelschul-lehrer	Oberstufen-lehrer	Primar-lehrer	Kinder-gärtnerin	Psycho-logen	Chemiker
433	726	963	4283	856	332	483
425	728	975	4063	830	329	447
+8	-2	-12	*** +220	+26	+3	° +36
399	703	1020	4023	848	285	432
402	687	921	3836	783	311	422
-3	+16	*** +99	** +187	° +65	-26	+10
459	692	1001	4011	758	348	434
409	699	937	3903	797	316	429
° +50	-7	° +64	+108	° -39	° +32	+5
390	694	929	3734	761	322	414
384	658	881	3671	750	298	404
+6	+36	+48	+63	+11	+24	+10
376	662	874	3650	747	318	421
385	659	883	3677	751	298	404
-9	+3	-9	-27	-4	+20	+17
380	615	790	3409	719	282	390
373	638	854	3558	727	288	391
+7	-23	° -64	° -149	-8	-6	-1
337	635	728	3212	703	264	382
358	612	820	3416	698	277	376
-21	+23	*** -92	*** -204	+5	-13	+6
330	542	656	2866	573	235	384
338	578	775	3226	659	261	355
-8	-36	*** -119	*** -360	*** -86	-26	° +29
329	505	671	2861	623	244	354
329	563	755	3143	642	255	346
0	° -58	** -84	*** -282	-19	-11	+8
371	649	846	3483	685	261	356
370	634	849	3535	722	287	389
+1	+15	-3	-52	-37	-26	-33
417	719	1014	4032	794	347	374
400	685	918	3825	781	310	421
+17	+34	*** +96	*** +207	+13	** +37	° -47
360	699	1013	4190	867	308	387
408	699	936	3900	796	316	429
* -48	0	*** +77	*** +290	** +71	-8	° -42

positiv ■ negativ ° Hinweis ** signifikant *** hoch signifikant

Dagegen bestätigt sich nicht die landläufige Astro-Meinung, die ordentlichen Steinböcke seien häufiger unter den Bankern und Versicherungsleuten zu finden.

Bei den Landwirten scheiden sich die Geister und die Sternzeichen. Der Beruf ist zahlenmäßig recht stark besetzt und daher ist unser Untersuchungsergebnis sehr aussagekräftig: Unter den zwölf Sternzeichen sind 10 hohe Signifikanzen und 1 Signifikanz zu finden.

Unter den Landwirten sind die Sternzeichen Widder, Schütze, Steinbock, Wassermann und Fische weit häufiger vertreten, als zu erwarten war (alle hoch signifikant).

Hoch signifikant unterrepräsentiert sind bei den Landwirten dagegen folgende Sternzeichen: Zwillinge, Krebs, Löwe, Jungfrau und Waage, signifikant unterrepräsentiert das Sternzeichen Stier.

Außerordentlich frappierend ist dabei, daß diese Sternzeichen jeweils nebeneinanderliegen: Schützen bis Widder einerseits als Landwirte, Stiere bis Waage andererseits als Nichtlandwirte und dazwischen als einziges Landwirtschafts-Neutrum der Skorpion.

Dazu bietet sich eine Fülle von Spekulationen an. Wir trafen auf keine beweiskräftige. Darum möchten wir uns hier darauf beschränken, lediglich auf dieses außergewöhnliche Kuriosum hinzuweisen.

Uns nimmt das »Bauern-Geheimnis« so gefangen, daß wir geneigt wären, ihm nachzugehen. Wir ahnen allerdings, daß die Untersuchung des Phänomens uns erneut auf eine weite Reise schicken würde.

KAPITEL 7

Wer stirbt woran?

»Wie man ohne Urinschau
auf Grund astrologischer
Berechnungen die Krankheiten
erkennen kann«

Titel einer Schrift von
Gilbertus Anglicus
(um 1200 n. Chr.)

Hippokrates (um 460 – etwa 350 v. Chr.) werden die Worte zugeschrieben: »Unwissend ist der Arzt, der nichts von Astrologie versteht.«

Paracelsus (1493–1541 n. Chr.) werden die Worte zugeschrieben: »Ein Arzt, der nichts von Astrologie versteht, ist eher ein Narr zu nennen, denn ein Arzt.«

Heute dagegen gilt der Arzt oft als Narr, der etwas von Astrologie versteht.

Die Ehe von Sternkunde und Heilkunde ist so alt wie die von Magie und Medizin – Jahrtausende. Sie gründete sich auf der Vorstellung, daß der menschliche Organismus (Mikrokosmos) dem universellen Organismus (Makrokosmos) entspräche, daß Glieder, Sinnesorgane und innere Organe des Menschen den verschiedenen Himmelskörpern zuzuordnen seien, genau wie Tiere und Pflanzen, Edelsteine, Drogen oder Metalle.

Die alten Ägypter waren überzeugt, »daß der Mensch völlig der Natur gleicht« (Hermes an Amon). Nach Ansicht der alten Griechen verursachte Mars fieberhafte Entzündungen, die Venus venerische Leiden und der Mond Geisteskrankheiten. Bei den Angelsachsen heißen Geisteskranke noch heute »lunatics«. Menschliche Eigenschaften, die von der Astrologie kosmischen Einflüssen zugeschrieben wurden, machte der astrogläubige Paracelsus am Ende des Mittelalters als Krankheitsursachen aus: »Neid stört die Tätigkeit der Galle... Eifersucht führt zu Schlacken in Muskeln und Gelenken... Egoismus schlägt sich auf den Magen... Geiz verkrampft die Gedärme...« Homöopathie und Naturheilkunde wandeln heute auf seinen Spuren. Und mit Astrologie und Esoterik ist in diesem Jahrhundert auch die Astromedizin zu neuem Leben erwacht.

In seinem 1931 erschienenen Werk »Astromedizin, Astropharmazie und Astrodiätik« mahnte Friedbert Asboga, beim Widder auf den Kopfnicker zu achten, während der Steinbock die Muskeln beim Einwärtsdrehen des Unterschenkels als einen seiner gesundheitlichen Schwachpunkte anzusehen habe.

Über kopfnickende Widder und knieschwache Steinböcke existieren keine wirklich verläßlichen Datensammlungen. Jedoch interessierte uns die Frage, ob es zwischen einzelnen Sternzeichen und durch Krankheit bedingten Todesursachen eine auffällige Relation gibt.

Die Analyse

Wir haben lange hin und her überlegt, ob es überhaupt sinnvoll ist, das Phänomen der Astromedizin mit statistischen Methoden auf seine Aussagekraft hin abzuklopfen.

Die Hauptschwierigkeit besteht darin, daß zu dem Thema »Sternzeichen und Krankheiten« kaum zuverlässige Datensammlungen zur Verfügung stehen, also

Krankendateien, die nach standardisierten, jederzeit rekonstruierbaren Richtlinien angelegt sind. Von einer amerikanischen Klinik, die sich auf die Behandlung von Knieverletzungen spezialisiert, bekamen wir die Sternzeichen-Verteilung von einigen hundert Patienten. Aber das Material war nicht umfangreich genug, um daraus brauchbare Erkenntnisse abzuleiten. Und selbst wenn dies gelungen wäre: Es hätte sich dann nur um eine einzige, sehr spezifische Krankheit gehandelt.

Deshalb haben wir uns diesem Thema von einer anderen Warte aus genähert: Es gibt in allen zivilisierten Ländern umfassende Sterbestatistiken, aus denen die jeweiligen Todesursachen ersichtlich sind. Wenn wir uns also darauf beschränken, nur jene Fälle zu untersuchen, bei denen bestimmte gesundheitliche Probleme zum Tode führten, bewegen wir uns schon auf etwas festerem Boden.

Als Ausgangsmaterial standen uns die Daten aller in der Schweiz in den Jahren 1969 bis 1994 verstorbenen Frauen und Männer zur Verfügung, aufgeteilt nach deren Sternzeichen sowie untergliedert nach 32 verschiedenen Todesursachen. Insgesamt handelte es sich dabei um 1 538 005 Todesfälle.

In Abstimmung mit den uns beratenden Statistikern wurde diese Datenmenge für unsere Untersuchung weiter aufbereitet. Wir haben auf jene Todesursachen verzichtet, die schon aufgrund ihres zu geringen zahlenmäßigen Umfanges keine brauchbaren Resultate versprachen. Des weiteren haben wir auch Todesursachen unberücksichtigt gelassen, die vom Standpunkt der Astromedizin keinen oder nur geringen Aussagewert besitzen, beispielsweise Todesfälle aufgrund von

Schwangerschafts- und Geburtskomplikationen, Gewalteinwirkung oder Krankheiten der Haut.

Auf diese Weise reduzierte sich das für die Auswertung maßgebende Datenmaterial auf 20 Todesursachen bei 657 492 Verstorbenen, von denen jeweils das exakte Geburtsdatum und damit das Tierkreiszeichen bekannt war.

Wir haben wieder eine zweidimensionale Tabelle mit 12 x 20 Feldern angelegt und darin notiert, wie oft jede Kombination von Sternzeichen einerseits und Todesursache andererseits in dem betrachteten Zeitraum von 26 Jahren vorgekommen ist.

Der Chi-Quadrat-Unabhängigkeitstest (s. S. 47) erbrachte einen Wert von 0,0037. Konkret: Die Wahrscheinlichkeit, daß die diversen Todesursachen sich rein zufällig so auf die zwölf Sternzeichen verteilen, wie es unsere Tabelle ausweist, liegt bei 0,37 Prozent oder 1:270. Wir können also die Hypothese »Kein Zusammenhang zwischen Sternzeichen und Sterbeursache« getrost verwerfen; das Risiko, daß wir uns dabei irren, ist gering.

Bei der Einzelanalyse der Abweichungen zwischen Ist- und Erwartungswerten auf allen 240 Feldern unserer Tabelle ergaben sich 1 hoch signifikanter und 4 signifikante Werte sowie 25 Hinweise. Damit zeigen sich bei 12,5 Prozent aller Sternzeichen – Todesursachen – Kombinationen signifikante Zusammenhänge.

In der nachstehenden Tabelle (s. S. 152–155) sind die Resultate zusammengefaßt.

Das statistische Ausgangsmaterial ist naturgemäß mit einigen Unsicherheiten belastet.

Wenn wir dennoch dem Zusammenhang zwischen Tierkreiszeichen und Krankheiten/Todesursachen ein eigenes Kapitel gewidmet haben, so deshalb, weil dies nach unserer Kenntnis die erste breit angelegte Untersuchung zu diesem Thema ist. Immerhin basiert sie auf Daten von fast 700 000 Todesfällen, die über einen Zeitraum von 25 Jahren von einer amtlichen Instanz gesammelt wurden.

RESÜMEE:
Es wurde der Zusammenhang zwischen Sternzeichen und Todesursachen untersucht. Als Ausgangsmaterial standen die Daten von 657 492 zwischen 1969 und 1994 in der Schweiz verstorbenen Personen zur Verfügung. Es ergaben sich bei den untersuchten 20 Todesursachen 34 Signifikanzen. Ein zufälliger Zusammenhang zwischen Sternzeichen und Todesursachen ist mit einer Wahrscheinlichkeit von mindestens 1:270 auszuschließen.

Astrologisches & Bemerkenswertes

Astro-Bücher sind sehr zurückhaltend mit Prognosen über Krankheiten. Sie geben lieber »Körperliche Entsprechungen« an. Dies bedeutet, falls wir die Bücher richtig interpretieren, daß etwa des Stiers Hals, Nacken, Schultern, Mund, Schlund und Speiseröhre seine stärksten, aber zugleich auch seine anfälligsten Körperteile sind.

Wir glauben, daß solche Aussagen auf Überlieferungen längst vergangener Zeiten beruhen. Krankheiten und ihre Erscheinungsformen haben sich im Laufe der Jahrtausende geändert oder wurden anders diagnostiziert. Bevor Kolumbus die Neue Welt entdeckte, gab es keine Raucher in der Alten und wie die Mediziner uns lehren, folglich so gut wie keinen Kehlkopfkrebs. Das

		AIDS	Alkoholische Leberzirrhose	Asthma	Bronchiti
Widder	Tatsächliche Todesfälle	279	1202	477	1823
	Erwartete Todesfälle	280	1153	471	1812
	Signifikanz/Differenz	-1	° +49	+6	+11
Stier	Tatsächliche Todesfälle	258	1095	444	1722
	Erwartete Todesfälle	266	1096	448	1723
	Signifikanz/Differenz	-8	-1	-4	-1
Zwillinge	Tatsächliche Todesfälle	294	1143	463	1739
	Erwartete Todesfälle	274	1126	460	1770
	Signifikanz/Differenz	+20	+17	+3	-31
Krebs	Tatsächliche Todesfälle	264	1078	468	1688
	Erwartete Todesfälle	263	1081	442	1699
	Signifikanz/Differenz	+1	-3	+26	-11
Löwe	Tatsächliche Todesfälle	257	1132	466	1690
	Erwartete Todesfälle	273	1122	459	1764
	Signifikanz/Differenz	-16	+10	+7	-74
Jungfrau	Tatsächliche Todesfälle	238	1122	418	1692
	Erwartete Todesfälle	264	1087	444	1709
	Signifikanz/Differenz	-26	+35	-26	-17
Waage	Tatsächliche Todesfälle	265	1014	422	1608
	Erwartete Todesfälle	252	1036	423	1629
	Signifikanz/Differenz	+13	-22	-1	-21
Skorpion	Tatsächliche Todesfälle	246	946	390	1555
	Erwartete Todesfälle	242	998	408	1568
	Signifikanz/Differenz	+4	° -52	-18	-13
Schütze	Tatsächliche Todesfälle	241	931	381	1499
	Erwartete Todesfälle	232	956	391	1502
	Signifikanz/Differenz	+9	-25	-10	-3
Steinbock	Tatsächliche Todesfälle	242	1010	415	1674
	Erwartete Todesfälle	251	1032	422	1622
	Signifikanz/Differenz	-9	-22	-7	+52
Wassermann	Tatsächliche Todesfälle	275	1082	445	1806
	Erwartete Todesfälle	265	1091	446	1715
	Signifikanz/Differenz	+10	-9	-1	° +91
Fische	Tatsächliche Todesfälle	271	1124	474	1748
	Erwartete Todesfälle	267	1100	450	1729
	Signifikanz/Differenz	+4	+24	+24	+19

Brustkrebs	Gebärmutterkrebs	Diabetes	Dickdarmerkrankung	Grippe	Erkrankung Harnorgane	Erkrankung Hirngefäße
2726	339	2350	2318	688	1064	10955
2693	337	2327	2251	707	1065	11078
+33	+2	+23	° +67	-19	-1	-123
2515	322	2190	2134	671	1035	10341
2561	320	2213	2140	673	1012	10533
-46	+2	-23	-6	-2	+23	° -192
2660	364	2225	2229	669	1054	10817
2630	329	2273	2198	691	1040	10819
+30	° +35	-48	+31	-22	+14	-2
2434	353	2173	2115	626	988	10391
2525	315	2182	2110	663	998	10385
° -91	° +38	-9	+5	-37	-10	+6
2594	296	2278	2181	664	1022	10994
2621	328	2265	2191	689	1036	10783
-27	-32	+13	-10	-25	-14	** +211
2525	292	2196	2137	670	1015	10631
2540	317	2195	2122	667	1004	10446
-15	-25	+1	+15	+3	+11	° +185
2492	277	2097	2024	702	992	10062
2421	302	2092	2023	636	957	9956
+71	-25	+5	+1	** +66	+35	+106
2294	325	1980	1943	607	981	9619
2331	291	2014	1948	612	921	9586
-37	° +34	-34	-5	-5	° +60	+33
2237	258	1996	1865	620	902	9289
2232	279	1929	1866	586	882	9182
+5	-21	+67	-1	+34	+20	+107
2367	317	2049	1954	658	984	9712
2411	301	2083	2015	633	953	9916
-44	+16	-34	° -61	+25	+31	° -204
2596	312	2220	2122	643	967	10466
2549	318	2203	2130	670	1007	10484
+47	-6	+17	-8	-27	-40	-18
2643	304	2243	2119	684	887	10462
2570	321	2221	2148	675	1016	10570
° +73	-17	+22	-29	+9	*** -129	-108

positiv ▪ negativ ° Hinweis ** signifikant *** hoch signifikant

		Herzinfarkt	Lungenembolie	Lungenkrebs
Widder	Tatsächliche Todesfälle	16971	773	4447
	Erwartete Todesfälle	16764	760	4615
	Signifikanz/Differenz	° +207	+13	° -168
Stier	Tatsächliche Todesfälle	15872	757	4349
	Erwartete Todesfälle	15939	723	4388
	Signifikanz/Differenz	-67	+34	-39
Zwillinge	Tatsächliche Todesfälle	16536	728	4434
	Erwartete Todesfälle	16372	743	4507
	Signifikanz/Differenz	+164	-15	-73
Krebs	Tatsächliche Todesfälle	15788	694	4319
	Erwartete Todesfälle	15714	713	4326
	Signifikanz/Differenz	+74	-19	-7
Löwe	Tatsächliche Todesfälle	16340	737	4545
	Erwartete Todesfälle	16316	740	4492
	Signifikanz/Differenz	+24	-3	° +53
Jungfrau	Tatsächliche Todesfälle	15736	738	4355
	Erwartete Todesfälle	15807	717	4351
	Signifikanz/Differenz	-71	+21	+4
Waage	Tatsächliche Todesfälle	14878	703	4299
	Erwartete Todesfälle	15066	683	4147
	Signifikanz/Differenz	-188	+20	° +152
Skorpion	Tatsächliche Todesfälle	14397	637	3995
	Erwartete Todesfälle	14506	658	3993
	Signifikanz/Differenz	-109	-21	+2
Schütze	Tatsächliche Todesfälle	13618	641	3852
	Erwartete Todesfälle	13895	630	3825
	Signifikanz/Differenz	° -277	+11	+27
Steinbock	Tatsächliche Todesfälle	15148	702	4166
	Erwartete Todesfälle	15005	681	4130
	Signifikanz/Differenz	+143	+21	+36
Wassermann	Tatsächliche Todesfälle	15943	653	4407
	Erwartete Todesfälle	15865	720	4367
	Signifikanz/Differenz	+78	** -67	+40
Fische	Tatsächliche Todesfälle	16017	730	4377
	Erwartete Todesfälle	15995	726	4403
	Signifikanz/Differenz	+22	+4	-26

Magenkrebs	Mißbildung	Lungen-entzündung	Prostatakrebs	Tuberkulose	Unfall
1893 1905 -12	111 117 -6	2477 2512 -35	2146 2150 -4	223 254 ° -31	5595 5613 -18
1829 1811 +18	110 112 -2	2383 2388 -5	2136 2044 ° +92	257 241 +16	5431 5337 +94
1796 1860 ° -64	109 115 -6	2423 2453 -30	2075 2100 -25	253 248 +5	5401 5482 -81
1738 1785 -47	107 110 -3	2351 2354 -3	2021 2015 +6	244 238 +6	5251 5262 -11
1795 1854 -59	105 114 -9	2425 2445 -20	2110 2092 +18	250 247 +3	5433 5463 -30
1817 1796 +21	102 111 -9	2385 2368 +17	2057 2027 +30	245 239 +6	5173 5293 -120
1665 1712 -47	104 105 -1	2259 2257 +2	1972 1932 +40	238 228 +10	4985 5045 -60
1752 1648 ** +104	100 101 -1	2265 2173 ° +92	1838 1860 -22	218 220 -2	4921 4857 +64
1566 1579 -13	111 97 +14	2133 2082 +51	1769 1782 -13	196 210 -14	4766 4652 +114
1795 1705 ° +90	108 105 +3	2289 2248 +41	1902 1924 -22	230 227 +3	4981 5024 -43
1847 1802 +45	128 111 ° +17	2313 2377 -64	1992 2035 -43	253 240 +13	5262 5312 -50
1781 1817 -36	115 112 +3	2352 2397 -45	1995 2051 -56	228 242 -14	5496 5356 ° +140

positiv ■ negativ ° Hinweis ** signifikant *** hoch signifikant

19. Jahrhundert kannte keine Gesundheitsschäden durch Asbest. Als Brigitte Bardot »Und Gott erschuf das Weib« drehte, hatte der grüne Affe noch keinen Menschen gekratzt. Das Zeitalter der Elektrizität kennt nur noch die Spuren der größten Mörderin des Mittelalters, die von Edgar Allan Poe und Albert Camus ins Surreale erhobene Schreckensgestalt: Pest. Todesursachen wie etwa Leukämie kannte und erkannte die Zeit der großen Louis nicht. Laut Totenschein starben Majestäten und Untertanen vermutlich an Schwindsucht.

Wie soll es der Astrologie möglich gewesen sein, diesem *carrousel des maladies* zu folgen?

Wir lassen deshalb die Resultate unserer Erhebungen über die Todesursachen der letzten 25 Jahre in der Schweiz unkommentiert stehen und beschränken uns auf die Darstellung der Istwerte und deren Verteilung auf die Sternzeichen.

KAPITEL 8

Wer wählt den Freitod?

»Nicht aus Schwachheit endigt man ein unglückliches Leben, sondern aus überdachter Klugheit, die uns überzeugt, daß der Zustand, in dem uns niemand schaden und nichts unsere Ruhe stören kann, unser größtes Glück ist.«

Friedrich der Große,
1760 in einem Brief
an den Marquis d'Argens

Von Kleopatra über Hannibal bis zur heiligen Lucretia: auf Befehl, aus Liebe oder Laune, Ehre oder Verzweiflung brachten sich seit Jahrtausenden Menschen selbst zu Tode. Motive gibt es ebenso viele. Durch Wellen, Metallenes oder Hanf und manch anderes beschleunigten die Entschlossenen den Schritt ins Jenseits.

Aus Übermut schossen russische Prinzen russisches Roulette. Sie stiegen auf die Balustraden ihrer Schlösser und tranken stehend und mit verbundenen Augen Wodkaflaschen bis zur Neige aus. Auf welcher Seite der Balustraden sie wieder zur Erde kamen, stand in dem weiten St. Petersburger Sternenhimmel geschrieben.

Mit unfreiwilligem Humor legten sich Lebensmüde auf Schienen stillgelegter Gleise oder sprangen mit Ketten und Ballast in Fluten, die nur zwei Fuß tief waren.

Zu manchen Zeiten wurde der Suizid gar Mode. Die Messieurs in Monte Carlo begaben sich nächtens, nachdem der letzte Jeton dem Rechen anheimgefallen war, auf jenen Felsen – von dem nur einige klügere oder furchtsamere lebend zurückkehrten – und sprangen in die Nacht der Côte d'Azur. Ein Page des Casinos schob oft den leblosen Herren ein paar hundert Francs in die Tasche. »Arranger la véritée« nannte das Casino dieses letzte paiement.

Die Sehnsucht nach dem Tode kann ansteckend wirken. Warf sich um die Jahrhundertwende eine Dame aus chagrin d'amour vom Eiffelturm ins Nichts, war es den Gazetten strengstens untersagt, über den Fall zu berichten.

In der Bundesrepublik begingen 1994 insgesamt 12718 Menschen Selbstmord (9130 Männer, 3588 Frauen). Häufigste Jahreszeit: März. Häufigster Wochentag: Sonntag.

Das Statistische Jahrbuch der Schweiz vermerkt in den Jahren 1990 bis 1993 den Selbstmord bei den 25- bis 34jährigen als häufigste Todesursache – danach rückte Aids an diese Stelle.

Selbst Tiere sind von der »English Malady« befallen. Elefanten töten sich aus Zahnweh und Lemminge wegen Überbevölkerung – oder aus Übermut.

Nach der Lektüre von Georges Minois »Geschichte des Selbstmords« fanden wir, das Thema müsse in unsere Untersuchung aufgenommen werden.

Die Analyse

Nach allem, was wir wissen, machen Ärzte sich manchmal nicht allzu große Mühe, die Todesursache im Totenschein exakt zu beschreiben. Eine gewisse Skepsis ist daher angebracht. Doch eine Todesursache gibt es, bei der die Richtigkeit der Eintragung kaum in Zweifel zu ziehen ist: Selbstmord. Auch wenn im Kino mancher Mord als Selbstmord getarnt wird.

Anhand des Datenmaterials zu den Todesursachen, über das wir im vorhergehenden Kapitel berichtet haben, bot sich die Möglichkeit, den etwaigen Einfluß der Tierkreiszeichen auf die Selbstmordneigung statistisch genauer zu untersuchen. Es standen uns die Geburtsdaten von 30358 Frauen und Männern zur Verfügung, die in den Jahren 1969 bis 1994 in der Schweiz den Freitod gewählt haben. Die Mitarbeiter der Sektion Gesundheit des Statistischen Bundesamtes in Bern lieferten uns als Grundlage die nachstehende Tabelle:

Sternzeichen	Todesfälle CH 1969 - 1994	Suizide 1969 - 1994
Widder	61.582	2.725
Stier	58.552	2.701
Zwillinge	60.143	2.731
Krebs	57.727	2.636
Löwe	59.939	2.625
Jungfrau	58.069	2.525
Waage	55.346	2.288
Skorpion	53.288	2.279
Schütze	51.044	2.173
Steinbock	55.120	2.417
Wassermann	58.280	2.548
Fische	58.760	2.710
	687.850	**30.358**

Wir konnten somit beschränkt auf die Suiziddaten, einen Chi-Quadrat-Anpassungstest (s. S. 46) durchführen. Dieser ergab einen Wert von 0,00084, was bedeutet, daß Abweichungen zwischen tatsächlicher Verteilung und erwartetem Wert mit großer Wahrscheinlichkeit nicht zufällig auftreten.

Sternzeichen	Todesfälle Schweiz 1969 - 1994	Anteil an den Todesfällen der Jahrgänge 1969 - 1994 in Prozent	Tatsächliche Suizide	Erwartete Suizide	Abweichung von der Erwartung in Prozent (Siehe Grafik)	Grad der Signifikanz
Widder	61.582	8,95 %	2.725	2.718	+0,26 %	neutral
Stier	58.552	8,51 %	2.701	2.584	+4,52 %	* +
Zwillinge	60.143	8,74 %	2.731	2.654	+2,89 %	neutral
Krebs	57.727	8,39 %	2.636	2.548	+3,46 %	* +
Löwe	59.939	8,71 %	2.625	2.645	-0,77 %	neutral
Jungfrau	58.069	8,44 %	2.525	2.563	-1,48 %	neutral
Waage	55.346	8,05 %	2.288	2.443	-6,33 %	*** -
Skorpion	53.288	7,75 %	2.279	2.352	-3,10 %	neutral
Schütze	51.044	7,42 %	2.173	2.253	-3,54 %	* -
Steinbock	55.120	8,01 %	2.417	2.433	-0,65 %	neutral
Wassermann	58.280	8,47 %	2.548	2.572	-0,94 %	neutral
Fische	58.760	8,54 %	2.710	2.593	+4,50 %	** +
	687.850	100,00 %	30.358	30.358		

* leicht signifikant ** signifikant *** hoch signifikant

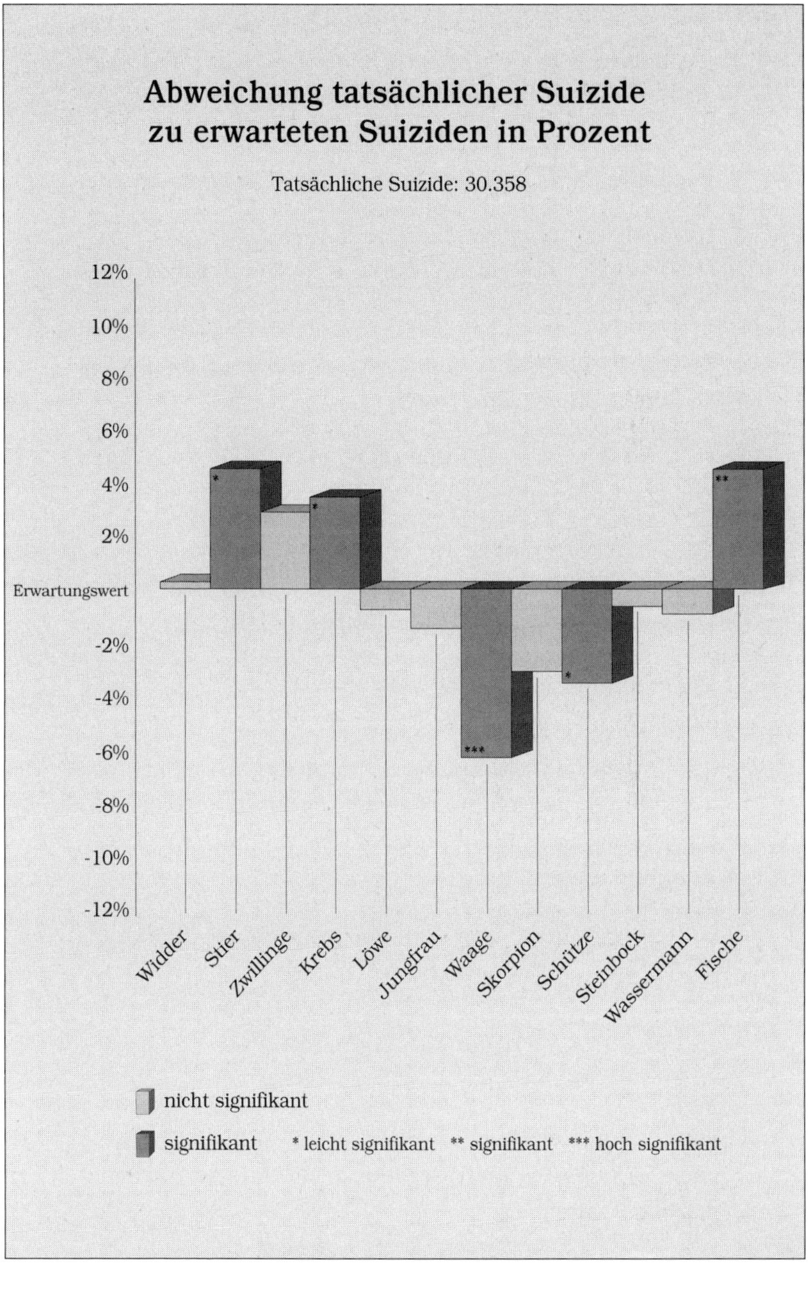
Abweichung tatsächlicher Suizide
zu erwarteten Suiziden in Prozent
Tatsächliche Suizide: 30.358
12%
10%
8%
6%
4%
2%
Erwartungswert
-2%
-4%
-6%
-8%
-10%
-12%
Widder
Stier
Zwillinge
Krebs
Löwe
Jungfrau
Waage
Skorpion
Schütze
Steinbock
Wassermann
Fische
nicht signifikant
signifikant
* leicht signifikant
** signifikant
*** hoch signifikant

Nun ging es an die Einzelanalysen. Das Muster ist aus den vorangegangenen Kapiteln bekannt:

▷ Wir haben als Datengesamtheit 687 850 Todesfälle.

▷ Unter den Verstorbenen befanden sich 61 582 im Zeichen Widder Geborene, das entspricht 8,95 Prozent aller Verstorbenen.

▷ Durch Suizid ums Leben gekommen sind insgesamt 30 358 Männer und Frauen.

▷ Es wäre zu erwarten gewesen, daß 2717 von ihnen Widder-Geborene sind (8,95 Prozent von 30 358 = Erwartungswert).

▷ Tatsächlich haben im Betrachtungszeitraum 2725 Widder-Geborene Suizid begangen (= Istwert).

▷ Dieselben Rechenoperationen wurden für die übrigen elf Sternzeichen ebenfalls durchgeführt.

▷ Anschließend untersuchten wir, ob die Abweichungen zwischen Istwerten und Erwartungswerten als signifikant, hoch signifikant oder leicht signifikant zu bezeichnen sind.

Das Resultat finden Sie in der vorstehenden Tabelle (s. S. 160) zusammengefaßt:

Man kann diese Ergebnisse in knappen Worten folgendermaßen zusammenfassen:

▷ Unter den Sternzeichen Stier, Krebs und Fische kam es zu signifikant mehr Selbstmorden als zu erwarten gewesen wäre.

▷ Unter den Sternzeichen Waage und Schütze kam es zu signifikant weniger Selbstmorden als zu erwarten, wobei die Abweichung bei den Waage-Geborenen sogar hoch signifikant war.

RESÜMEE:
Es wurde der Zusammenhang zwischen Sternzeichen und Selbstmorden untersucht. Als Ausgangsmaterial standen die Daten von 30 358 Frauen und Männern, die den Freitod gewählt hatten, zur Verfügung. Es ergaben sich fünf Signifikanzen. Ein zufälliger Zusammenhang zwischen Sternzeichen und Suiziden ist mit einer Wahrscheinlichkeit von mindestens 1:1 000 auszuschließen.

Astrologisches & Bemerkenswertes

Diese Untersuchung ist deswegen von besonderem Interesse, weil die Todesursache Suizid besonders eng mit dem Wesenskern einer Persönlichkeit verknüpft ist – sicherlich weit mehr als etwa die Todesursache Lungenembolie.

In der Astro-Literatur wird den Fischen eine depressive Veranlagung und »Todessehnsucht« zugeschrieben. Auch dem Krebs wird eine Neigung zur Flucht in die Depression nachgesagt. Der Stier soll »eine seelische Komplexneigung mit depressiver Tendenz« besitzen.

Der Waage und auch dem Schützen hingegen sagt man ein optimistisches Weltbild, eine »leichte Seite« sowie Abneigung gegenüber jeglicher Art von Gewalt nach.

Nicht in allen Fällen deckt sich unser Ergebnis mit dem Bild in der Literatur. So fällt der Skorpion, den man oft als Spitzenreiter unter den Selbstmordgefährdeten sieht, in unserer Studie nicht durch eine erhöhte Suizidrate auf. Er liegt sogar im negativen Bereich.

Am Rande dieser Untersuchung kamen wir zu einigen Erkenntnissen über die Art und Weise, wie der Selbstmord von den Sternzeichen begangen wird. Aufgrund der relativ kleinen Grundgesamtheiten darf man Ergebnisse allerdings nicht überbewerten:

- ▷ Fische scheiden auffallend häufig durch Einnahme von Schlafmitteln aus dem Leben.
- ▷ Stiere begehen auffallend häufig Selbstmord durch Einatmen von Auspuffgasen oder durch Erschießen.
- ▷ Krebse begehen hingegen auffallend selten Selbstmord durch Erschießen.

Berühmte Selbstmörder der signifikant gefährdeten Sternzeichen waren unter anderen: der deutsche Expressionist Ernst Ludwig Kirchner (Stier), der Schriftsteller Ernest Hemingway (Krebs), Marlon Brandos Tochter, Tarita Chayenne (Fische), die Geliebte von Österreichs Kronprinz, Mary Baronin von Vetsera (Fische), der Rockmusiker Kurt Cobain (Fische) und Schwedens Streichholzkönig Ivar Kreuger (Fische).

KAPITEL 9

Wer macht sich strafbar?

»Wer das Böse nicht bestraft,
befiehlt, daß es getan werde.«
Leonardo da Vinci
(1452–1519)

Das Verbrechen ist so alt wie die Geschichte. Kain und erschlug Abel. Oswald erschoß Kennedy (oder auch nicht). Und ebenso alt ist der Wettlauf zwischen Räuber und Gendarm. Eine seltsame Faszination geht von ihm aus. Es ist der Kampf zwischen Gut und Böse.

Das Böse beschäftigt unsere Phantasie, gerinnt in Literatur und Film zur Kunst und erfüllt uns mit Furcht.

Weder Religion noch Gesetz haben es je auszurotten vermocht. Es kennt keine Staatsgrenzen und keine Saison.

Motive für eine böse Tat sind so zahlreich wie die schlechten Eigenschaften des Menschen: Haß, Rache oder Eifersucht, Jähzorn, Neid oder Sex, Gier, Geiz oder Genußsucht.

Ein Kern des Bösen steckt in jedem von uns. Jeder hat die Zehn Gebote einmal gebrochen, auch wenn dies nur in Gedanken geschah.

Aber nicht jeder begeht ein Verbrechen. Mal ist es das Gewissen, das von einer Straftat abhält, mal die Angst vor der Bestrafung.

Und nicht jeder, der ein Verbrechen begeht, wird auch dafür bestraft. »Die besten Morde«, fachsimpelte einst

Agatha Christie, »sind die, die nicht als Morde erkannt werden und erst die zweitbesten jene, bei denen der Mörder unentdeckt bleibt.«

»Die Strafe«, so hat es der Amerikaner Elbert Hubbard definiert, »ist die Gerechtigkeit, welche die Schuldigen an die austeilen, die gefaßt werden.«

Unterschiedlich sind in den Nationen die Sympathien bei der Jagd der Detektive auf das Böse ausgeprägt. Sir Conan Doyles Meisterdetektiv Sherlock Holmes war der Liebling englischer Gentlemen und englischer Ganoven. Le Blancs Meisterdieb Arsène Lupin war das Enfant chéri der französischen filous und der französischen haute société. Der Englishman hält es mit der Ordnung, der Franzmann mißbilligt jede Form von Obrigkeit: die Lords und die Asterixe.

Amerika erfand Mike Hammer, den harten Schnüffler, der das Recht selbst in die Hand nimmt, und in Deutschland, das keine nennenswerte Detektiv-Literatur hervorbrachte, wurde »Der Alte« TV-Held für die Wohnküchen.

Das uralte Ringen zwischen Räuber und Gendarm ähnelt einem evolutionistischen Wettlauf: Verbessert der eine seine Methoden, verschärft der andere seine Waffen – vermutlich bis ans Ende unserer Zeit.

Das Verhalten der Sternzeichen zu den Gendarmen konnten wir nicht feststellen, das zu den Räubern erwies sich als aufschlußreich: Die Sternzeichen weisen auch hier signifikante Unterschiede auf.

Denn eines hat sich im Kampf gegen das Böse zum Guten geändert: Die Bronzezeit führte kaum Buch über ihre Bösewichte. Das Zeitalter der Computer tut dies – mit der Genauigkeit der Schußparabel einer Smith and Wesson. Das Gute hat quasi schreiben gelernt, das Böse ist Analphabet geblieben.

Das Bundesamt für Statistik in Bern, das jeden verurteilten Schokoladendiebstahl und Messerstich in der Eidgenossenschaft registriert, schüttete über uns ein Füllhorn von Informationen über ertappte Täter aus.

Die Analyse

Für unsere Untersuchung konnten wir uns auf Daten von 325 866 Verurteilungen stützen, die in der Schweiz zwischen 1986 und 1994 in bezug auf 25 verschiedene Delikte ausgesprochen wurden (s. Tabelle S. 168). Die Geburtsdaten der verurteilten Täter wurden den jeweiligen Sternzeichen zugeordnet.

Bei den 25 Delikten handelt es sich um dieselben, mit denen auch die schweizerische Kriminalstatistik arbeitet.

Die im schweizerischen Zentralstrafregister eingetragenen Verurteilungen bilden eine objektive, jederzeit überprüfbare Grundgesamtheit. Wurde ein Täter im selben Urteil wegen mehrfacher Übertretung desselben Gesetzes verurteilt, so wurde dies bei der Auszählung nur einmal berücksichtigt. Darüber hinaus verständigte man sich darauf, auf bestimmte sensible Deliktgruppen wie etwa Sexualstraftaten oder Straftaten gegenüber Minderjährigen zu verzichten.

Zunächst prüften wir mit dem Chi-Quadrat-Unabhängigkeitstest (s. S. 47) das gesamte Datenfeld, bestehend aus 300 Zellen (25 Delikte x 12 Sternzeichen). Damit

STRAFTAT / DELIKT	ANZAHL DER VERURTEILUNGEN
Vorsätzliche Tötung / Mord	591 Fälle
Schwere Körperverletzung	407 Fälle
Raufhandel/Schlägerei	1.002 Fälle
Einfache Körperverletzung	9.260 Fälle
Unterschlagung	640 Fälle
Hehlerei	12.706 Fälle
Erpressung	525 Fälle
Betrügerischer Konkurs	343 Fälle
Drohung	3.602 Fälle
Nötigung	3.215 Fälle
Falsche Anschuldigung	2.165 Fälle
Falschaussage	871 Fälle
Fahrerflucht	27.355 Fälle
Entziehung eines KFZ	20.090 Fälle
Fahren ohne Führerschein	40.637 Fälle
Diebstahl	97.919 Fälle
Betrug	22.565 Fälle
Raub	4.221 Fälle
Veruntreuung	12.048 Fälle
Üble Nachrede	864 Fälle
Beschimpfung	3.493 Fälle
Urkundenfälschung	12.971 Fälle
Fälschung von Ausweisen	8.640 Fälle
Drogenhandel	12.458 Fälle
Drogenkonsum	27.198 Fälle
Gesamtanzahl der untersuchten Delikte / Verurteilungen	**325.866 Fälle**

konnte ermittelt werden, ob überhaupt ein Zusammenhang zwischen Deliktform und Sternzeichen besteht.

Das Ergebnis ist eindeutig. Die Hypothese, daß die Art des Delikts und die Sternzeichenzugehörigkeit voneinander unabhängig sind, kann mit sehr hoher Wahrscheinlichkeit verworfen werden. Ein Zusammenhang ist anzunehmen.

In der anschließenden Einzelanalyse haben wir nach bewährtem Muster jede einzelne Delikt/Sternzeichen-Kombination unter die Lupe genommen.

In den 300 Datenfeldern ergaben sich 6 hoch signifikante, 12 signifikante und 37 leicht signifikante Werte. Zusammen also 55 Felder (= 18 Prozent), in denen auffällige, mit dem Zufall kaum zu erklärende Abweichungen auftraten.

Bei mehr als der Hälfte der 25 Delikte lag die Gesamtzahl der Verurteilungen in den neun Jahren allerdings nur bei einigen tausend, oft nur bei einigen hundert, etwa bei Mord, schwerer Körperverletzung oder Erpressung. Bei so niedrigen Fallzahlen ist jedes Sternzeichen-Feld relativ schwach besetzt. Die statistische Auswertung würde unter dieser Voraussetzung zu einem nur schwer haltbaren Ergebnis führen.

Um diesem methodischen Problem aus dem Weg zu gehen, haben wir uns in einem zweiten Rechengang auf jene zehn Delikte konzentriert, bei denen es im Untersuchungszeitraum jeweils zu mehr als 12 000 Verurteilungen gekommen ist, nämlich

- Diebstahl,
- Fahren ohne Führerschein,
- Fahrerflucht,
- Drogenkonsum,
- Betrug,
- Entziehung eines Kfz (= vorübergehende Entwendung eines Fahrzeugs für eine Spritztour),
- Urkundenfälschung,
- Hehlerei,
- Drogenhandel,
- Veruntreuung.

		Dieb-stahl	Verun-treuung	Hehlerei	Betru
Widder	Tatsächliche Verurteilungen	8761	1079	1126	2054
	Erwartete Verurteilungen	8719	1073	1131	2009
	Signifikanz/Differenz	+42	+6	-5	+45
Stier	Tatsächliche Verurteilungen	8276	1093	1091	1922
	Erwartete Verurteilungen	8417	1036	1092	1940
	Signifikanz/Differenz	* -141	* +57	-1	-18
Zwillinge	Tatsächliche Verurteilungen	8555	1090	1119	2051
	Erwartete Verurteilungen	8562	1053	1111	1973
	Signifikanz/Differenz	-7	+37	+8	* +78
Krebs	Tatsächliche Verurteilungen	8124	1037	1103	1843
	Erwartete Verurteilungen	8170	1005	1060	1883
	Signifikanz/Differenz	-46	+32	+43	-40
Löwe	Tatsächliche Verurteilungen	8123	1012	1112	1855
	Erwartete Verurteilungen	8214	1011	1066	1893
	Signifikanz/Differenz	-91	+1	+46	-38
Jungfrau	Tatsächliche Verurteilungen	8164	968	1060	1863
	Erwartete Verurteilungen	8129	1000	1055	1873
	Signifikanz/Differenz	+35	-32	+5	-10
Waage	Tatsächliche Verurteilungen	8035	994	986	1828
	Erwartete Verurteilungen	7917	974	1027	1824
	Signifikanz/Differenz	* +118	+20	-41	+4
Skorpion	Tatsächliche Verurteilungen	7626	902	965	1720
	Erwartete Verurteilungen	7500	923	973	1728
	Signifikanz/Differenz	* +126	-21	-8	-8
Schütze	Tatsächliche Verurteilungen	7332	885	931	1671
	Erwartete Verurteilungen	7333	902	952	1690
	Signifikanz/Differenz	-1	-17	-21	-19
Steinbock	Tatsächliche Verurteilungen	8207	965	1089	1896
	Erwartete Verurteilungen	8247	1015	1070	1901
	Signifikanz/Differenz	-40	* -50	+19	-5
Wassermann	Tatsächliche Verurteilungen	8567	1058	1088	2005
	Erwartete Verurteilungen	8527	1049	1106	1965
	Signifikanz/Differenz	+40	+9	-18	+40
Fische	Tatsächliche Verurteilungen	8149	965	1036	1857
	Erwartete Verurteilungen	8185	1007	1062	1886
	Signifikanz/Differenz	-36	-42	-26	-29

rkunden- älschung	Fahrer- flucht	Entziehung eines Kfz	Fahren ohne Führerschein	Drogen- handel	Drogen- konsum
1201 1155 +46	2503 2436 +67	1743 1789 -46	3582 3618 -36	1136 1109 +27	2290 2420 ** -130
1159 1115 +44	2417 2351 +66	1743 1727 +16	3520 3493 +27	1072 1071 +1	2292 2336 -44
1190 1134 * +56	2431 2392 +39	1702 1757 -55	3510 3553 -43	1023 1089 * -66	2352 2377 -25
1031 1082 * -51	2313 2282 +31	1728 1676 +52	3397 3391 +6	958 1039 * -81	2357 2268 +89
1082 1088 -6	2312 2295 +17	1716 1685 +31	3432 3409 +23	1060 1045 +15	2279 2280 -1
1109 1077 +32	2213 2271 -58	1658 1668 -10	3388 3373 +15	1034 1034 0	2265 2256 +9
1016 1049 -33	2179 2212 -33	1605 1624 -19	3165 3285 * -120	991 1007 -16	2255 2197 * +58
917 994 * -77	2076 2095 -19	1557 1539 +18	3081 3113 -32	916 954 -38	2139 2082 * +57
937 971 -34	1981 2049 -68	1587 1505 ** +82	3041 3043 -2	912 933 -21	2108 2036 * +72
1090 1092 -2	2250 2304 -54	1681 1692 -11	3382 3423 -41	1193 1049 *** +144	2337 2289 +48
1164 1130 +34	2330 2382 -52	1737 1750 -13	3590 3539 +51	1053 1085 -32	2353 2367 -14
1075 1084 -9	2350 2287 * +63	1633 1679 -46	3549 3397 * +152	1110 1041 ** +69	2153 2272 ** -119

positiv negativ * leicht signifikant ** signifikant *** hoch signifikant

Diese zehn Straftatbestände stellen fast 88 Prozent aller Verurteilungen, sie sind damit durchaus repräsentativ für die Gesamtkriminalität.

Wir haben nun eine gestraffte Tabelle mit 120 Feldern (12 Sternzeichen x 10 Delikte) vor uns. In ihr ist jedes Feld mit mindestens 900 Fällen besetzt. Damit kann man arbeiten.

Der Chi-Quadrat-Unabhängigkeitstest (s. S. 47) bestätigte auch bei dieser neuen Tabelle, daß es eine hoch signifikante Abhängigkeit zwischen den zehn häufigsten Delikten und der Sternzeichenzugehörigkeit gibt. Der Wert lag bei 0,00016.

Die anschließende Einzelanalyse zeigte 1 hoch signifikante, 6 signifikante und 16 leicht signifikante Abweichungen auf. Mit anderen Worten, bei den zehn häufigsten Delikten zeigten sich in einem Fünftel der Felder Abweichungen zwischen Ist- und Erwartungswert, die man zumindest als leicht signifikant bezeichnen kann.

Auf den vorstehenden Seiten (s. S. 170–171) finden Sie die tabellarische Zusammenstellung der Ergebnisse.

RESÜMEE:
Es wurde der Zusammenhang zwischen Sternzeichen und Straftaten untersucht. Als Ausgangsmaterial standen die Daten von 325 866 in den Jahren 1986 bis 1994 in der Schweiz verurteilten Männern und Frauen zur Verfügung. Es ergaben sich bei den zehn untersuchten Delikten 23 Signifikanzen. Ein zufälliger Zusammenhang zwischen Sternzeichen und Verurteilungen ist mit einer Wahrscheinlichkeit von mindestens 1:5000 auszuschließen.

Astrologisches & Bemerkenswertes

Sicher ist Zurückhaltung geboten, wenn es darum geht, zu obenstehenden Resultaten mögliche Erklärungen zu liefern. Wir haben unsere Analyse lediglich aufgrund der Verurteilungen durchgeführt.

Wenn beispielsweise die Zwillinge bei den Verurteilungen wegen Diebstahls signifikant selten vertreten sind, so gibt es hierfür – mindestens – drei Erklärungsmöglichkeiten:

- ▷ Zwillinge stehlen seltener als andere Sternzeichen;
- ▷ sie verhalten sich bei ihrem gesetzeswidrigen Tun vorsichtiger und werden deshalb seltener erwischt;
- ▷ sie verteidigen sich im Prozeß geschickter und werden deshalb seltener verurteilt.

Welche dieser Erklärungsmöglichkeiten letztlich zutrifft, können wir nicht sagen. Sehr wahrscheinlich werden mehrere zusammenwirken, und die Problematik dürfte bei den übrigen Delikten ähnlich liegen.

Doch wie auch immer man dies betrachtet – bei jeder Erklärungsmöglichkeit wäre ein Zusammenhang zwischen Sternzeichen und der jeweiligen Verhaltensweise anzunehmen.

KAPITEL 10

Wer fährt wie?

»Autofahrer, die auf ihr Recht pochen, tun es meistens mit dem Finger an die Stirn.«
Gerhard Uhlenbruck

Die Automobilmachung des 20. Jahrhunderts setzte den Homo sapiens auf vier Räder. Der mobile Mensch in den Industrienationen hatte damit ein neues Problem geschaffen: den Straßenverkehr. Auf den Autobahnen erlebte der Darwinismus ein unerwartetes Comeback: The survival of the fittest. »Verkehr ist, wenn du trotzdem lebst«, stöhnte Münchens Spaziergänger Sigi Sommer.

In der Bundesrepublik sind über 50 Millionen Kraftfahrzeuge zugelassen, und von 81 Millionen Bundesbürgern besitzt über die Hälfte einen Führerschein. Das Auto erwarb sich den Ruf, der Deutschen liebstes Kind zu sein.

Nicht alle Nationen unterhalten ein so inniges Verhältnis mit dem Vehikel zur Fortbewegung, überall aber beflügelte es die Phantasie. »Die Troubadoure von heute benützen keine Mandolinen mehr, sondern Autohupen«, spottete der russische Komponist Igor Strawinsky. »Wie ein Mann Auto fährt, so möchte er sein«, beobachtete Italiens Anna Magnani.

Sage mir, wie du fährst, und ich sage dir, wer du bist. Kaum eine andere Tätigkeit scheint mehr über das Wesen eines Menschen zu verraten als das Autofahren –

Phlegma und Vorsicht, Höflichkeit, Ungeduld und Übersicht. Kaum ein anderer Bereich, in dem Vorurteile so prachtvoll gedeihen. Chauffieren Männer nicht aggressiver als Frauen, Engländer nicht langweiliger als Italiener und die Jungen nicht schlechter als die Alten?

Und wie steht es um die Sternzeichen? Bedient der ruppige Widder am häufigsten die Lichthupe? Träumt der angeblich zur Pracht neigende Löwe vom Rolls? Stellt jede Kreuzung für die angeblich unentschlossene Waage eine neue Herausforderung dar?

Oder sind wir am Steuer alle gleich?

Die Analyse

So interessant die Frage ist, ob es einen Zusammenhang zwischen Sternzeichen und Verhalten im Straßenverkehr gibt, so schwierig erwies es sich, an brauchbares und seriöses Datenmaterial heranzukommen. Wir hatten diesmal nicht das Glück, auf umfangreiches amtliches Material zurückgreifen zu können. Vielmehr mußten wir uns auf Seitenpfaden an dieses Thema heranpirschen.

Der Gedanke lag nahe, daß am ehesten die großen Versicherungen über umfangreiche Daten verfügen, die Aufschluß darüber geben könnte, welche Sternzeichen häufiger und welche seltener in einen Verkehrsunfall verwickelt sind. Also haben wir einige deutsche und schweizerische Versicherungsgesellschaften angesprochen. Zunächst mit wenig Erfolg. Die von uns angeschriebenen Versicherungen hatten entweder nicht die technische Möglichkeit oder zeigten wenig Neigung, uns

Material zur Verfügung zu stellen. Die einen hatten nur den Geburtsjahrgang ihrer Versicherten erfaßt, nicht aber den exakten Geburtstag. Andere verschanzten sich hinter datenschutzrechtlichen Bedenken, obwohl diese nicht plausibel waren, denn wir benötigten lediglich zusammengefaßtes Zahlenmaterial und keinerlei Individualdaten. Vielleicht hatte man auch nur insgeheim die Sorge, daß die Angehörigen von Sternzeichen, die signifikant seltener an Unfällen beteiligt sind, mit der Forderung nach Prämiensenkungen anrücken könnten.

Daten einer britischen Versicherungsgesellschaft

Wir waren schon dabei, diesen Ansatzpunkt ad acta zu legen, als wir aus einer unscheinbaren dpa-Meldung entnahmen, daß es in England eine Versicherungsfirma namens »Accident and Insurance Management Company« (VELO) gibt, die Besorgnisse dieser Art hintanstellt und eine Statistik zu diesem Thema führt. Das Material der britischen Versicherung enthält Daten über rund 25 000 Kfz-Schadensfälle im Jahre 1996, wobei das Geburtsdatum der beteiligten Fahrer mit erfaßt wurde. Die Engländer waren bereit, uns dieses Datenmaterial zur Verfügung zu stellen.

Die Bezugspopulation errechneten wir aus den Geburtenzahlen in Großbritannien der Jahre 1938 bis 1978.

Schon auf den ersten Blick zeigt sich, daß es auch in bezug auf Verkehrsunfälle deutliche Abweichungen zwischen den Ist- und Erwartungswerten gibt. Sind diese

Sternzeichen	Geburtenzahlen Großbritannien der Jahrgänge 1938 - 1979	Anteil an den Geburtenzahlen der Jahrgänge 1938 - 1979 in Prozent	Tatsächliche Unfälle	Erwartete Unfälle	Abweichung von der Erwartung in Prozent (Siehe Grafik)	Grad der Signifikanz
Widder	2.696.253	8,90 %	2.135	2.225	-4,04 %	neutral
Stier	2.600.366	8,58 %	2.440	2.146	+13,72 %	*** +
Zwillinge	2.738.137	9,04 %	2.258	2.259	-0,06 %	neutral
Krebs	2.595.212	8,56 %	2.120	2.141	-1,00 %	neutral
Löwe	2.606.939	8,60 %	1.963	2.151	-8,74 %	*** -
Jungfrau	2.559.415	8,45 %	2.240	2.112	+6,07 %	*** +
Waage	2.404.725	7,94 %	2.043	1.984	+2,96 %	neutral
Skorpion	2.333.536	7,70 %	1.778	1.926	-7,66 %	*** -
Schütze	2.266.066	7,48 %	1.835	1.870	-1,86 %	neutral
Steinbock	2.428.008	8,01 %	2.053	2.003	+2,47 %	neutral
Wassermann	2.520.537	8,32 %	2.030	2.080	-2,39 %	neutral
Fische	2.552.121	8,42 %	2.108	2.106	+0,10 %	neutral
	30.301.315	**100,00 %**	**25.003**	**25.003**		

* leicht signifikant ** signifikant *** hoch signifikant

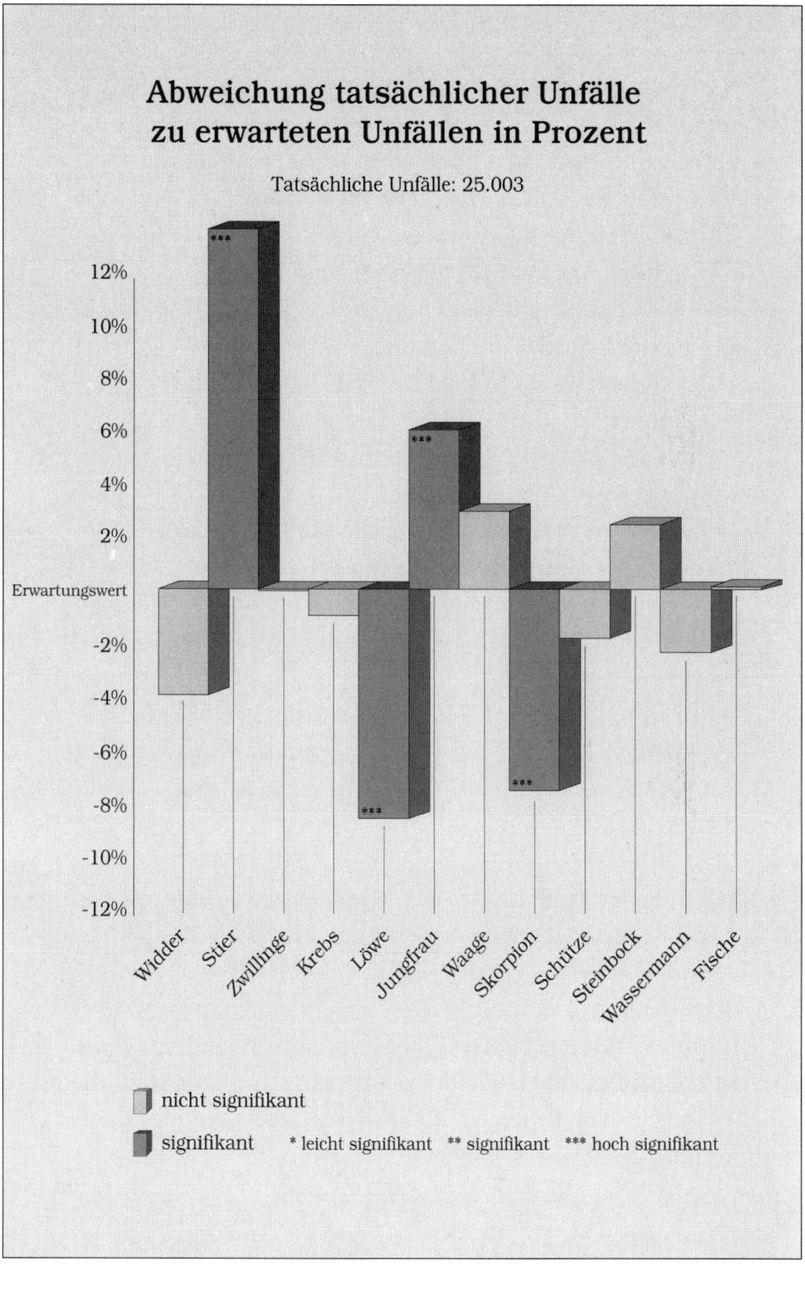
Abweichung tatsächlicher Unfälle
zu erwarteten Unfällen in Prozent
Tatsächliche Unfälle: 25.003
12%
10%
8%
6%
4%
2%
Erwartungswert
-2%
-4%
-6%
-8%
-10%
-12%
***
***
***
***
Widder
Stier
Zwillinge
Krebs
Löwe
Jungfrau
Waage
Skorpion
Schütze
Steinbock
Wassermann
Fische
nicht signifikant
signifikant
* leicht signifikant
** signifikant
*** hoch signifikant

noch mit dem Zufall zu erklären? Oder läßt sich daraus schon mit einiger Sicherheit ableiten, daß Skorpione die besten und Stiere die lausigsten Autofahrer sind?

Um dies zu klären, haben die Statistiker zunächst den Chi-Quadrat-Anpassungstest vorgenommen (s. S. 46).

Ergebnis: Die Anteile der Sternzeichen an den Unfällen sind signifikant verschieden von deren Anteilen an der Bezugspopulation. Das Resultat des Tests lag unter 1:1000. Die Abweichungen sind demnach kaum zufällig zu nennen.

Die Einzelanalyse ergab nach der Ermittlung der Erwartungswerte folgendes:

Signifikant häufiger in Unfälle verwickelt waren Angehörige der Sternzeichen Stier und Jungfrau.

Fahrer, die in den Sternzeichen Löwe oder Skorpion geboren sind, waren dagegen signifikant seltener am Unfallgeschehen beteiligt.

Der tabellarischen Gegenüberstellung von Unfallanteilen und Anteilen an der Bezugspopulation jedes einzelnen Sternzeichens sind die genauen Werte zu entnehmen (s. S. 178).

Die »Accident and Insurance Management Company« hat darüber hinaus auch festgehalten, wie hoch die durchschnittlichen Kosten per Sachschadensfall waren. Auch diese Daten konnten wieder nach Sternzeichenzugehörigkeit aufgeschlüsselt werden. Da uns jedoch weder Erwartungswerte noch Bezugsgrößen zur Schadenshöhe vorliegen, beschränken wir uns auf die Ausweisung der konkreten Schadenssummen.

Allerdings, geht man davon aus, daß die Höhe der Kosten ein Indiz für das Ausmaß des Sachschadens ist, führt das zu einigen interessanten Erkenntnissen:

- ▷ Stiere und Jungfrauen sind in Großbritannien nicht nur überdurchschnittlich häufig in Unfälle verwickelt, sondern die von ihnen verursachten Sachschäden sind auch besonders schwer.
- ▷ Löwen und Skorpione scheinen auch nach diesem Test die besten Autofahrer zu sein. Letztgenannte fallen zudem auch bei der relativen Schadenshöhe positiv auf.

Wer fährt wie?

Sternzeichen (insges. 25.003 Autofahrer)	Durchschnittliche Kosten pro Schadensfall in britischen Pfund
Jungfrau	786,- £
Stier	725,- £
Wassermann	707,- £
Krebs	707,- £
Widder	687,- £
Waage	687,- £
Löwe	682,- £
Zwillinge	680,- £
Steinbock	665,- £
Skorpion	647,- £
Schütze	610,- £
Fische	606,- £

Daten der Schweizer Kriminalstatistik

Im vorhergehenden Kapitel haben wir anhand der schweizerischen Kriminalstatistik nach Zusammenhängen zwischen Sternzeichen und Straftaten geforscht. Dabei waren unter anderem drei Delikte einbezogen, die sich auf das Verhalten im Straßenverkehr beziehen, nämlich.

- Fahren ohne Führerschein,
- Fahrerflucht und
- Entziehung eines Kraftfahrzeugs.

Zur Erläuterung für Nichtjuristen: Von »Entziehung eines Kfz« spricht das Strafgesetzbuch dann, wenn jemand ein Fahrzeug entwendet und es nach einer kürzeren oder längeren Spritztour irgendwo stehenläßt.

Die im Kapitel 9 ermittelten Ergebnisse für die verkehrsbedingten Delikte seien hier nochmals kurz wiedergegeben:

Es kam insgesamt zu 4 signifikanten Abweichungen von den statistischen Erwartungswerten:

Überdurchschnittlich häufig an einem der drei oben genannten Delikte beteiligt waren:

▷ Schütze/Entziehung eines Kfz (signifikant) und

▷ Fische/Fahren ohne Führerschein sowie Fahrerflucht (jeweils leicht signifikant)

▷ Unter dem erwarteten Wert lag hingegen das Sternzeichen Waage: Fahren ohne Führerschein (leicht signifikant).

Es überrascht, daß ausgerechnet der Schütze, der in der Versicherungsstatistik durch unterdurchschnittliche Unfallhäufigkeit und niedrige Schadenssummen so positiv aufgefallen ist, bei den Verkehrsdelikten überrepräsentiert ist. Doch darin muß kein Widerspruch liegen, denn Fahrten ohne Führerschein oder Spritztouren mit einem gestohlenen Fahrzeug müssen nicht automatisch zu Unfällen führen.

RESÜMEE:
Es wurde ein Zusammenhang zwischen Sternzeichen und dem Verhalten im Straßenverkehr untersucht. Als Ausgangsmaterial standen die Daten eines britischen Versicherungsunternehmens mit insgesamt 25 000 im Jahr 1996 registrierten Verkehrsunfällen zur Verfügung. Es ergaben sich 4 Signifikanzen. Ein zufälliger Zusammenhang zwischen Sternzeichen und Unfallverursachern ist mit einer Wahrscheinlichkeit von mindestens 1:10 000 000 auszuschließen.

Darüber hinaus lagen die Daten des schweizerischen Zentralstrafregisters mit 85 598 in den Jahren 1986 bis 1994 wegen Verkehrsdelikten verurteilter Personen vor. Hier wurden ebenfalls 4 Signifikanzen ermittelt.

Ein zufälliger Zusammenhang zwischen Sternzeichen und Verkehrsstraftaten ist mit einer Wahrscheinlichkeit von mindestens 1:5 000 auszuschließen.

Astrologisches & Bemerkenswertes

Natürlich wird jeder, der sich mit dem Thema beschäftigt, darauf hinweisen, daß sich die größte Datensammlung über Verkehrsdelikte in Flensburg befindet, wo seit vielen Jahren die gefürchtete »Verkehrssünder-Kartei« geführt wird – eigentlich eine ideale Datenbasis, um festzustellen, welches Sternzeichen welches Fahrverhalten zeigt. Wir fragten deshalb bei dem Verkehrszentralregister an, ob man uns zur Auswertung geeignetes Datenmaterial überlassen würde. Nach einigem Zögern erklärte sich die Behörde freundlicherweise dazu bereit.

Nun hatten wir zwar die Sternzeichen aller »Insassen« von Flensburg, aber die Punktesünder waren nur global erfaßt. Damit hatten wir keine Auskunft über die Art der verschiedenen Verstöße. Die Mentalität eines notorischen Parksünders ist aber eine andere als die eines Fahrerflüchtigen. Birnen und Äpfel wollten wir indes nicht vergleichen. Weiter kam hinzu, daß wir als Bezugspopulation die Inhaber der deutschen Führerscheine brauchten. Dafür gibt es in Deutschland jedoch noch kein zentrales Register. Die Ausstellung der Führerscheine fällt in die Zuständigkeit der einzelnen Landkreise. Nur auf einige »Oasen« die uns Führerscheindaten zu überlassen bereit waren, wollten wir nicht abstellen, da wir in den übrigen Untersuchungen stets Wert auf gleiche Rahmenbedingungen gelegt hatten. Wir hätten uns damit des Vorwurfs des »Data mining« ausgesetzt. Dies heißt in den Worten der Statistiker, Signifikanzen um jeden Preis zu finden.

Wir nahmen deshalb davon Abstand, die Flensburger Verkehrssünderkartei eingehend zu analysieren.

Dafür veröffentlichen wir an dieser Stelle als Ergänzung zum Thema »Der Mensch und sein Auto« Erkenntnisse einer Studie des INSTITUTS FÜR DEMOSKOPIE ALLENSBACH.

Das Institut führt zweimal jährlich eine Werbeträger-Analyse durch, deren Hauptauftraggeber die Konsumindustrie ist. Primär geht es darum, möglichst viel über das Einkaufsverhalten der Befragten zu erfahren.

Bei den Erhebungen wurden insgesamt 13283 Personen befragt, so ausgewählt, daß sie repräsentativ sind für die Gesamtbevölkerung der Bundesrepublik. Die vollständige Allensbach-Studie finden Sie im Anhang.

Zum Thema Automobil wurde zunächst ermittelt, wer einen Führerschein besitzt. Bei Bejahung wurde den Führerscheinbesitzern eine Reihe weiterer Fragen gestellt, und zwar

- welche Art von Motorfahrzeugen (Pkw, Lkw, Motorrad, Motorroller, Moped etc.) sie in den letzten sechs Monaten persönlich gefahren hatten;
- welche Art von Fahrzeugen sie besitzen und, wenn es ein Pkw ist, welche Marke;
- wie viele Kilometer sie im Jahr ungefähr fahren;
- ob sie sich generell besonders intensiv für Autos interessieren;
- ob der Umweltschutzgedanke bei der Wahl des Fahrzeugs für sie eine Rolle spielt.

	Bevölk. ab 14 J.	Widder	Stier	Zwillinge	Kreb
Basis der Befragten	**13.283**	987	928	1021	913
letzte 6 Monate:	∅ %				
PKW-Fahrer	64,7 %	68,1 %	60,9 %	64,2 %	65,7
LKW-Fahrer	11,0 %	12,6 %	12,8 %	11,8 %	12,3
Motorradfahrer (ab 80 ccm)	4,3 %	3,3 %	4,1 %	5,3 %	6,1
Klein-, Leichtkraftrad-fahrer	2,0 %	2,2 %	1,0 %	2,4 %	3,0
Motorrollerfahrer	2,1 %	2,0 %	2,8 %	2,4 %	2,6
Mokick-, Moped-, Mofafahrer	3,1 %	2,8 %	3,6 %	2,0 %	4,3
pro Jahr:					
Vielfahrer 20.000 km und mehr	10,6 %	11,7 %	11,0 %	11,1 %	9,2
Mittl.Fahrleistung 10-u. 20.000 km	28,9 %	30,5 %	26,8 %	29,3 %	30,3
Wenigfahrer unter 10.000 km	20,9 %	21,4 %	19,3 %	21,3 %	21,8
Interessierte Auto-Experten	6,6 %	6,2 %	7,1 %	8,1 %	7,7
Umweltschutzenga-gierte PKW-Fahrer	12,2 %	11,2 %	13,2 %	12,7 %	13,1

Daneben wurden sämtliche Führerscheinbesitzer nach ihrem Geburtsdatum befragt.

Anhand der Umfrageergebnisse wurden zwei Tabellen (s. S. 186–187 und S. 188–189) erstellt. Darin haben wir Werte, die signifikant nach oben hin abweichen, weiß unterlegt, Werte, die signifikant nach unten abweichen, schwarz unterlegt.

öwe 925	Jungfrau 909	Waage 812	Skorpion 820	Schütze 760	Steinbock 837	Wasserm. 909	Fische 937
4,2 %	69,8 %	63,1 %	67,9 %	68,3 %	61,7 %	61,6 %	69,1 %
3,2 %	11,3 %	11,2 %	11,2 %	10,5 %	10,8 %	8,9 %	12,2 %
5,0 %	5,3 %	5,4 %	4,5 %	4,0 %	3,5 %	3,5 %	4,6 %
2,5 %	2,3 %	1,6 %	3,0 %	1,9 %	2,4 %	1,7 %	2,4 %
2,2 %	2,4 %	2,4 %	1,9 %	2,8 %	1,9 %	2,4 %	2,2 %
4,4 %	3,8 %	3,3 %	3,3 %	3,1 %	3,1 %	2,5 %	4,1 %
0,3 %	10,0 %	11,6 %	12,7 %	11,4 %	12,4 %	10,1 %	10,7 %
3,2 %	31,8 %	28,1 %	31,7 %	28,8 %	25,7 %	24,5 %	33,0 %
2,0 %	21,5 %	20,6 %	19,0 %	24,8 %	20,9 %	23,8 %	22,0 %
3,4 %	5,4 %	6,6 %	5,7 %	6,6 %	7,3 %	7,8 %	7,8 %
2,5 %	14,8 %	11,7 %	14,8 %	14,1 %	11,0 %	9,5 %	13,4 %

positiv signifikant ■ negativ signifikant

Quelle: Institut für Demoskopie, Allensbach

In der Tabelle über Fahrgewohnheiten läßt sich aus der ersten Zeile der Spalte »Bevölkerung ab 14 Jahren« ersehen, daß von den 13 283 Befragten im Durchschnitt 64,7 Prozent erklärten, daß sie in den letzten sechs Monaten mit dem Pkw gefahren sind.

Zu erwarten wäre gewesen, daß auch in allen Feldern der Spalten Steinbock bis Schütze jeweils 64,7 Prozent oder ein nahe dabei liegender Prozentsatz stünde.

	Bevölk. ab 14 J.	Widder	Stier	Zwillinge	Kreb
Basis der Befragten	**13.283**	987	928	1021	913
(Fahre selbst) PKW/Haushalt:	∅ %				
PKW-Fahrer	60,5 %	63,6 %	57,2 %	61,7 %	61,3
Zweitwagenfahrer	7,6 %	8,8 %	8,2 %	7,0 %	7,0
Gebrauchtw.-Fahrer	31,4 %	33,9 %	28,4 %	33,7 %	32,2
Neuwagenfahrer	28,8 %	29,3 %	28,1 %	27,8 %	29,1
PKW m. mehr als 90 PS	16,9 %	17,2 %	14,7 %	16,5 %	16,0
PKW-Marke/Haushalt:					
Zwei oder mehr PKW im Haushalt	26,1 %	28,9 %	27,0 %	26,8 %	28,3
Audi	3,4 %	3,8 %	3,3 %	3,3 %	2,8
BMW	3,3 %	2,8 %	2,6 %	3,3 %	3,6
Ford	6,6 %	7,2 %	5,5 %	7,1 %	8,0
Mercedes	4,2 %	4,5 %	4,4 %	4,5 %	3,5
Opel	10,9 %	10,5 %	10,6 %	10,2 %	11,3
VW	15,0 %	16,2 %	14,5 %	15,0 %	14,0
Italienische Marke	1,9 %	2,3 %	1,1 %	2,0 %	1,7
Französische Marke	4,8 %	4,2 %	6,0 %	5,4 %	4,9
Japanische Marke	7,0 %	8,2 %	6,4 %	7,0 %	8,9
PKW Kaufplan 1-2 Jahre:					
Gebrauchtwagen	9,5 %	11,6 %	10,1 %	9,1 %	11,9
Neuwagen	6,0 %	6,8 %	4,7 %	6,8 %	4,4
Motorrad, über 80 ccm	1,6 %	1,4 %	1,6 %	1,2 %	1,8

Bei den Fischen ergibt sich jedoch bereits die erste signifikante Abweichung:

Statt der erwarteten 64,7 Prozent der 937 Fische-Befragten (= 606 Personen) haben tatsächlich 69,1 Prozent der 937 Fische-Befragten (= 647 Personen) einen Pkw gelenkt. Der Istwert liegt also um 7 Prozent über dem Erwartungswert. Die statistische Analyse ergibt, daß diese Abweichung signifikant ist.

Löwe 925	Jungfrau 909	Waage 812	Skorpion 820	Schütze 760	Steinbock 837	Wasserm. 909	Fische 937
0,7 %	63,3 %	60,3 %	63,7 %	64,9 %	59,0 %	58,4 %	65,9 %
7,1 %	7,7 %	8,4 %	8,8 %	7,7 %	8,4 %	7,4 %	8,3 %
3,6 %	33,5 %	30,5 %	32,7 %	32,3 %	28,5 %	28,8 %	32,6 %
6,8 %	29,6 %	29,5 %	30,7 %	32,3 %	30,5 %	29,3 %	33,1 %
9,0 %	15,5 %	16,8 %	18,0 %	18,2 %	19,5 %	16,7 %	17,6 %
8,0 %	25,5 %	26,6 %	29,2 %	30,7 %	26,6 %	26,7 %	28,8 %
4,5 %	3,4 %	3,0 %	4,3 %	3,5 %	2,9 %	3,4 %	3,3 %
3,3 %	3,2 %	4,6 %	3,4 %	2,5 %	4,4 %	3,2 %	3,1 %
5,4 %	5,7 %	7,3 %	9,3 %	4,8 %	5,9 %	6,3 %	7,4 %
5,1 %	4,6 %	3,4 %	4,2 %	5,1 %	4,4 %	3,1 %	4,6 %
1,3 %	11,6 %	10,0 %	10,8 %	13,0 %	9,3 %	10,7 %	13,7 %
3,8 %	17,1 %	15,2 %	13,6 %	14,9 %	15,2 %	13,3 %	17,6 %
2,0 %	2,4 %	2,2 %	1,9 %	2,4 %	1,6 %	1,9 %	1,9 %
4,4 %	4,9 %	5,5 %	4,7 %	4,8 %	4,2 %	4,8 %	4,8 %
7,3 %	8,0 %	5,8 %	7,2 %	9,2 %	7,0 %	6,4 %	6,3 %
0,3 %	10,1 %	10,9 %	10,4 %	10,6 %	8,5 %	11,1 %	9,8 %
6,4 %	6,6 %	7,0 %	6,8 %	7,1 %	6,3 %	7,6 %	6,2 %
2,6 %	1,0 %	1,5 %	1,3 %	1,4 %	2,5 %	1,5 %	1,7 %

positiv signifikant ■ negativ signifikant

Quelle: Institut für Demoskopie, Allensbach

Ein Vergleich der Tabellen läßt außerdem erkennen:

▷ Prozentual waren die meisten Pkw-Fahrer unter den Jungfrauen anzutreffen, die aber auch die wenigsten Auto-Experten stellen.

▷ Skorpione sind sehr oft Vielfahrer mit mehr als 20 000 km Fahrleistung pro Jahr, die Schützen dagegen besonders häufig Wenigfahrer.

▷ Steinböcke bevorzugen Kraftfahrzeuge mit einem PS-starken Motor.

Aber auch abseits der signifikanten Auffälligkeiten kann man in den Tabellen bemerkenswerte und amüsante Besonderheiten entdecken. So zum Beispiel

- ▷ daß Jungfrau-Geborene und Skorpione sich am ehesten umweltbewußt verhalten, der Wassermann dagegen den Umweltschutz nicht sonderlich ernst nimmt;
- ▷ daß Schützen überrepräsentiert sind unter den Mercedes-Fahrern, Waagen unter den BMW-Fahrern, Skorpione bei Ford, Löwen bei Audi und Fische bei den Automarken VW und Opel;
- ▷ daß Stiere, nach den Löwen, unter den Lkw-Fahrern am stärksten vertreten sind, hingegen bei den Pkw-Fahrern den niedrigsten Anteil stellen.

Statistisch nicht belegbares Fazit: »Wenn ein Mann einer Frau die Autotür öffnet, ist entweder die Frau oder das Auto neu.«

KAPITEL 11

Wer spielt Fußball?

»Erzählt mir nichts von Fußball-
Geheimnissen. Der Ball muß aus unserer
Hälfte raus und in das andere Tor.«
Jackie Charlton

Diverse Sportarten werden gespielt mit einem weichen oder harten Korpus, dessen Abstände von seinem Zentrum zu jedem Punkt der Peripherie dieselbe Länge aufweisen.

Ob Ping Pong in Shanghai, Basketball in New Yorker Hinterhöfen, Volleyball an der Copacabana oder Cricket auf gepflegtem englischen Rasen. Ganz gleich ob Murmelspiel, Tennis oder Wasserball, Fives, Hockey oder Golf – ja selbst Roulette.

Schon als Kleinkind erliegt der Mensch der Faszination der Kugel. Ballone, Seifenblasen, Bälle - sie alle fliegen durch der Kinder Wunderwelt.

Dem Jüngling wird die Faszination später zur Passion.

Fliegende, gestoppte oder in ein Tor verwandelte Bälle sind des Mannes liebste Droge. Ob als Spieler oder Zaungast, ob im Stadion oder vor dem Fernseher. Kein Resultat bleibt ihm verborgen. Keine Seite der Tageszeitung wird seriöser inspiziert als die des Sportteils.

Von der schier unendlichen Zahl der Ballspiele bewegt keines die Gemüter der westlichen Welt so sehr wie Fußball.

Bereits 1519 kickten Schüler der Public School von Eton einen luftgefüllten Ball (»a ball full of wind«) im

Schulsport umher. Im Jahr 1555 erwähnen die Statuten des St. John's College in Oxford erstmals ein Spiel namens »Pila Pedalis« – das spielerische Stoßen eines Balles mit dem Fuß.

Seither bewegt Fußball die Gemüter zutiefst. Romantische Gefühle sind dabei selten. Eher werden Absperrungen mit fatalen Folgen eingedrückt, Fahnen verbrannt und ganze Stadtteile von enttäuschten Fans verwüstet. Man hört von etwaigen Schiebungen, wenn Spieler zu Megapreisen verkauft werden und von südamerikanischen Schiedsrichtern, die sich in Todesangst vor aufgebrachten Fans in die Pampa flüchten.

»That's part of the game« sagte der berühmte englische Schiedsrichter John Long.

Doch was sagen die Sterne zu dem allumfassenden Spiel? Stehen Sie auch Pate bei der Geburt der Fußballstars. Wir sind der Sache nachgegangen.

Die Analyse

Gibt es auch einen Zusammenhang zwischen Sternzeichen und ausgeübter Sportart? Sind die als kampflustig geltenden Widder unter den Boxern besonders zahlreich vertreten? Oder die vernunftbestimmten Jungfrau-Geborenen unter den Billard-Spielern?

Leider gibt es kaum statistisches Material über die Sternzeichen-Zugehörigkeit von Sportlern, zumal es sich ja um einen Breitensport handeln muß, damit eine hinreichend große Grundgesamtheit gegeben ist.

Aber wir wurden fündig in den Archiven des KICKER-Sportmagazins. Dort sind alle Fußballspieler verzeichnet, die von 1963 bis heute (Saison 1997/98) in der deutschen Bundesliga gespielt haben. Insgesamt 4162 Spieler, und bei allen ist das Geburtsdatum angegeben.

Wir haben dieses Archivmaterial nach Sternzeichen ausgezählt und erhielten eine eindimensionale Tabelle mit den Istwerten für die zwölf Tierkreiszeichen.

Zum Vergleich zogen wir nun die Geburtenstatistik des deutschen Statistischen Bundesamtes für die Jahre 1950 bis 1979 heran, also jene Jahrgänge, aus denen sich die Bundesligaspieler im wesentlichen rekrutiert haben dürften. In diesem Zeitraum von dreißig Jahren wurden in Deutschland 16 874 124 Jungen geboren.

Der mit diesen Daten durchgeführte Chi-Quadrat-Test ergab einen Wert von Null - damit kann auch hier die Hypothese, daß es keinen Zusammenhang zu den Sternzeichen gibt, mit allergrößter Sicherheit verworfen werden.

Nach dem bewährten Verfahren ging es sodann an die Einzelanalyse.

Wir wissen, daß beispielsweise 7,82 Prozent aller in den Jahren 1950 bis 1979 geborenen Jungen im Sternzeichen Waage geboren wurden. Demzufolge wäre anzunehmen, daß auch ungefähr 7,82 Prozent aller Bundesligaspieler dem Sternzeichen Waage zuzuordnen sind. Das wären 326 Spieler (= Erwartungswert). In Wirklichkeit jedoch waren laut KICKER-Archiv 426 Bundesliga-Spieler im Sternzeichen Waage geboren (= Istwert). Der Istwert liegt also um fast 31 Prozent über dem Erwartungswert! Diese Abweichung ist nach allen statistischen Kriterien als hoch signifikant zu bezeichnen.

Sternzeichen	Geburtenzahlen Männer der Jahrgänge 1950 - 1979	Anteil an den Geburtenzahlen Männer der Jahrgänge 1950 - 1979 in Prozent	Tatsächliche Anzahl Fußballspieler Bundesliga	Erwartete Anzahl Fußballspieler Bundesliga	Abweichung von der Erwartung in Prozent (Siehe Grafik)	Grad der Signifikanz
Widder	1.514.424	8,97 %	296	374	-20,76 %	*** -
Stier	1.448.208	8,58 %	277	357	-22,45 %	***
-Zwillinge	1.512.259	8,96 %	297	373	-20,37 %	*** -
Krebs	1.432.883	8,49 %	309	353	-12,57 %	* -
Löwe	1.441.854	8,54 %	400	356	+12,48 %	* +
Jungfrau	1.432.572	8,49 %	460	353	+30,18 %	*** +
Waage	1.319.924	7,82 %	426	326	+30,85 %	*** +
Skorpion	1.293.785	7,67 %	389	319	+21,90 %	*** +
Schütze	1.255.608	7,44 %	341	310	+10,11 %	neutral
Steinbock	1.362.065	8,07 %	345	336	+2,69 %	neutral
Wassermann	1.431.249	8,48 %	321	353	-9,07 %	neutral
Fische	1.429.293	8,47 %	301	353	-14,62 %	* -
	16.874.124	100,00 %	4.162	4.162		

* leicht signifikant ** signifikant *** hoch signifikant

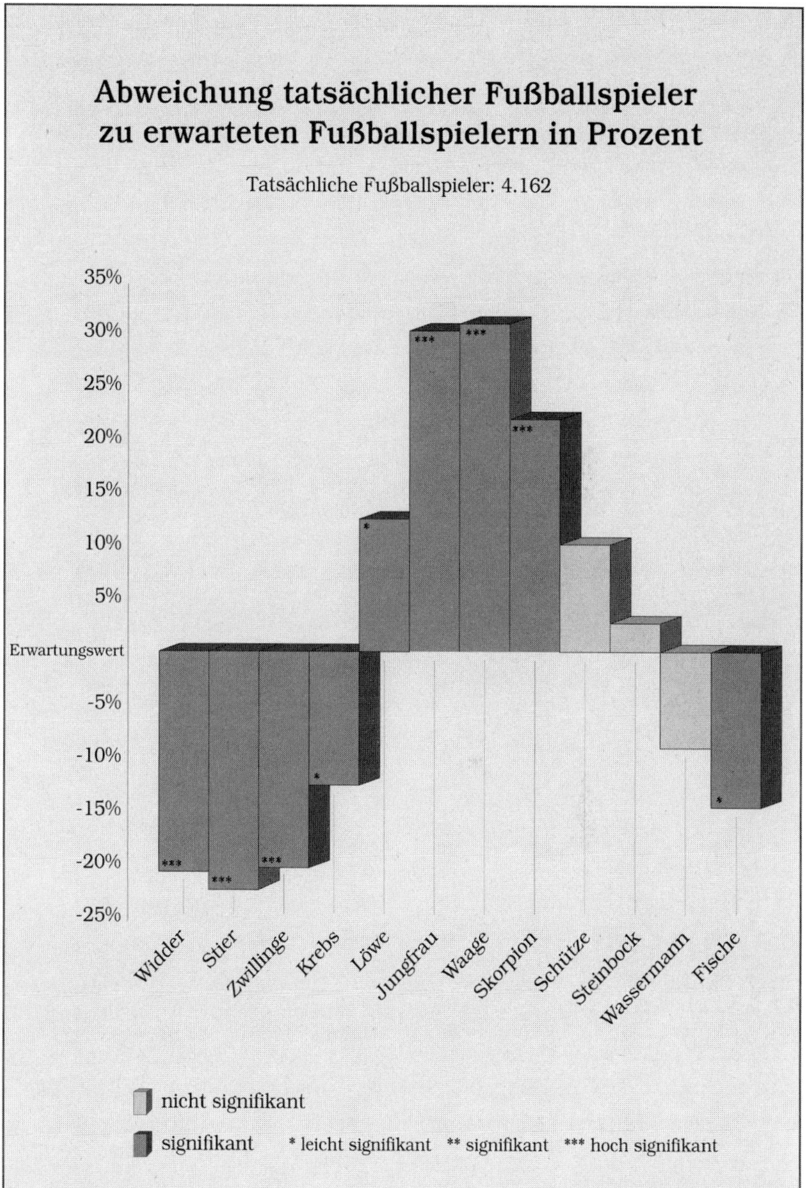

Abweichung tatsächlicher Fußballspieler
zu erwarteten Fußballspielern in Prozent
Tatsächliche Fußballspieler: 4.162
35%
30%
25%
20%
15%
10%
5%
Erwartungswert
-5%
-10%
-15%
-20%
-25%
***
***
***
*
*
***
***
***
*
Widder
Stier
Zwillinge
Krebs
Löwe
Jungfrau
Waage
Skorpion
Schütze
Steinbock
Wassermann
Fische
nicht signifikant
signifikant
* leicht signifikant
** signifikant
*** hoch signifikant

Wie die Tabelle zeigt, bestehen bei sechs Sternzeichen hoch signifikante Abweichungen. Die Sternzeichen Jungfrau, Waage und Skorpion waren bei den Bundesligaspielern stark überrepräsentiert. Dagegen haben weit weniger Widder-, Stier- und Zwillinge-Geborene eine Bundesligakarriere geschafft, als es eigentlich nach deren Anteil an den Geburtenzahlen zu erwarten gewesen wäre. Auch diese Ergebnisse waren alle hoch signifikant.

Weitere drei Abweichungen sind als signifikant zu bezeichnen und nur bei drei Sternzeichen waren die Abweichungen so gering, daß sie durch Zufall erklärbar sind.

Einen naheliegenden methodischen Einwand wollen wir etwaigen Kritikern vorwegnehmen: Im KICKER-Archiv sind auch ausländische Spieler erfaßt, die in der deutschen Bundesliga zum Einsatz kamen. Es ist denkbar, wenn auch nicht wahrscheinlich, daß sich in Holland, Frankreich und anderen Herkunftsländern der Spieler die Geburten anders über den Jahresablauf verteilen als in Deutschland. Doch insgesamt betrug der Anteil ausländischer Spieler in den Jahren 1963 bis 1998 weniger als 10 Prozent, denn in den Anfangsjahren der Bundesliga war der Ausländeranteil weit niedriger als heute. Die Ungenauigkeit kann daher in Kauf genommen werden; sie hat keinen nennenswerten Einfluß auf das Ergebnis.

Auch wenn es sich bei dem Material des KICKER-Magazins nicht um behördliche Daten handelt, sondern um solche aus der Fachpresse und auch wenn die Grundgesamtheit (4162 Spieler) niedriger war als bei den meisten unserer anderen Analysen, so bleibt doch die bemerkenswerte Feststellung, daß es einen unbestreitbaren Zusammenhang gibt zwischen der Sternzeichenzugehörigkeit und dem Beruf »Profi-Fußballer«.

Astrologisches & Bemerkenswertes

Die Abweichungen bei den Fußballspielern zwischen Ist- und Erwartungswerten – bis zu 31 Prozent nach oben und 22,5 Prozent nach unten – sind höchst erstaunlich. Bei keinem anderen Untersuchungsgegenstand unseres Buches waren die prozentualen Unterschiede auch nur annähernd so hoch.

Was auffällt, ist die Tatsache, daß die überrepräsentierten Sternzeichen (Löwe bis Steinbock) alle nebeneinander in der einen Jahreshälfte liegen und alle unterrepräsentierten Sternzeichen (Wassermann bis Krebs) in der anderen Jahreshälfte. Außerdem liegen die Maximalabweichungen jeweils in der Mitte dieser Jahreshälften (+ 31 Prozent bei Waagen und – 22,5 Prozent bei Stieren).

Wenn die englische und französische Übersetzung dieses Buches abgeschlossen ist, werden wir uns über die Ballvirtuosen und das Bauerngeheimnis (siehe Kapitel Berufe) die Köpfe zerbrechen. Zu dem Bauerngeheimnis haben wir viele Einsendungen erhalten – einige scharfsinnige und kluge Anmerkungen, aber auch viel Unüberlegtes.

Es gibt offene Fragen, sehr verschlüsselte Zufälle und statistische »Knacknüsse« der unbekannten Art. Wir werden versuchen, sie alle zu ergründen.

Die Sternzeichen auf einen Blick

Sternzeichen Widder auf einen Blick

WER KAUFT ASTRO-BÜCHER?				***
WER HEIRATET WEN?	**Widder Mann heiratet**		**Widder Frau heiratet**	
	- Widder Frau	**	- Widder Mann	**
	- Skorpion Frau	*	- Krebs Mann	*
			- Löwe Mann	**
			- Schütze Mann	**
WER HEIRATET GERNE?				neutral
WER SCHEIDET VON WEM?	**Widder M. scheidet von**		**Widder F. scheidet von**	
	- Widder Frau	**	- Widder Mann	**
	- Löwe Frau	**		
WER LEBT ALLEIN?				neutral
WER STUDIERT GERNE?				***
WER STUDIERT WAS?	Jura			*
	Psychologie			**
	Zahnmedizin			**
WER ARBEITET WAS?	Selbständige			***
	Angestellte/Arbeiter			***
WER ARBEITET WAS? (BERUFE)	Landwirt			***
	Florist			°
	Maurer			°
	Schreiner			°
	Bankkaufmann			°
	Buchhalter			°
	Pfarrer			°
	Primarlehrer			***
	Chemiker			°
WER STIRBT WORAN?	Alkoholische Leberzirrhose			°
	Dickdarmerkrankung			°
	Herzinfakt			°
	Lungenkrebs			°
	Tuberkulose			°
WER WÄHLT DEN FREITOD?				neutral
WER WIRD WOFÜR VERURTEILT?	Drogenkonsum			**
WER FÄHRT WIE?				neutral
WER VERURSACHT HOHE UNFALLSCHÄDEN? (1-12)				Platz 5
WER SPIELT FUSSBALL?				***

positiv ■ negativ ° Hinweis * leicht signifikant ** signifikant *** hoch signifikant

WER KAUFT ASTRO-BÜCHER?		***		
WER HEIRATET WEN?	**Stier Mann heiratet**		**Stier Frau heiratet**	
	- Stier Frau	*	- Stier Mann	*
	- Zwillinge Frau	*	- Wasserm. Mann	***
	- Löwe Frau	*		
	- Waage Frau	**		
WER HEIRATET GERNE?	**Stier Mann**	neutral	**Stier Frau**	***
WER SCHEIDET VON WEM?	**Stier M. scheidet von**			
	- Krebs Frau	*		
WER LEBT ALLEIN?		neutral		
WER STUDIERT GERNE?		***		
WER STUDIERT WAS?	Jura	*		
	Psychologie	**		
WER ARBEITET WAS?	Angestellte/Arbeiter	***		
WER ARBEITET WAS? (BERUFE)	Landwirt	**		
	Bäcker	**		
	Zimmermann	°		
	Maurer	***		
	Maler	°		
	Mechaniker (Maschinenbau)	°		
	Architekt	**		
	Bauzeichner	°		
	Geschäftsführer (Hotel)	°		
	Arzt (allgemeine Medizin)	**		
	Krankenschwester	°		
	Oberstufenlehrer	***		
	Primarlehrer	**		
	Kindergärtnerin	°		
WER STIRBT WORAN?	Erkrankung Hirngefäße	°		
	Prostatakrebs	°		
WER WÄHLT DEN FREITOD?		*		
WER WIRD WOFÜR VERURTEILT?	Diebstahl	*		
	Veruntreuung	*		
WER FÄHRT WIE?		***		
WER VERURSACHT HOHE UNFALLSCHÄDEN? (1-12)		Platz 2		
WER SPIELT FUSSBALL?		***		

positiv ■ negativ ° Hinweis * leicht signifikant ** signifikant *** hoch signifikant

WER KAUFT ASTRO-BÜCHER?				***
WER HEIRATET WEN?	**Zwillinge Mann heiratet**		**Zwillinge Frau heiratet**	
	- Zwillinge Frau	**	- Stier Mann	*
			- Zwillinge Mann	**
			- Skorpion Mann	*
WER HEIRATET GERNE?				neutral
WER SCHEIDET VON WEM?			**Zwillinge F. scheidet von**	
			- Skorpion Mann	**
			- Schütze Mann	**
			- Wasserm. Mann	**
WER LEBT ALLEIN?				neutral
WER STUDIERT GERNE?				***
WER STUDIERT WAS?	Betriebswirtschaft			*
	Psychologie			**
	Pharmazie			*
WER ARBEITET WAS?	Leitende Angestellte			***
	Angestellte Mittleres Kader			***
	Angestellte/Arbeiter			***
WER ARBEITET WAS? (BERUFE)	Landwirt			***
	Maurer			***
	Maler			**
	Schlosser			°
	Mechaniker (Maschinenbau)			***
	Unternehmer			°
	Informatiker			°
	Polizist			
	Journalist			°
	Arzt (allgemeine Medizin)			°
	Pfarrer			°
	Hochschullehrer			°
	Oberstufenlehrer			°
	Kindergärtnerin			°
	Psychologen			°
WER STIRBT WORAN?	Gebärmutterkrebs			°
	Magenkrebs			°
WER WÄHLT DEN FREITOD?				neutral
WER WIRD WOFÜR VERURTEILT?	Betrug			*
	Urkundenfälschung			*
	Drogenhandel			*
WER FÄHRT WIE?				neutral
WER VERURSACHT HOHE UNFALLSCHÄDEN? (1-12)				Platz 8
WER SPIELT FUSSBALL?				***

positiv ■ negativ ° Hinweis * leicht signifikant ** signifikant *** hoch signifikant

WER KAUFT ASTRO-BÜCHER?			□ ***
WER HEIRATET WEN?	**Krebs Mann heiratet**		
	- Widder Frau	■ *	
WER HEIRATET GERNE?	**Krebs Mann**	neutral	**Krebs Frau** □ ***
WER SCHEIDET VON WEM?			**Krebs F. scheidet von**
			- Stier Mann ■ *
WER LEBT ALLEIN?			neutral
WER STUDIERT GERNE?			□ ***
WER STUDIERT WAS?	Architektur		□ *
	Biologie		■ *
	Zahnmedizin		□ *
WER ARBEITET WAS?	Leitende Angestellte		□ ***
	Angestellte/Arbeiter		■ ***
WER ARBEITET WAS? (BERUFE)	Landwirt		■ ***
	Schneider		■ °
	Maurer		■ ***
	Schlosser		■ °
	Mechaniker (Maschinenbau)		■ **
	Schreiner		■ °
	Bankkaufmann		□ °
	Sozialarbeiter		□ ***
	Erzieher		□ **
WER STIRBT WORAN?	Brustkrebs		■ °
	Gebärmutterkrebs		□ °
WER WÄHLT DEN FREITOD?			□ *
WER WIRD WOFÜR VERURTEILT?	Urkundenfälschung		■ *
	Drogenhandel		■ *
WER FÄHRT WIE?			neutral
WER VERURSACHT HOHE UNFALLSCHÄDEN? (1-12)			Platz 4
WER SPIELT FUSSBALL?			■ *

□ positiv ■ negativ ° Hinweis * leicht signifikant ** signifikant *** hoch signifikant

WER KAUFT ASTRO-BÜCHER?				■ ***
WER HEIRATET WEN?	**Löwe Mann heiratet**		**Löwe Frau heiratet**	
	- Widder Frau	□ **	- Stier Mann	■ *
	- Wasserm. Frau	■ **		
WER HEIRATET GERNE?	**Löwe Mann**	neutral	**Löwe Frau**	□ ***
WER SCHEIDET VON WEM?	**Löwe M. scheidet von**		**Löwe F. scheidet von**	
	- Waage Frau	□ **	- Widder Mann	□ **
WER LEBT ALLEIN?				neutral
WER STUDIERT GERNE?				neutral
WER STUDIERT WAS?	Betriebswirtschaft			□ *
	Jura			□ *
	Pharmazie			□ *
WER ARBEITET WAS?	Leitende Angestellte			□ ***
	Angestellte/Arbeiter			■ **
WER ARBEITET WAS? (BERUFE)	Landwirt			■ ***
	Schneider			■ **
	Maurer			■ ***
	Maler			□ **
	Unternehmer			□ ***
WER STIRBT WORAN?	Erkrankung Hirngefäße			□ **
	Lungenkrebs			□ °
WER WÄHLT DEN FREITOD?				neutral
WER WIRD WOFÜR VERURTEILT?				
WER FÄHRT WIE?				■ ***
WER VERURSACHT HOHE UNFALLSCHÄDEN? (1-12)				Platz 7
WER SPIELT FUSSBALL?				□ *

□ positiv ■ negativ ° Hinweis * leicht signifikant ** signifikant *** hoch signifikant

WER KAUFT ASTRO-BÜCHER?				***
WER HEIRATET WEN?	**Jungfrau Mann heiratet**		**Jungfrau Frau heiratet**	
	- Jungfrau Frau	**	- Jungfrau Mann	**
			- Fische Mann	*
WER HEIRATET GERNE?				neutral
WER SCHEIDET VON WEM?				
WER LEBT ALLEIN?				neutral
WER STUDIERT GERNE?				neutral
WER STUDIERT WAS?	Biologie			*
	Medizin			*
	Psychologie			**
	Zahnmedizin			**
WER ARBEITET WAS?	Selbständige			**
WER ARBEITET WAS? (BERUFE)	Landwirt			***
	Maurer			***
	Maler			°
	Schlosser			°
	Versicherungskaufmann			°
	Unternehmer			°
	Buchhalter			°
	Informatiker			**
	Musiker			°
	Oberstufenlehrer			°
	Primarlehrer			°
WER STIRBT WORAN?	Erkrankung Hirngefäße			°
WER WÄHLT DEN FREITOD?				neutral
WER WIRD WOFÜR VERURTEILT?				
WER FÄHRT WIE?				***
WER VERURSACHT HOHE UNFALLSCHÄDEN? (1-12)				Platz 1
WER SPIELT FUSSBALL?				***

positiv ■ negativ ° Hinweis * leicht signifikant ** signifikant *** hoch signifikant

WER KAUFT ASTRO-BÜCHER?				neutral
WER HEIRATET WEN?	**Waage Mann heiratet**		**Waage Frau heiratet**	
	- Waage Frau	□ *	- Stier Mann	□ **
			- Waage Mann	□ *
			- Fische Mann	■ *
WER HEIRATET GERNE?	**Waage Mann**	neutral	**Waage Frau**	■ ***
WER SCHEIDET VON WEM?			**Waage F. scheidet von**	
			- Löwe Mann	□ **
WER LEBT ALLEIN?				neutral
WER STUDIERT GERNE?				□ ***
WER STUDIERT WAS?	Jura			□ ***
	Zahnmedizin			■ ***
WER ARBEITET WAS?	Selbständige			■ **
	Angestellte/Arbeiter			□ ***
WER ARBEITET WAS? (BERUFE)	Landwirt			■ ***
	Bäcker			□ ***
	Schneider			□ °
	Maurer			□ ***
	Maler			□ ***
	Möbelschreiner			□ **
	Bauzeichner			■ °
	Bankkaufmann			□ °
	Polizist			■ **
	Dekorateur			□ °
	Innenarchitekt			□ °
	Coiffeur			□ **
	Arzt (allgemeine Medizin)			■ **
	Zahnarzt			■ °
	Erzieher			■ °
	Oberstufenlehrer			■ ***
	Primarlehrer			■ ***
WER STIRBT WORAN?	Grippe			□ **
	Lungenkrebs			□ °
WER WÄHLT DEN FREITOD?				■ ***
WER WIRD WOFÜR VERURTEILT?	Diebstahl			□ *
	Fahren ohne Führerschein			■ *
	Drogenkonsum			□ *
WER FÄHRT WIE?				neutral
WER VERURSACHT HOHE UNFALLSCHÄDEN? (1-12)				Platz 6
WER SPIELT FUSSBALL?				□ ***

□ positiv ■ negativ ° Hinweis * leicht signifikant ** signifikant *** hoch signifikant

WER KAUFT ASTRO-BÜCHER?				□ ***
WER HEIRATET WEN?	**Skorpion Mann heiratet**		**Skorpion Frau heiratet**	
	- Zwillinge Frau	■ *	- Widder Mann	■ *
	- Fische Frau	□ **	- Wasserm. Mann	■ **
			- Fische Mann	□ **
WER HEIRATET GERNE?	**Skorpion Mann**	neutral	**Skorpion Frau**	□ ***
WER SCHEIDET VON WEM?	**Skorpion M. scheidet von**		**Skorpion F. scheidet von**	
	- Zwillinge Frau	□ **	- Fische Mann	□ **
WER LEBT ALLEIN?	**Skorpion Mann**	□ ***	**Skorpion Frau**	neutral
WER STUDIERT GERNE?				neutral
WER STUDIERT WAS?	Psychologie			■ *
WER ARBEITET WAS?	Angestellte Mittleres Kader			■ **
	Angestellte/Arbeiter			□ ***
WER ARBEITET WAS? (BERUFE)	Bäcker			□ ***
	Schneider			□ **
	Maurer			□ ***
	Maler			□ ***
	Schreiner			□ °
	Buchhalter			□ °
	Programmierer			□ °
	Journalist			■ **
	Dekorateur			□ °
	Coiffeur			□ ***
	Erzieher			■ °
	Oberstufenlehrer			■ ***
	Primarlehrer			■ ***
	Kindergärtnerin			■ ***
	Chemiker			□ °
WER STIRBT WORAN?	Alkoholische Leberzirrhose			■ °
	Gebärmutterkrebs			□ °
	Erkrankung Harnorgane			□ °
	Magenkrebs			□ **
	Lungenentzündung			□ °
WER WÄHLT DEN FREITOD?				neutral
WER WIRD WOFÜR VERURTEILT?	Diebstahl			□ *
	Urkundenfälschung			■ *
	Drogenkonsum			□ *
WER FÄHRT WIE?				■ ***
WER VERURSACHT HOHE UNFALLSCHÄDEN? (1-12)				Platz 10
WER SPIELT FUSSBALL?				□ ***

□ positiv ■ negativ ° Hinweis * leicht signifikant ** signifikant *** hoch signifikant

WER KAUFT ASTRO-BÜCHER?				***
WER HEIRATET WEN?	**Schütze Mann heiratet**		**Schütze Frau heiratet**	
	- Widder Frau	**	- Schütze Mann	**
	- Schütze Frau	**		
	- Fische Frau	*		
WER HEIRATET GERNE?				neutral
WER SCHEIDET VON WEM?	**Schütze M. scheidet von**			
	- Zwillinge Frau	**		
	- Wasserm. Frau	**		
WER LEBT ALLEIN?	**Schütze Mann**	***	**Schütze Frau**	neutral
WER STUDIERT GERNE?				***
WER STUDIERT WAS?	Tiermedizin			**
WER ARBEITET WAS?				
WER ARBEITET WAS? (BERUFE)	Landwirt			***
	Gärtner			**
	Maurer			**
	Maler			°
	Schlosser			°
	Mechaniker (Maschinenbau)			°
	Versicherungskaufmann			°
	Rechtsanwalt			°
	Coiffeur			°
	Arzt (allgemeine Medizin)			**
	Mittelschullehrer			°
	Oberstufenlehrer			**
	Primarlehrer			***
WER STIRBT WORAN?	Herzinfakt			°
WER WÄHLT DEN FREITOD?				*
WER WIRD WOFÜR VERURTEILT?	Entziehung eines KFZ			**
	Drogenkonsum			*
WER FÄHRT WIE?				neutral
WER VERURSACHT HOHE UNFALLSCHÄDEN? (1-12)				Platz 11
WER SPIELT FUSSBALL?				neutral

positiv ■ negativ ° Hinweis * leicht signifikant ** signifikant *** hoch signifikant

Sternzeichen Steinbock auf einen Blick

WER KAUFT ASTRO-BÜCHER?				neutral
WER HEIRATET WEN?	**Steinbock Mann heiratet**		**Steinbock Frau heiratet**	
	- Steinbock Frau	***	- Steinbock Mann	***
WER HEIRATET GERNE?	**Steinbock Mann**	***	**Steinbock Frau**	neutral
WER SCHEIDET VON WEM?	**Steinbock M. scheidet v.**			
	- Fische Frau	**		
WER LEBT ALLEIN?				***
WER STUDIERT GERNE?				***
WER STUDIERT WAS?	Betriebswirtschaft			**
WER ARBEITET WAS?	Angestellte/Arbeiter			***
WER ARBEITET WAS? (BERUFE)	Landwirt			***
	Gärtner			***
	Zimmermann			**
	Maurer			***
	Schlosser			°
	Mechaniker (Maschinenbau)			**
	Möbelschreiner			°
	Versicherungskaufmann			°
	Coiffeur			°
WER STIRBT WORAN?	Erkrankung Hirngefäße			°
	Magenkrebs			°
WER WÄHLT DEN FREITOD?				neutral
WER WIRD WOFÜR VERURTEILT?	Veruntreuung			*
	Drogenhandel			***
WER FÄHRT WIE?				neutral
WER VERURSACHT HOHE UNFALLSCHÄDEN? (1-12)				Platz 9
WER SPIELT FUSSBALL?				neutral

positiv ■ negativ ° Hinweis * leicht signifikant ** signifikant *** hoch signifikant

WER KAUFT ASTRO-BÜCHER?				□ ***
WER HEIRATET WEN?	**Wasserm. Mann heiratet**		**Wasserm. Frau heiratet**	
	- Stier Frau	■ ***	- Löwe Mann	■ **
	- Skorpion Frau	■ **	- Wasserm. Mann	□ ***
	- Wasserm. Frau	□ ***		
WER HEIRATET GERNE?				neutral
WER SCHEIDET VON WEM?	**Wasserm. M. scheidet von**		**Wasserm. F. scheidet von**	
	- Zwillinge Frau	□ **	- Schütze Mann	■ **
WER LEBT ALLEIN?	**Wasserm. Mann**	■ **	**Wasserm. Frau**	■ ***
WER STUDIERT GERNE?				neutral
WER STUDIERT WAS?	Jura			■ *
	Psychologie			□ **
WER ARBEITET WAS?	Selbständige			□ ***
	Leitende Angestellte			■ ***
WER ARBEITET WAS? (BERUFE)	Landwirt			□ ***
	Bäcker			■ **
	Maler			■ **
	Möbelschreiner			■ °
	Schreiner			■ °
	Bauzeichner			□ °
	Bankkaufmann			■ °
	Unternehmer			■ ***
	Buchhalter			■ °
	Informatiker			■ **
	Innenarchitekt			■ **
	Coiffeur			■ ***
	Physiotherapeut			□ ***
	Sozialarbeiter			□ °
	Erzieher			□ °
	Oberstufenlehrer			□ ***
	Primarlehrer			□ ***
	Psychologe			□ **
	Chemiker			■ °
WER STIRBT WORAN?	Bronchitis			□ °
	Lungenembolie			■ **
	Mißbildung			□ °
WER WÄHLT DEN FREITOD?				neutral
WER WIRD WOFÜR VERURTEILT?				
WER FÄHRT WIE?				neutral
WER VERURSACHT HOHE UNFALLSCHÄDEN? (1-12)				Platz 3
WER SPIELT FUSSBALL?				neutral

□ positiv ■ negativ ° Hinweis * leicht signifikant ** signifikant *** hoch signifikant

WER KAUFT ASTRO-BÜCHER?				***
WER HEIRATET WEN?	**Fische Mann heiratet**		**Fische Frau heiratet**	
	- Jungfrau Frau	*	- Skorpion Mann	**
	- Waage Frau	*	- Schütze Mann	*
	- Skorpion Frau	**		
WER HEIRATET GERNE?	**Fische Mann**	***	**Fische Frau**	neutral
WER SCHEIDET VON WEM?	**Fische M. scheidet von**		**Fische F. scheidet von**	
	- Skorpion Frau	**	- Steinbock Mann	**
WER LEBT ALLEIN?	**Fische Mann**	***	**Fische Frau**	neutral
WER STUDIERT GERNE?				neutral
WER STUDIERT WAS?	Psychologie			**
	Tiermedizin			*
WER ARBEITET WAS?	Leitende Angestellte			***
WER ARBEITET WAS? (BERUFE)	Landwirt			***
	Bäcker			**
	Zimmermann			°
	Maler			**
	Mechaniker (Maschinenbau)			**
	Schreiner			°
	Bankkaufmann			°
	Coiffeur			***
	Krankenschwester			**
	Oberstufenlehrer			***
	Primarlehrer			***
	Kindergärtnerin			**
	Chemiker			°
WER STIRBT WORAN?	Brustkrebs			°
	Erkrankung Harnorgane			***
	Unfall			°
WER WÄHLT DEN FREITOD?				**
WER WIRD WOFÜR VERURTEILT?	Fahrerflucht			*
	Fahren ohne Führerschein			*
	Drogenhandel			**
	Drogenkonsum			**
WER FÄHRT WIE?				neutral
WER VERURSACHT HOHE UNFALLSCHÄDEN? (1-12)				Platz 12
WER SPIELT FUSSBALL?				*

positiv ■ negativ ° Hinweis * leicht signifikant ** signifikant *** hoch signifikant

Die erstaunliche Beweiskraft eines außergewöhnlichen Experiments

Die künstlichen Sternzeichen

Wir wollen Ihnen an dieser Stelle noch einmal ein Rechenexperiment vor Augen führen, das einen der eindrucksvollsten Belege für unsere Annahme eines Einflußes der Sternzeichen geliefert hat.

Dank der akribischen Arbeit der Berner Statistiker waren wir in der glücklichen Lage, daß uns zu einzelnen Bereichen nicht nur die Daten nach Sternzeichen, sondern auch zu jedem Tag des Jahres vorlagen. Also etwa, wie viele Paare mit der Geburtstagskombination 3. März /30. Oktober geheiratet hatten. Oder wie viele Personen, die beispielsweise an einem 28. Juli geboren sind, den Freitod gewählt haben.

Dies ermöglichte den Statistikern, nach dem Zufallsprinzip die Daten zu mischen und künstliche Sternzeichen zu schaffen. Also die herkömmlichen Sternzeichen an den selben Stellen des Jahres zu belassen, aber mit künstlichen, also »falschen« Geburtsdaten zu versehen. So entsteht ein künstliches Jahr, das beispielsweise mit dem 6. April beginnt, gefolgt vom 11. November usw.

Wären die Aussagen der Astrologen zum Einfluß der Sternzeichen nichtig, müßte es auch hier wieder Signifikanzen geben, wenn auch an anderer Stelle. Gäbe es aber bei der künstlichen Verteilung keinen signifikanten Zusammenhang, wäre dies ein nahezu unumstößlicher Nachweis für einen bestehenden Einfluß der Sternzeichen.

Bereits der Chi-Quadrat-Test zeigte bei Eheschließungen und Suiziden der künstlichen Sternzeichen keinen signifikanten Zusammenhang. Und auch die Ergebnisse der anschließenden Einzelanalysen waren in beiden Fällen statistisch absolut unauffällig. Es ergab sich keine einzige signifikante Abweichung.

Zur Verdeutlichung haben wir die Auswirkung dieses Experiments bei den Suiziden in den nachfolgenden Graphiken veranschaulicht.

Die obere Graphik zeigt die Auswertung mit den bereits bekannten Ausschlägen. Im Vergleich dazu zeigt die untere Graphik wie die Auswertungskurve bei den künstlichen Sternzeichen verläuft: wesentlich flacher.

Die erstaunliche Beweiskraft dieses Gedankenexperimentes bildet ein Kernstück unserer Forschung.

Echte Sternzeichen

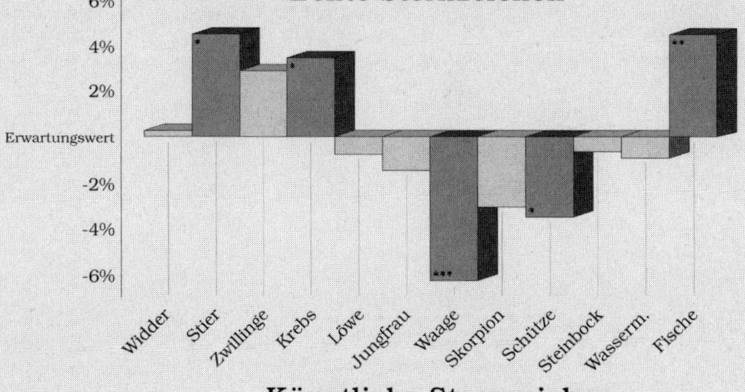

Künstliche Sternzeichen

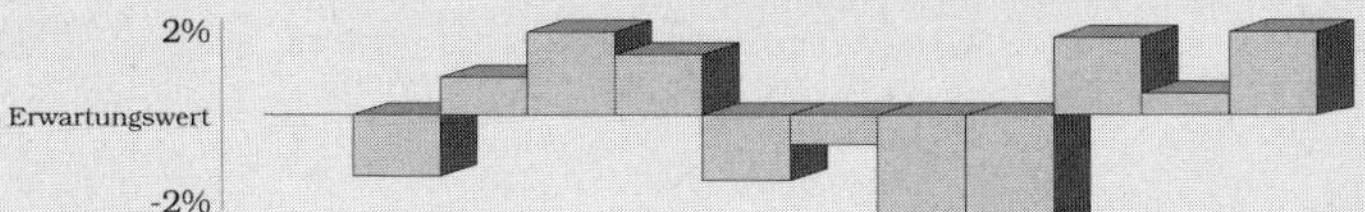

Zusammenfassung

Wir stehen nun am Ende der elf Kapitel, in denen wir prüften, ob sich Angehörige unterschiedlicher Sternzeichen unterschiedlich verhalten.

Zehn Untersuchungen zeigten hohe Signifikanzen, die elfte noch deutlich signifikante Zusammenhänge.

Das Anliegen unserer Arbeit war es nicht in erster Linie, interessante Einzelergebnisse vorzuweisen – sie waren eigentlich nur unterhaltsame Nebenprodukte des Projektes.

Das erklärte Ziel unserer Forschung galt der Frage, ob zwischen den Sternzeichen und dem Verhalten der Menschen sowie ihren Anlagen ein Zusammenhang besteht.

Wir haben nachgewiesen – dieser Zusammenhang besteht.

Astrologie und Statistik

Dr. Rita Künstler
(Diplomstatistikerin und Doktor
der Staatswissenschaften an der
Ludwig-Maximilians-Universität, München)

Im April 1995 erreichte mich die Bitte des IMWA-Instituts um statistische Beratung.

Bis dahin hatte sich meine Beschäftigung mit Astrologie darauf beschränkt, in Krisensituationen auf Horoskope in Tageszeitungen oder Frauenzeitschriften zu schielen – und die Prophezeiungen schnell wieder zu vergessen.

Als Wissenschaftlerin stand ich dem Unterfangen zunächst skeptisch gegenüber: Astrologie und Statistik – wie sollten die zusammenpassen?

Dann erfuhr ich von der Absicht: anhand von Daten zu prüfen, ob Angehörige von Sternzeichen sich in ihrem Verhalten unterscheiden.

Als Ziel nicht schlecht. Aber schon tauchte ein erstes professionelles Bedenken auf:

Statistische Schätzungen und darauf aufbauende Tests sind um so genauer, je größer der Umfang der Stichprobe ist. Handelt es sich – wie in diesem Fall – um gleich zwölf Merkmalsausprägungen (nämlich die zwölf Sternzeichen), so bedarf es eines hinreichend großen Stichprobenumfanges, um zu verläßlichen Aussagen zu gelangen. Und woher sollte dieses Material, noch dazu aus verschiedenen Bereichen und überdies bei der bekannten Problematik des Datenschutzes wohl kommen?

Was ich nicht für möglich gehalten hatte, gelang dem IMWA-Institut: Ämter und Behörden, Verlage, Versicherungen und Hochschulen stellten lange, überwiegend sogar extrem lange Datenreihen zur Verfügung.

Die Datenmengen waren so umfangreich, daß wir in allen IMWA-Untersuchungen sehr strenge statistische Maßstäbe anlegen konnten. Das war erstaunlich.

Der Rest war »statistische Detailarbeit«: Berücksichtigung von Geburtenhäufigkeiten, Ermittlung der richtigen Bezugspopulation, Chi-Quadrat-Anpassungstest und Chi-Quadrat-Unabhängigkeitstest, Sensitivitätsanalyse, Einzeluntersuchungen und Auswertung nach den Gesetzen der Mathematik.

Bei manchen im vorliegenden Buch durchgeführten Einzelanalysen waren sehr viele statistische Tests erforderlich, wodurch die Möglichkeit eines »multiplen Testproblems« gegeben war. Denn je mehr einzelne Untersuchungen im Rahmen einer statistischen Überprüfung durchgeführt werden, desto größer ist auch die Wahrscheinlichkeit, auffällige Abweichungen zu entdecken, die nicht unbedingt signifikant sein müssen.

Mit anderen Worten: untersucht man 252 Kombinationen von Krankheiten und Sternzeichen auf einem Signifikanzniveau von 5 Prozent, könnten dabei entdeckte Signifikanzen zum Teil auch zufällig sein. Aus diesem Grund stand zu überlegen, bei multiplen Tests das Signifikanzniveau zu adjustieren und auf die Ausweisung leichter Signifikanzen zu verzichten.

Zusammen mit meinem Kollegen Herrn Dr. Klinger habe ich die Frage erörtert und von einer Adjustierung abgesehen, denn entscheidend dafür, ob ein Zusammenhang vorliegt oder nicht, war immer der Chi-Quadrat-Test. Dieser aber hatte in neun Untersuchungen einen deutlichen signifikanten Zusammenhang und nur in einer Untersuchung einen leichten signifikanten Zusammenhang ergeben.

Trotzdem haben wir uns entschlossen, bei den multiplen Tests über Krankheiten und Berufe leichte Signifikanzen nicht auszuweisen, weil die Zahl der Einzeluntersuchungen dabei besonders groß ist, und diese lediglich als Hinweise zu bezeichnen.

Es ist insgesamt also in erster Linie der Chi-Quadrat-Test zum Auffinden einer Abhängigkeit des menschlichen Verhaltens von den Sternzeichen entscheidend. Die Einzelanalysen, mit denen untersucht wird, ob die beobachtete Abweichung in die jeweilige Richtung signifikant ist, sind unter statistischen Gesichtspunkten zum Aufspüren von Auffälligkeiten zu verstehen.

Je länger und genauer wir die Astrologie durch die Lupe der Wissenschaft betrachteten, um so mehr hat mich die Aufgabe fasziniert. Manche deutliche Signifikanz hat mich überrascht.

Natürlich kann es niemals Aufgabe der Statistik sein, mit einer Beobachtungsstudie Kausalitäten festzustellen – in diesem Fall zwischen Sternzeichen und menschlichem Verhalten. Der Nachweis für Zusammenhänge zwischen Sternzeichen und menschlichem Verhalten aber ist nach den Gesetzen der Statistik in allen vorliegenden Untersuchungen erbracht worden.

Nach den zwei Jahren, in denen ich das IMWA-Institut statistisch begleitet habe, sehe auch ich heute den nächtlichen Himmel mit anderen Augen an.

Die Akte Astrologie – Wissenschaftliche Expertise aus statistisch-methodischer Perspektive

Jürgen Chlumsky/Dr. Manfred Ehling*

1. Vorbemerkung

Das im Oktober 1997 erschienene Buch »Gunter Sachs: Die Akte Astrologie – Wissenschaftlicher Nachweis eines Zusammenhangs zwischen den Sternzeichen und dem menschlichen Verhalten« war schnell Zielscheibe vielfältiger Kritik. So wird behauptet: »das Zahlenwerk ist Makulatur«, »mit naturwissenschaftlichem Denken unvereinbar«, »astrologisch irrelevant«, »Ergebnisse beruhen auf dem Phänomen der sich selbsterfüllenden Prophezeiung«, »mit dieser Art Statistik kann man alles beweisen« oder »jeder Dreck wird hier signifikant gemacht«. Einige Rezensenten oder Kritiker scheinen sich mit der gewählten Methodik und den inhaltlichen Aussagen des Buches überhaupt nicht auseinandergesetzt zu haben. Vielmehr konstatieren sie, das Buch sei »dumm«, »falsch« oder »lachhaft«.

* Jürgen Chlumsky leitet im Statistischen Bundesamt das Institut für Forschung und Entwicklung in der Bundesstatistik, Dr. Manfred Ehling ist dort Referatsleiter. Beide Autoren geben in dieser Expertise ausschließlich ihre persönliche Meinung wieder. Um dem Leser die Erfassung der zentralen Aussagen des Gutachtens zu erleichtern, wurden die entscheidenden Passagen grau unterlegt.

Was ist dran an der zum Teil massiv formulierten Kritik? Argumentieren die Gegner des Buches wissenschaftlich korrekt? Oder wird Sachs eine wissenschaftlich korrekte Vorgehensweise schlicht nicht zugetraut, weil das Bild, das die Medien von ihm entworfen haben, dies nicht erwarten läßt?

Für die vorliegende Expertise haben wir aus statistisch-methodischer Perspektive die verwendeten Datenquellen, die Berechnungsverfahren und die Interpretationen untersucht, d. h. geprüft, ob die von Gunter Sachs vorgestellten Ergebnisse fachlich korrekt berechnet und in zulässiger Weise interpretiert wurden. Zuerst wird die statistische Vorgehensweise beurteilt, d. h. vor allem die Signifikanztests. Anschließend setzen wir uns kritisch mit der Datenbasis für die Berechnungen auseinander. Danach wird analysiert, ob die Schlußfolgerungen und Interpretationen der statistischen Ergebnisse den Verfahren angemessen sind. Abschließend soll die gewählte methodische Vorgehensweise und die Auslegung der Ergebnisse zusammenfassend bewertet werden.

Wir beschränken unsere kritische Beurteilung auf die von Guter Sachs vorgelegten Zahlenbeispiele sowie seine Auswertungen und Interpretationen. Die »Studie zum Thema empirische Sozialforschung und Astrologie« des Instituts für Demoskopie Allensbach im Anhang des Buches ist nicht Gegenstand unserer Ausarbeitung.

An die Lektüre des Buches sind wir mit einer gesunden Skepsis herangegangen, waren aber beide überrascht über die durchaus gelungene Darstellung statistischer

Sachverhalte und die allgemein verständliche Vermittlung der eingesetzten statistischen Verfahren. Wenn populärwissenschaftliche Arbeiten zu statistischen Fragestellungen immer so kenntnisreich und gelungen erfolgten wie in dem Band »Die Akte Astrologie«, würden viele Vorurteile gegenüber der Statistik nicht bestehen. Wir können allerdings keine Aussage darüber machen, inwieweit die statistischen Ergebnisse astrologisch relevant sind, dazu fehlt uns die fachliche Kompetenz.

2. Zum statistisch-methodischen Vorgehen

Um den Einfluß von Sternzeichen auf das menschliche Verhalten zu überprüfen, werden von Gunter Sachs zahlreiche Signifikanztests durchgeführt. Die Prüfung auf Signifikanz ist eigentlich die Prüfung einer Nullhypothese: es wird versucht, die Hypothese zu widerlegen, daß es keinen statistischen Zusammenhang zwischen Sternzeichen und sozialen Verhaltensweisen gibt – d. h., daß der beobachtete Unterschied nur ein zufälliger Unterschied (Stichprobenfehler) ist. Gelingt es, die Hypothese zu widerlegen, kann ein Zusammenhang angenommen, zumindest nicht ausgeschlossen werden.

Mit jedem statistischen Test sind Modellvorstellungen und meßtheoretische Vorgaben für die Datenerhebung verbunden; der Test ist unter bestimmten Bedingungen gültig, die durch das Modell und die Meßvorschriften festgelegt werden. Wir prüfen im folgenden, ob die Bedingungen des statistischen Modells von Gunter Sachs für die angewandten Tests erfüllt werden.

Die Idee, auf der alle statistischen Tests beruhen ist die: Eine Nullhypothese, die besagt, es bestehe kein Einfluß zwischen zwei Phänomenen, in unserem Fall von Sternzeichen und menschlichem Verhalten, wird für unterschiedliche Verhaltensbereiche überprüft. Ein wissenschaftlicher Fortschritt ergibt sich dann, wenn zwischen den untersuchten Phänomenen ein Zusammenhang festgestellt wird.

Die Nullhypothese stellt bei der Anwendung inferenzstatistischer Prüfverfahren eine Sicherung gegen übereilte Schlüsse dar, sie vertritt den »konservativen« Standpunkt, daß kein Zusammenhang zwischen den untersuchten Merkmalen besteht. Erst wenn gegen diese konservative Hypothese das Beweismaterial, die Daten, so überzeugend sind, daß nur noch eine geringe Wahrscheinlichkeit dafür spricht, wird sie zugunsten der neuen Erkenntnis verworfen. Je vorsichtiger man somit vorgehen will, je stärker man sich vor übereilten Schlüssen hüten möchte, um so kleiner ist das Signifikanzniveau zu wählen – man geht damit freilich ein höheres Risiko ein, betrachtete Zusammenhänge als zufällig zu erklären und so vielleicht interessante neue Erkenntnisse nicht zu entdecken.

Das klingt auf den ersten Blick vergleichsweise simpel – und wird von Gunter Sachs für den Zweck das Buches verständlich und zutreffend erläutert – ist aber keineswegs trivial. Zum Leidwesen großer Vereinfacher sind entsprechende Aussagen nicht mit absoluter Sicherheit möglich, sondern es muß die Wahrscheinlichkeit angegeben sein, mit der diese gelten. Ein statistischer Test liefert also kein Ja oder Nein, sondern nur eine Wahrscheinlichkeit, mit der eine richtige Nullhypothese zurückgewiesen wird. Gunter Sachs kann nach seinen Berechnungen z. B. einen zufälligen Zusammenhang zwischen Sternzeichen und Berufswahl mit einer Wahrscheinlichkeit von 1:10 000 000 ausschließen, die gleiche Wahrscheinlichkeit gilt auch für den Zusammenhang zwischen Sternzeichen und Unfallverursachern.

Obwohl die Irrtumswahrscheinlichkeit – wie in dem obigen Beispiel – gegen Null gehen kann, wird man als Antwort aus einem statistischen Test niemals ein uneingeschränktes klares Nein bekommen. Gelingt es nicht, die Nullhypothese zurückzuweisen, muß sie als haltbar gelten (die Daten reichen nicht aus, sie abzulehnen), aber nicht unbedingt als wahr.

Je niedriger das Signifikanzniveau ist, desto höher ist die Sicherheit, daß der beobachtete Effekt »echt« ist – daß er zuverlässig ist, also die beobachteten Werte einer Stichprobe den tatsächlichen Verhältnissen in der Grundgesamtheit entsprechen. Wenn ein Test eine Irrtumswahrscheinlichkeit ergibt, die kleiner ist als das Signifikanzniveau, wird die Nullhypothese abgelehnt.

Das Signifikanzniveau gibt also die Wahrscheinlichkeit an, mit der man sich irrt, wenn man eine Nullhypothese ablehnt. Dies wird auch als sogenannter Fehler erster Art bezeichnet. Wenn vor einem statistischen Test festgelegt wird, nur eine sehr kleine Irrtumswahrscheinlichkeit zu akzeptieren (d. h., eine kleine Wahrscheinlichkeit, daß die Nullhypothese zurückgewiesen wird, die in Wirklichkeit richtig ist), kann der Fehler erster Art auf ein Niveau reduziert werden, das gegen Null geht. Leider ist dann aber die Wahrscheinlichkeit um so größer, eine Nullhypothese zu akzeptieren, die in Wirklichkeit falsch ist, je niedriger dieses Niveau festgelegt wird. Diese falsche Folgerung aus einem Test wird Fehler zweiter Art genannt. Wenn einem Signifikanztest die Entscheidung folgen kann, eine falsche Nullhypothese abzulehnen, spricht man davon, daß er »mächtig« ist, d. h., dieser Test ist empfindlich dafür, einen tatsächlichen Unterschied zu entdecken.

Bei der Höhe des Signifikanzniveaus handelt es sich um eine Konvention und nicht um eine sich aus der statistischen Theorie ergebende Notwendigkeit. Traditionell unterscheidet man in den Sozialwissenschaften zwei Niveaus, die man als signifikant bzw. sehr signifikant bezeichnet. Man nennt einen Unterschied signifikant, der so groß ist, daß er nur fünfmal (oder weniger) bei 100 Vergleichen auftreten würden, wenn jede Stichprobe nach dem Zufallsprinzip aus derselben Population gezogen wird. Ein sehr signifikanter Unterschied ist einer, der höchstens einmal bei 100 Vergleichen aufträte. Beispielsweise bei Fragestellungen der Medizin wird häufig sogar ein noch geringeres Signifikanzniveau von 0,1% gewählt, weil hier die Entscheidungen – wenn es z. B. um den Einsatz neuer Behandlungsformen geht – eine größere Sicherheit verlangen.

In Übereinstimmung mit diesen Konventionen bezeichnet Gunter Sachs bei seinen Tests eine Abweichung

- als leicht signifikant, wenn die Wahrscheinlichkeit für ihr zufälliges Zustandekommen höchstens 5 Prozent beträgt bzw. im Verhältnis 1:20 steht;
- als signifikant, wenn die Wahrscheinlichkeit für ihr zufälliges Zustandekommen höchstens 1% beträgt bzw. im Verhältnis 1:100 steht;
- als hoch signifikant, wenn diese Wahrscheinlichkeit höchstens 0,1% beträgt oder im Verhältnis 1:1000 steht (Gunter Sachs: Die Akte Astrologie, S. 45).

Aus der Information, daß beispielsweise für einen Zusammenhang eine signifikante Abweichung auf einem Niveau kleiner als 1% ermittelt wurde, wird häufig geschlossen, es bestehe eine Wahrscheinlichkeit von mindestens 0,99, daß die beobachtete Differenz echt ist. Dies ist ein verbreitetes Mißverständnis, dem auch zahlreiche Kritiker von Gunter Sachs' Buch erliegen. Der Signifikanztest befaßt sich nur mit der Nullhypothese, und die Nullhypothese behauptet, daß die Differenz oder ein Zusammenhang zwischen betrachteten Phänomenen Null ist.

Wenn vor der Analyse feststeht, in welche der beiden möglichen Abweichungsrichtungen die Nullhypothese bei Überschreiten der betreffenden Testschranke abzulehnen ist, werden Signifikanztests einseitig durchgeführt. Die Wahrscheinlichkeit einer Differenz in eine bestimmte Richtung ist genau die Hälfte der Wahrscheinlichkeit einer gleich großen Differenz in beide Richtungen. Der einseitige Test, der dann anzuwenden ist, wenn die Richtung der Abweichung festliegt oder erwartet werden kann, ist doppelt so empfindlich wie der zweiseitige. Die von Gunter Sachs betrachteten Fragestellungen sind alle zweiseitig, der Ablehnungsbereich wird jedoch gewählt, als wenn es sich um eine einseitige Fragestellung handelte.

Die errechneten Irrtumswahrscheinlichkeiten zeigen dennoch klare Ergebnisse, weil sich überwiegend sehr geringe Wahrscheinlichkeiten für die Geltung der Nullhypothese ergeben. Bis auf wenige Testergebnisse auf dem 5% Signifikanzniveau hat diese Vorgehensweise nur einen geringen Einfluß auf die Aussagefähigkeit der Analysen. Um den soliden Gesamteindruck des Werkes nicht zu stören, wäre es sinnvoll, bei einer Neuauflage diese Berechnungen zu überarbeiten und die der Fragestellung angemessenen Testergebnisse auszuweisen.

Ebenso wichtig wie die Schlußfolgerung aus einem Signifikanztest selbst ist die Kenntnis ihrer Zuverlässigkeit. Es macht keinen Sinn, Parameter zu schätzen, die nicht hinreichend reliabel sind. Eine häufig angewandte Methode, einen Reliabilitätskoeffizienten zu ermitteln, bietet die Methode der wiederholten Tests. Für die zu untersuchende Fragestellung wird durch mehrmalige Untersuchungen eine Testreihe aufgebaut. Wenn die Tests Wertreihen ergeben, die stark miteinander korreliert sind, ist davon auszugehen, daß eine nochmalige Wiederholung sehr ähnliche Resultate ergibt. Mit anderen Worten, der Forscher kann sicher sein, daß der Test zuverlässig ist. Diese Vorgehensweise ist Gunter Sachs versagt, da er seine Tests ausschließlich als Sekundäranalysen bereits vorliegender Datensätze durchführt und ihm weiteres Datenmaterial mit einer Aufteilung nach Geburtstagen nicht zur Verfügung stand. Nachfolgende

Studien könnten versuchen, einen Kennwert für die Reliabilität der Tests zu ermitteln.

Um die statistischen Ergebnisse zu überprüfen, sind von Sachs aber auch mit dem vorliegenden Datenmaterial Analysen zur Reliabilität durchgeführt worden. So sind die Geburtsdaten zufällig in zwölf Gruppen eingeteilt worden. Damit wurden fiktive Sternzeichen geschaffen, mit denen ebenfalls Berechnungen vorgenommen wurden. Die Ergebnisse waren eindeutig. Zwischen diesen »künstlichen« Sternzeichen und den Verhaltensvariablen gab es keine signifikanten Zusammenhänge, sondern nur Unterschiede, die statistisch nicht von Bedeutung sind.

Für einige Untersuchungen mit dem Datenmaterial aus dem Statistischen Amt der Schweiz sind getrennte Auswertungen für verschiedene Jahrgänge durchgeführt worden. So wurden beispielsweise bei Analysen über den Zeitraum von 1987 bis 1994 die Jahrgänge 1987 bis 1990 sowie 1991 bis 1994 zusammengefaßt. Die Berechnungen wurden auch für gerade und ungerade Jahrgänge und schließlich für jedes Jahr einzeln erstellt. Dabei bestätigten sich jeweils die Ergebnisse für den gesamten Zeitraum, d. h., die Befunde sind relativ stabil.

Abschließend wollen wir uns in diesem Kapitel kurz mit dem gelegentlich formulierten Einwand auseinandersetzen, auch beliebige andere zeitliche Einteilungen des Jahres brächten ähnlich signifikante Ergebnisse. Bei der Auswertung der Berufsstatistik sind Simulationsrechnungen durchgeführt worden, indem die Betrachtungszeiträume gegenüber den tatsächlichen Sternzeichen zunächst um einen Tag, dann um zwei Tage usw. bis zu 29 Tage verschoben wurden. Diese »imaginären« Verteilungen wurden für sechs verschiedene Berufsgruppen berechnet. Ein hoch signifikanter Zusammenhang zwischen Beruf und Betrachtungszeitraum bestand nur dann, wenn eine Abweichung von den Zeiträumen der tatsächlichen Sternzeichen nicht gegeben war oder nur wenige Tage betrug.

3. Zur Datenbasis

Gunter Sachs nutzt für seine statistischen Analysen, mit denen er einen Zusammenhang zwischen Verhalten und Tierkreiszeichen festzustellen versucht, nach Art und Herkunft sehr unterschiedliche Daten:

- ▷ Buchverkäufe der Heyne-Taschenbuchreihe »Tierkreiszeichen«,
- ▷ Angaben der Zentralen Vergabestelle für Studienplätze,
- ▷ Daten aus dem Bevölkerungsregister des Bundesamtes für Statistik der Schweiz und aus dem schweizerischen Zentralstrafregister,
- ▷ Daten eines britischen Versicherungsunternehmens zu Verkehrsunfällen und
- ▷ Daten des Instituts für Demoskopie Allensbach

Als Bezugspopulation für die Chi-Quadrat-Tests wird im Kapitel über die Buchverkäufe zusätzlich die zwischen 1950 und 1979 geborene Bevölkerung in Deutschland herangezogen und bei der Untersuchung der Verkehrsunfälle die Geburtszahlen in Großbritannien der Jahre 1938 bis 1978.

Die Aussagen in dieser Expertise beziehen sich ausschließlich auf die ersten vier Datenquellen und nicht – wie einleitend erörtert wurde – auf die vor allem im Anhang publizierten Daten des Instituts für Demoskopie Allensbach.

Gunter Sachs wertet bereits für andere Zwecke erhobene Daten sekundäranalytisch aus. Da die Daten nicht für seine Analysezwecke erhoben worden sind, unterliegen sie auch keinen systematischen Verzerrungen im Hinblick auf die vorgenommenen Auswertungen. Eine Primärerhebung kann demgegenüber, sei sie noch so sorgfältig geplant, unmöglich sämtliche denkbaren Fehlerquellen simultan unter Kontrolle halten. Üblicherweise werden Daten durch mündliche, telefonische oder schriftliche Befragung gewonnen. Befragungen sind allerdings eine ausgesprochen reaktive Erhebungsmethode. Nur beispielhaft seien als dabei auftretende Fehlerquelle genannt:

- Befragtenmerkmale wie z. B. soziale Erwünschtheit, Response-set, »Meinungslose«,
- Fragenmerkmale wie z. B. Frageformulierung, Frageposition, Effekt von Antwortkategorien,
- Merkmale des Interviewers und der Interviewsituation wie z. B. Zusammensetzung des Interviewerstabes, Anzahl der Befragungen je Interviewer, Anwesenheit Dritter beim Interview.

Hinzu kommen Fehler durch die Nichtbeantwortung einzelner Fragen oder des ganzen Fragebogens (Unit- und Item-Nonresponse). Von all diesen Fehlern sind die von Gunter Sachs ausgewerteten Daten verschont, weil sie überwiegend Ergebnisse von Verwaltungshandeln sind.

Allerdings stellt sich das Adäquationsproblem in stärkerem Maße als bei sorgfältig geplanten Primärerhebungen, die ihre Untersuchungsvariablen den Forschungsfragestellungen entsprechend operationalisieren können. Die Adäquation ist ein fundamentales Problem statistischer Arbeit, vornehmlich in den Wirtschafts- und Sozialwissenschaften, da die verwendeten theoretischen Begriffe nicht unmittelbar meß- bzw. zählbar und für eine eindeutige Abgrenzung der statistischen Merkmale geeignet sind. Bei der Adäquation muß erreicht werden, daß die statistischen Modelle und Begriffe Sach- oder Alltagsbegriffen möglichst gut entsprechen. Erst wenn das Adäquationsproblem gelöst ist, kann mit der Durchführung einer Erhebung begonnen werden. Die Adäquation umfaßt auch die Auswahl geeigneter statistischer Methoden, die dem Untersuchungsziel entsprechen müssen.

Die von Gunter Sachs verwendete Begrifflichkeit ist auch im statistischen Sinne eindeutig und weist keine meßtheoretischen Probleme auf. Die Auswahl der Testverfahren und das methodische Vorgehen werden ausreichend beschrieben. Die mit viel Recherchearbeit und großer Sorgfalt zusammengestellten Datenquellen erreichen, daß die Diskrepanz zwischen den untersuchten Phänomenen und den statistischen Konzepten gering gehalten wird.

Die für die Analysen genutzten Daten sind allerdings nicht durch Zufallsstichproben gewonnen worden. Eine Maßgabe für den Einsatz von Signifikanztests ist jedoch die Zufälligkeit der zu überprüfenden Stichprobenelemente. Für Anhänger eines methodischen Purismus ist dies eine unabdingbare Voraussetzung für die Anwendung von Testverfahren. In der Forschungspraxis zeigt sich jedoch, daß Signifikanztests auch bei Nichtzufallsstichproben und bei Totalerhebung wertvolle Entscheidungshilfen liefern. Die Teststatistik eines Signifikanztests liefert immer einen Referenzpunkt für die Interpretation von Untersuchungsergebnissen. Die Überlegung lautet: Wie plausibel sind die Resultate, die an einer wie auch immer erzeugten Datengrundlage gefunden wurden?

Wir halten daher die eingesetzten Chi-Quadrat-Unabhängigkeits- und -Anpassungstests auch bei der gegebenen Datenbasis für angemessen.

4. Zur Interpretation der Ergebnisse

Während Gunter Sachs die Ergebnisse der Signifikanztests sehr wohl richtig interpretiert, sind wir bei seinen Kritikern häufig falschen Interpretationen begegnet.

So liest man etwa, bei einem Signifikanzniveau von 5% seien im Schnitt 5% der Entscheidungen, die man mit Hilfe eines Signifikanztests fälle, falsch. Dies würde aber nur zutreffen, wenn man lauter richtige Nullhypothesen testen würde, was wohl kaum der Fall ist. Richtig ist vielmehr die Aussage, daß auch wenn kein Zusammenhang zwischen zwei Merkmalen existiert (die Nullhypothese also zutrifft), in 5% der Fälle der Signifikanztest positiv, d. h., der Zusammenhang als signifikant diagnostiziert wird. D. h., je mehr Signifikanztests man verwendet, um so mehr Ergebnisse werden eben per Zufall signifikant, ohne daß daraus irgend etwas geschlossen werden könnte. Würde man in einer Studie mit z. B. 50 Variablen jede gegen jede testen, so würde man 1225 Signifikanztests durchführen. Von diesen Tests würden ca. 51 auf dem 5%-Signifikanzniveau signifikant werden, selbst wenn alle Nullhypothesen zuträfen, also überhaupt kein Zusammenhang existieren würde. Gunter Sachs nennt dies ein »multiples Testproblem«. »Bei diesem Phänomen können signifikante Abweichungen häufiger zustande kommen, als dies der Statistiker zu erkennen vermag« (Gunter Sachs: Die Akte Astrologie, S. 45 f.).

Hypothesen, die man untersuchen will, sollten vor der Untersuchung und unabhängig von den Daten formuliert werden, an denen man sie testet. Für die Kernaussagen des untersuchten Buches trifft diese Forderung sicherlich zu. Anders verhalten sich jedoch die zahlreichen Tests, die detailliertere Beziehungen zwischen einzelnen Sternzeichen und dem untersuchten Verhalten aufzeigen sollen. Hier ist bei der Interpretation der Ergebnisse eine gesunde Skepsis angesagt. Gunter Sachs hat dies auch erkannt und Ergebnisse auf dem 5%-Signifikanzniveau bei den Untersuchungen über Krankheiten und Berufe als »Hinweise« bezeichnet. Er benennt damit aber gleiche statistische Tatbestände unterschiedlich. Um eine einheitliche Begrifflichkeit zu verwenden, sollte er die Bezeichnung »Hinweis« durchgängig wählen.

Blickt man in Fachzeitschriften, so scheint es leider immer mehr üblich zu werden, fast ausschließlich signifikante Ergebnisse zu publizieren. Auf die Untersuchung von Gunter Sachs trifft dies in erfreulicher Weise nicht zu. Alle Berechnungen werden nachvollziehbar dokumentiert und sind so auch offen für Kritik.

In der Auseinandersetzung mit den Thesen von Gunter Sachs sollte sich jede Leserin und jeder Leser bewußt machen, daß ein Signifikanztest kein Relevanzkriterium darstellt – er wurde nie als ein solcher konzipiert –, sondern daß es hierfür ergänzender Überlegungen bedarf. Mit zunehmender Stichprobengröße werden immer kleinere und damit auch irrelevantere Unterschiede signifikant. In der Regel will der einzelne Leser überhaupt nicht wissen, wie groß die Wahrscheinlichkeit für eine Hypothese ist, die er in der Strenge sowieso nicht postulieren würde. Mathematisch-theoretische »Spitzfindigkeiten« werden dem Leser gleichgültig sein. Ihn interessiert vielmehr, welche praktischen Folgerungen aus dem Verwerfen einer Nullhypothese zu ziehen sind. Wie relevant die Aussagen und Interpretationen sind, muß jeder Leser des Buches für sich ausmachen.

5. Zusammenfassende Bewertung

Gunter Sachs hat durchweg statistisch methodisch sauber gearbeitet. Seine Leser können die meisten statistischen Berechnungen mit Hilfe eines Taschenrechners überprüfen. Um auch die Testschranken nachzuschlagen, benötigt man allerdings ein Statistikfachbuch.

Unsere wenigen kritischen Anmerkungen trüben dieses Bild nicht. »Handwerklich« ist aus unserer Sicht sowohl sein Test der Daten als auch ihre angemessen zurückhaltende Interpretationen gelungen. Kleine Flüchtigkeitsfehler der ersten beiden Auflagen, die sich auch in jedem fachwissenschaftlichen Werk finden, sind inzwischen bereinigt. Die Aussagen in den Kapiteln »Astrologisches & Bemerkenswertes« gehen vorsichtig auf vermutete Zusammenhänge zwischen Sternzeichen und den untersuchten Verhaltensweisen ein, ohne zu weitgehende Interpretationen zu liefern.

Nach den Analysen von Gunter Sachs ist anzunehmen, daß mit den Sternzeichen zusammenhängende Merkmale einen Einfluß auf den Menschen ausüben, der nicht nur durch den Zufall erklärbar ist. Inwieweit tatsächlich die Sternzeichen oder andere intervenierende Variablen diesen Einfluß ausüben, kann das Buch nicht beantworten. Einzelergebnisse können aufgrund der zahlreichen durchgeführten Tests zufällige signifikante Abweichungen aufweisen, was jedoch keinen Einfluß auf das Gesamtergebnis hat, das sich vor allem aus den Chi-Quadrat-Unabhängigkeitstests ergibt.

Gunter Sachs ist es in herausragender Weise gelungen, statistisches Denken und die Funktionsweise statistischer Testverfahren einem Laienpublikum verständlich zu machen. Die in einem populärwissenschaftlichen Buch erforderlichen Vereinfachungen beeinträchtigen seinen Aussagewert nicht. Ob das Werk als wissenschaftlicher Durchbruch der Astrologie bezeichnet werden kann, wollen und können wir nicht beurteilen. Es ist jedoch eine der ersten Untersuchungen, die sich mit dem Thema anhand so umfangreichen Datenmaterials wissenschaftlich auseinandergesetzt hat.

Eine einzelne Studie, wie »Die Akte Astrologie«, kann auf neue interessante Zusammenhänge hinweisen und ist glaubwürdiger als Alltagsspekulationen. Mit Sicherheit gibt das Werk zahlreiche Anregungen für weitere Untersuchungen zum Thema. Wenn mehrere Arbeiten unter Anwendung möglichst unterschiedlicher Methoden zu gleichen Schlüssen gelangen, wird das Vertrauen in die gefundenen Resultate bekräftigt. Das beurteilte Buch ist ein erster Mosaikstein; viele Mosaiksteine bilden ein Gesamtbild.

Bei der Lektüre der uns vorliegenden Rezensionen oder kritischen Stellungnahmen fiel uns einerseits eine nur als unfair zu bezeichnende Polemik auf, andererseits ein recht sorgloser Umgang mit den Fakten. Wäre Gunter Sachs so oberflächlich vorgegangen, wie es seine Kritiker tun, wäre der Aufschrei über Fehler in seinem Buch berechtigt gewesen. Aus statistischer Sicht weist »Die Akte Astrologie« keinen der gravierenden Mängel auf, die Kritiker dem Buch nachsagen.

Idstein und Niedernhausen, Oktober 1998

Astrologie Adieu

Eigentlich hatte ich ja nur die Idee – zu zählen, möglichst genau zu zählen: Wer verhält sich wie? Und nun ist ein Zusammenhang zwischen Sternzeichen und menschlichem Verhalten in allen von uns untersuchten Bereichen mathematisch-statistisch nachgewiesen. Erstmals steht die Astrologie auf einem wissenschaftlich gestützten Fundament.

Damit bin ich bei einer Frage, die mich von Beginn unseres Abenteuers nicht loslassen wollte: Wie war es möglich, daß niemand – keine Wissenschaft und keine Macht der modernen Welt – bis heute versucht hat, dem uralten Phänomen der Sterndeutung auf die Spur zu kommen?

Einerseits werden weltweit für triviale TV-Unterhaltung oder zweifelhafte Subventionen täglich Millionen verschwendet. Andererseits wurde niemals ein Heller von Regierungen, Institutionen oder Universitäten für eine astrologische Grundlagenforschung ausgegeben, obgleich seit Jahrtausenden wohl mehr Menschen an Astrologie glauben als an die meisten bestehenden Religionen auf Erden.

Die Kosten unserer Studie lagen unter dem Fabrikpreis eines Porsche 911, Baujahr 1997.

Im Laufe unserer Arbeit kam Licht ins Dunkel der eisernen Zurückhaltung gegenüber der Astrologie: Minister, Universitätsrektoren, Chefredakteure einflußreicher Blätter und Vergeber teurer Forschungsaufträge interessieren sich, zum Teil sogar mit engagiertem Wissensdurst, für die Astrologie und deren Erkenntnisse. Aber sich öffentlich zu ihr bekennen, will keiner.

Die Astrologie ist eine feuerrothaarige, prallbusige Mätresse, die man begehrt und mit der man verkehrt – doch die man vor der kleinen oder großen Welt verschämt versteckt. »Blamier mich nicht, mein schönes Kind, grüß mich nicht unter den Linden« dichtete Heine, »wenn wir nachher zu Hause sind, wird sich schon alles finden.« Playboys haben es da leichter. Für mich war die Astrologie zwei Jahre eine geheimnisvolle Gefährtin, die es zu ergründen galt. Die Idee, ihren Schleier, unter dem sie Mythos oder Wahrheit verbirgt, zu lüften, hatte mich fasziniert.

Nun ist unsere Arbeit abgeschlossen. Und damit erlischt unsere lidschlagkurze Rolle in der äonenlangen Existenz der Sterne und ihrer Bilder.

Freunde und Journalisten, die mich mit Hypothesen, Vorschlägen und Fragen überschütten, muß ich enttäuschen: Nein, ich gründe keine Nouvelle Astrologie, errichte keinen Astro-Fonds und werde auch keine faustischen Studien der Astronomie betreiben.

Ich werde vielmehr zurückkehren zu den Sternen meiner Photographie, deren Kurven unendlich reizvoller sind als die der kühnsten Statistik.

Astrologie – mes respects –
Astrologie – merci –
Astrologie à Dieu.

Dank

Mein Dank geht an

- meinen Freund Claus Jacobi, der mich zum Schreiben dieses Buches ermunterte und die Einleitung dazu schrieb.
- Frau Bumbacher und Herrn Wuest sowie alle anderen freundlichen Helfer vom Bundesamt für Statistik in Bern sowie Herrn Bosse vom Statistischen Bundesamt in Wiesbaden, die uns den Zugang zu den ersten großen Datenreihen ermöglichten. Desgleichen an alle Behörden und Firmen, die uns mit auswertbaren Daten unterstützten.
- Frau Prof. Noelle-Neumann vom Allensbacher Institut für Demoskopie für Rat und Tat.
- Frau Dr. Künstler von der Statistischen Fakultät der Ludwig-Maximilians-Universität München für ihre hervorragende fachliche Arbeit und die Geduld, die sie unseren Belangen stets entgegenbrachte.
- unseren mathematischen Tausendsassa Hanswerner Schwenk.
- den unermüdlichen Mitstreiter und Diplomaten Markus Gohr.
- unsere Computerdesignerin Lei Ren aus Shanghai, die Buchtitel, Tabellen und Grafiken mit unzähligen Änderungen gestaltet hat.
- sowie an meine Sekretärin »Keiserli« Kundert, die uns mit astrologischen Fachausdrücken stets nützlich zur Seite stand.
- Mein besonderer Dank gilt meiner Frau Mirja und meinen Söhnen, die in manchen Stunden durch meine Arbeit an diesem Buch etwas zu kurz kamen.

Gunter Sachs,
im Herbst 1997

Zu der Allensbacher Studie

Ergänzend zu den IMWA-Auswertungen veröffentlichen wir im zweiten Teil dieses Buches eine repräsentative Untersuchung des Allensbacher Instituts für Demoskopie mit über 13 000 Befragten.

Politische, ethische und philosophische Einstellungen sowie das Konsumverhalten der deutschen Bevölkerung sind Schwerpunkte der Befragung. Manche der ausgewiesenen Ergebnisse sind – gegenüber den extrem langen Datenreihen unserer Arbeit – durch vergleichsweise kleinere Grundgesamtheiten belegt. Dies resultiert daraus, daß jede Grundgesamtheit für die Basis ihrer Signifikanzrechnung durch 12 (Sternzeichen) geteilt werden muß.

Es wurden dort Signifikanzen ausgewiesen, wo nach Meinung der Demoskopen eine ausreichende Grundgesamtheit zur Verfügung stand.

Der Studie kann man zahlenmäßig viel Interessantes, ja zum Teil auch recht Amüsantes entnehmen. Sie bestätigt, ohne das zum erklärten Ziel zu machen, unsere Erkenntnisse.

Institut für Demoskopie Allensbach

Empirische Sozialforschung und Astrologie

Eine sekundärstatistische Aufbereitung
der Daten der
Allensbacher Werbeträger-Analyse
zur Identifizierung
signifikant abweichender Merkmale
von Personen nach dem Sonnenstand
im Tierkreis bei ihrer Geburt

Quelle:
Allensbacher Archiv, IfD-Umfrage Nr. 6020 und 6026,
AWA '96, Wellen 2 und 3, Winter '95/'96 und Frühjahr '96

Inhalt

Vorwort

»Kein vernünftiger Mensch gibt das geringste auf die Astrologie. Nos sumus domini stellarum! sagte Luther mit der Freiheit eines Christenmenschen. Aber vielleicht doch nicht so ganz. Es gibt noch unerklärte Zusammenhänge zwischen Menschenschicksalen und Planetarischem. Die Tatsache, daß in der neuesten Liste der vermögendsten Briten die Stiere an der Spitze liegen und die im Tierkreiszeichen des Schützen Geborenen am Ende, mag bloß ein gängiges Vorurteil füttern; aber wie verhält es sich mit den Forschungen des verstorbenen Michel Gauquelin? Der unangreifbare Rationalist H. J. Eysenck macht darauf aufmerksam, daß Gauquelins Mars-Effekt auch von seinen Kritikern nicht hat widerlegt werden können. Danach werden die herausragenden Athleten geboren, wenn der Mars gerade seinen höchsten Stand überschritten hat; analoge Beziehungen hatte Gauquelin auch zwischen Schauspielern und Jupiter, Saturn und Naturwissenschaftlern ermittelt.«

Johannes Gross: »Tacheles gesprochen. Notizbuch 1990–1995«
Stuttgart 1996, S. 206/207

»Ecrasez l'infâme!« hatte Voltaire gerufen, und er meinte damit auch: »Rotten wir den Aberglauben aus!« Dieser Ausruf nimmt heute eine neue Bedeutung an. Das Ausrotten des Aberglaubens geschieht nicht mehr nur durch die Kraft des rationalen Gedankens, sondern mit den Mitteln der empirischen Sozialforschung. Die Wirklichkeit wird befragt, und mit Zahlen heben die Statistiker die Befunde ans Licht.

Das ist die vornehmste Aufgabe der empirischen

Sozialforschung. Weder der Vorwurf, den Aberglauben zu fördern, noch die Kritik, sich nicht an die Gebote politischer Korrektheit zu halten, darf sie schrecken. Es gibt keine edlen und unedlen Gegenstände der Wissenschaft, hat der große österreichisch-amerikanische Pionier der Sozialforschung, Paul L. Lazarsfeld (1901–1976) einst erklärt.

Als Gunter Sachs uns im Allensbacher Institut im Sommer 1995 fragte, ob eigentümliche statistische Beobachtungen zum Thema der Tierkreiszeichen mit demoskopischen Mitteln untersucht werden könnten, war das für uns kein überraschender Gedanke. Vorstudien dazu finden sich im Allensbacher Archiv seit Anfang der fünfziger Jahre.

Die größte, seit fast 40 Jahren durchgeführte Untersuchung des Instituts ist die »Allensbacher Werbeträger-Analyse«, die zur Zeit auf einer jährlichen Basis von 20 000 Interviews angelegt ist, repräsentativ für die deutsche Wohnbevölkerung ab 14 Jahre. In diese Untersuchung schalteten wir drei Fragen zum Geburtstag des Befragten ein: an welchem Tag er geboren wurde, ob am Tag oder in der Nacht, sowie die genaue Uhrzeit, und konnten damit auf ausreichend breiter Zahlenbasis Befragte den 12 Tierkreiszeichen zuordnen. In einem weiteren Schritt wurde für die vielen 100 Merkmale, die in der »Allensbacher Werbeträger-Analyse« erhoben werden, überprüft, ob es statistisch signifikante Unterschiede zwischen Befragten der 12 Tierkreiszeichen gibt. Bei einer zweiten nachfolgenden Umfrage wurde systematisch festgestellt, ob sich statistisch signifikante Abweichungen vom Durchschnitt für unter bestimmten Tierkreiszeichen Geborene bestätigten.

Der folgende Bericht beschreibt das Vorgehen und die Befunde. Es handelt sich um eine Sammlung statistischer Fakten, die nicht interpretiert werden. Fortsetzungen dieser Untersuchungsreihe sind jederzeit möglich, um die statistische Basis zu verbreitern und um jeden Zweifel auszuräumen, es handle sich um Zufallsbefunde. Wir können damit anknüpfen an die Bemerkungen von Johannes Gross in dem diesem Vorwort vorangestellten Zitat. Die Befunde des französischen Forschers Michel Gauquelin sind nie widerlegt worden. Wenn der in dem hier vorgelegten Bericht eingeschlagene Weg fortgesetzt wird, wird sich zeigen, welche statistisch signifikanten Korrelationen zwischen bestimmten Merkmalen und der Geburt unter bestimmten Tierkreiszeichen sich nicht widerlegen lassen.

Allensbach am Bodensee,
am 1. Juli 1997

Univ. Prof. Dr. Dr. h.c. Elisabeth Noelle-Neumann

Einleitung

Im folgenden wird eine Materialsammlung vorgelegt, die als Pilotprojekt zu verstehen ist.

In den letzten 50 Jahren hat sich die Anwendung der Repräsentativumfragen in der ganzen Welt so weit ausgebreitet, daß es heute erhebliche Datenbestände gibt, die sekundärstatistisch genutzt werden können, das heißt zur Suche nach Antworten auf Fragen, die bei der usprünglichen Erhebung nicht zum Programm gehörten.

Eine derartige Datenbasis bildet die seit 1959 alljährlich durchgeführte Allensbacher Werbeträger-Analyse (AWA). Primär ist ihr Ziel, Werbetreibenden und Werbemittlern Informationen über Werbeträger – vor allem Druckmedien, aber auch Fernsehen und Hörfunk – zu liefern. Sie besteht aus zwei Elementen: Erstens der Identifikation des Publikums der Werbeträger, zur Zeit 231 Zeitschriften und Tages- und Wochenzeitungen sowie 55 Zeitblöcke von Werbefernsehen und Werbefunk. Zweitens der Feststellung von 348 Merkmalen der befragten Personen.

Man kann dann die Verbindung zwischen Personen, die den weiteren oder engeren Kreis des Publikums der Werbeträger bilden, ihren demographischen und psychologischen Merkmalen und ihren Verbrauchsgewohnheiten, ihrem Besitz, ihren Kaufplänen, ihren politischen und ganz allgemeinen Einstellungen zum Leben, zur Gesellschaft, zu ihrem Lebensstil, ihren Interessen, ihrem Einfluß und ihrer Gesundheit herstellen. Aus der Kombination solcher Daten werden in Computerzentren optimale Streupläne für Werbekampagnen erarbeitet.

Die Basis der Jahresausgabe der Allensbacher Werbeträger-Analyse bilden rund 20 000 Interviews, repräsentativ für die Bevölkerung ab 14 Jahre. Bei den Befragungen wirken rund 900 Stamm-Interviewer des Allensbacher Instituts mit. Die Interviews beginnen jeweils im September eines Jahres und laufen bis Anfang Mai des folgenden Jahres. Die Auswertung erfolgt in zwei Wellen, Herbstwelle sowie Winter-/Frühjahrswelle. Für die Jahresausgabe wird die vorausgegangene Winter-/Frühjahrswelle mit den beiden folgenden Wellen zusammengefaßt, so daß sich eine Basis von rund 20 000 Interviews ergibt.

Schon seit einiger Zeit haben sich Markenartikler mit der Frage beschäftigt, ob sich statistisch signifikante Zusammenhänge zwischen Personen mit einer bestimmten astrologischen Geburtskonstellation – der Sonnenstellung im Tierkreis, dem Aszendenten, dem Meridian – einerseits und anderen Merkmalen, wie zum Beispiel Berufe, nachweisen lassen.

Thomas Ring berichtet in seinem 1978 veröffentlichten Buch: »Astrologie ohne Aberglauben«*), zwei deutsche

*) Econ-Verlag, Düsseldorf, S. 146 f

Ärzte, F. Schwab und von Klöckler, hätten in den zwanziger und fünfziger Jahren mit der Anwendung statistischer Verfahren auf Probleme der Astrologie begonnen, und damit die Entwicklung eingeleitet, Astrologie als Erfahrungswissenschaft neu zu begründen.*) Als weiteres Beispiel nennt er die Studien von Michel Gauquelin »L'influence des Astres« (Paris 1955) und »Die Uhren des Kosmos gehen anders« (München 1973).

Die vorliegende Pilotstudie knüpft hier an. Es wurden im Herbst 1995 und Winter/Frühjahr 1996 in das Interview der Allensbacher Werbeträger-Analysen drei Fragen eingeschlossen, die der Bestimmung der Sonnenstellung im Tierkreis bei der Geburt der Befragten dienen:

- ▷ Könnten Sie mir sagen, an welchem Tag Sie Geburtstag haben?
- ▷ Wissen Sie zufällig, ob Sie am Tag oder in der Nacht geboren sind?
- ▷ Könnten Sie auch die genaue Uhrzeit Ihrer Geburt angeben?

Auf weitere Ermittlungen, beispielsweise des Orts der Geburt bzw. der diesem Ort nächstgelegenen größeren Stadt zur Ermittlung des Aszendenten, wurde bei dem Pilotprojekt zunächst verzichtet; es sollte vor allem die Grundidee erprobt werden, ob sich überhaupt signifikante Abweichungen bei den zahlreichen Merkmalen, die bei der Allensbacher Werbeträger-Analyse erfaßt werden, für Personen mit bestimmten Tierkreiszeichen zeigen.

*) F. Schwab: Sternenmächte und Mensch, Bermühler Verlag, Berlin-Lichterfelde 1923; H. Frh. v. Klöckler: Kursus der Astrologie, Astra-Verlag, Berlin 1956; Astrologie als Erfahrungswissenschaft, F. Reincke, Leipzig 1927.

Vom Leser verlangt die Lektüre des folgenden Berichts und seiner Grafiken und Tabellen eine starke Umstellung. Die Hunderte von Merkmalen, die auf Signifikanz auf dem 1- und 5-Prozent-Niveau geprüft wurden*), wirken bei dieser »Zweitnutzung« bizarr. Man muß sich immer wieder daran erinnern, daß diese Merkmale nicht unter astrologischen Gesichtspunkten ausgewählt wurden, sondern eben ursprünglich dem Zweck dienten, Zielgruppen und Medien für Werbekampagnen zu bestimmen.

Zugleich aber muß man sich auch die Vorzüge der Sekundärnutzung dieses AWA-Materials vergegenwärtigen. Die Anwendung der Wahrscheinlichkeitsgesetze auf Fragen der Astrologie erfordert sehr große Zahlen, die aus Kostengründen normalerweise kaum zu gewinnen sind. Hier sind sie gegeben. Die Fallzahl der AWA für die zwölf Tierkreiszeichen zeigt die nebenstehende Übersicht.

Die lange Laufzeit der Untersuchung (ungefähr sieben Monate) mit zwei in sich repräsentativen Wellen eröffnet außerdem die Möglichkeit, nur jene signifikanten Unterschiede zu beachten, die in beiden Wellen auftraten, und damit das Bestehen dieser Unterschiede zu erhärten. Die Datenbasis ist zudem breit genug, um auch jeweils einzeln auf der Basis der Herbstwelle 1995 und der Winter-/Frühjahrswelle 1996 ohne allzu große Toleranzen arbeiten zu können.

Ein zweiter Vorzug der Sekundärnutzung der AWA liegt darin, daß die Erhebungsbedingungen die Befragten nicht dazu einladen, bei der Beschreibung ihrer Persön-

*) Siehe dazu »Angaben zur Genauigkeit von Repräsentativumfragen (Toleranzspannen der Ergebnisse)«, Seite 334.

Sternbild	Fallzahl AWA
Steinbock	837
Wassermann	909
Fische	937
Widder	987
Stier	928
Zwillinge	1021
Krebs	913
Löwe	925
Jungfrau	909
Waage	812
Skorpion	820
Schütze	760
Insgesamt	10 758*)

lichkeit Selbst-Attribuierungen in Hinsicht auf ein astrologisches Vorwissen vorzunehmen.**) Bezüge zur Astrologie, die die Gedanken der Befragten in diese Richtung lenken könnten, sind im ganzen Fragebogen nicht zu finden, abgesehen von Datum und Uhrzeit der Geburt am Ende des Interviews im statistischen Teil.

Sicherlich besteht eine Schwierigkeit darin, daß die erfragten Merkmale nicht den Persönlichkeitsinventaren astrologischer Ansätze entnommen sind. Darum hängt bei der vorliegenden Studie viel ab von der Intuition, mit

*) Eine Aufschlüsselung der insgesamt Befragten nach Männern und Frauen sowie nach Herbst- und Winter-/Frühjahrswelle findet sich auf Seite 363.

**) Kurt Pawlik/Lothar Buse: Selbst-Attribuierung als differentiell-psychologische Moderatorvariable: Nachprüfung und Erklärung von Eysencks Astrologie-Persönlichkeits-Korrelationen. In: Zeitschrift für Sozialpsychologie, 10, 1979, S. 54–69.

der die signifikant abweichenden Merkmale als Indikatoren für astrologisch wichtige Züge von den Nutzern und Interpreten erkannt werden. In diesem Sinn können auch Marktdaten, die in der AWA reichlich enthalten sind, nützlich sein, zum Beispiel die Beziehung zum Auto, zum Bauen, zur Geldanlage usw.

Das im Anschluß vorgelegte Material ist folgendermaßen gegliedert:

1. In einem ersten Schritt wird für 923 Merkmale und Merkmalsausprägungen der AWA geprüft, wieweit für die Befragten der verschiedenen Sternbilder auf dem 1- oder 5-Prozent-Niveau Abweichungen vom Durchschnitt aller Befragten bestehen.
2. Als nächstes wurde geprüft, ob diese charakteristischen Abweichungen sowohl in der Herbstwelle 1995 wie in der Winter-/Frühjahrswelle 1996 auftreten. Es ergaben sich 84 bestätigte Signifikanzen, bei denen wenigstens in einer Welle das 1-Prozent-Niveau und in der anderen Welle das 5-Prozent-Niveau erreicht wurde.

   Für ausgewählte Merkmale, bei denen bestätigte signifikante Unterschiede auftreten, wurden grafische Übersichten gezeichnet, die zeigen, wieweit die Befragten aus verschiedenen Tierkreiszeichen in diesen Merkmalen hinter dem Durchschnitt zurückbleiben oder ihn übertreffen (Grafik 1 bis 30).
3. Für die verschiedenen Tierkreiszeichen treffen bestätigte Signifikanzen von Merkmalen in sehr unterschiedlicher Zahl zu; von nur einer bestätigten signifikanten Abweichung für die unter dem Tierkreiszeichen

Steinbock Geborenen bis zu 12 und 13 für Zwillinge und Fische.

In einer Art von Porträt finden sich auf den Tabellen 1 bis 12 für jedes Tierkreiszeichen die signifikant abweichenden Merkmale.

4. Im Anhang findet sich das gesamte Basismaterial der Herbst 1995- und Winter/Frühjahr 1996-AWA-Wellen, aufgeschlüsselt nach Tierkreiszeichen. Sämtliche signifikante Abweichungen wurden entsprechend gekennzeichnet. Außerdem ist ein Blatt zur Bestimmung der statistischen Toleranzspannen, des sogenannten Konfidenzintervalls, eingeschlossen.

Auf einen professionellen Kommentar zu den Ergebnissen dieser Pilotstudie wird verzichtet. Die Autoren sind keine ausgebildeten Astrologen. Es ist aber festzustellen, daß die mit dieser Studie gefundenen signifikanten Unterschiede zwar absolut gesehen klein sind, aber doch nach einer Erklärung verlangen.

Allensbach am Bodensee,
am 2. September 1996

INSTITUT FÜR DEMOSKOPIE ALLENSBACH

Darstellung signifikant auffälliger Befunde

Im folgenden werden jene Merkmale grafisch dargestellt, bei denen sich in den einzelnen Gruppen der Tierkreiszeichen signifikante Abweichungen vom Mittelwert aller Befragten ergeben. Diese Abweichungen werden hier nur dann berücksichtigt, wenn sie sich in beiden untersuchten AWA-Wellen ausprägen. Dabei muß wenigstens einmal das 1-Prozent-Niveau der Signifikanz erreicht werden und in gleicher Richtung einmal das 5-Prozent-Niveau.

Die Signifikanzberechnungen beruhen auf der Annahme einer Zufallsstichprobe, bei der jedes Element der untersuchten Gesamtheit die gleichen Chancen hat, in die Stichprobe zu gelangen.

Dargestellt sind jeweils die prozentualen Abweichungen der Werte in den einzelnen Sternzeichengruppen vom Mittelwert für alle Befragten, der links an der Y-Achse eingetragen wurde.

Weil in die Berechnung des Mittelwertes für alle 13 283 Befragten hier auch jene 2525 mit eingehen, die ihren Geburtstag nicht angeben, kann sich im Einzelfall eine Abweichung von jenem Mittelwert ergeben, der sich aus den Werten in den einzelnen Tierkreiszeichen-Gruppen errechnen läßt.

Grafik 1

Abweichungen vom Mittelwert beim Interesse für Auto- und Motorradrennsport

Frage: »Es ist ja oft so, daß man über das eine gern mehr erfahren möchte, anderes interessiert einen weniger. Können Sie jetzt bitte einmal die Karten hier ansehen und auf dieses Blatt verteilen, je nachdem, wie sehr Sie das interessiert.«

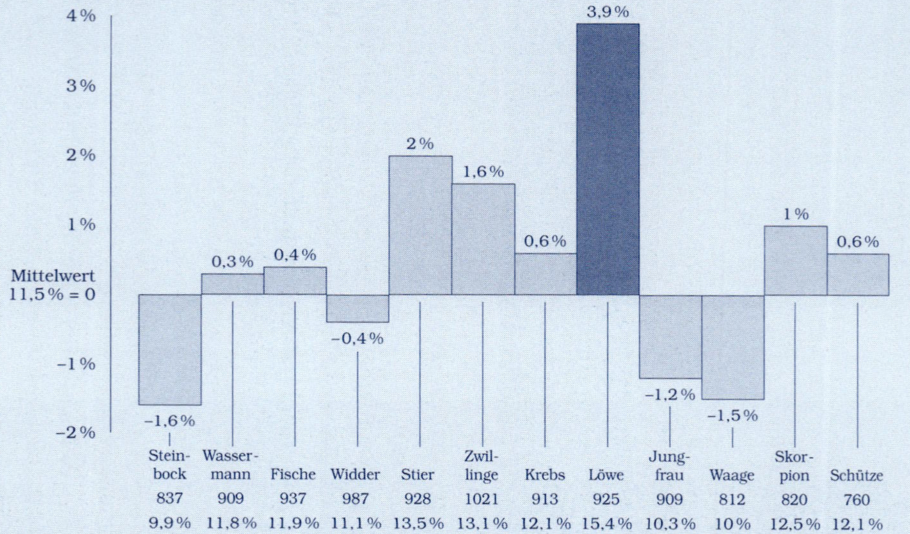

Abweichung wenigstens in einer Umfrage auf dem 1-Prozent-Niveau und in einer Umfrage auf dem 5-Prozent-Niveau signifikant.

Grafik 2

Abweichungen vom Mittelwert beim besonderen Interesse für das Bauen, Modernisieren und Renovieren

Frage: »Es ist ja oft so, daß man über das eine gern mehr erfahren möchte, anderes interessiert einen weniger. Können Sie jetzt bitte einmal die Karten hier ansehen und auf dieses Blatt verteilen, je nachdem, wie sehr Sie das interessiert.«

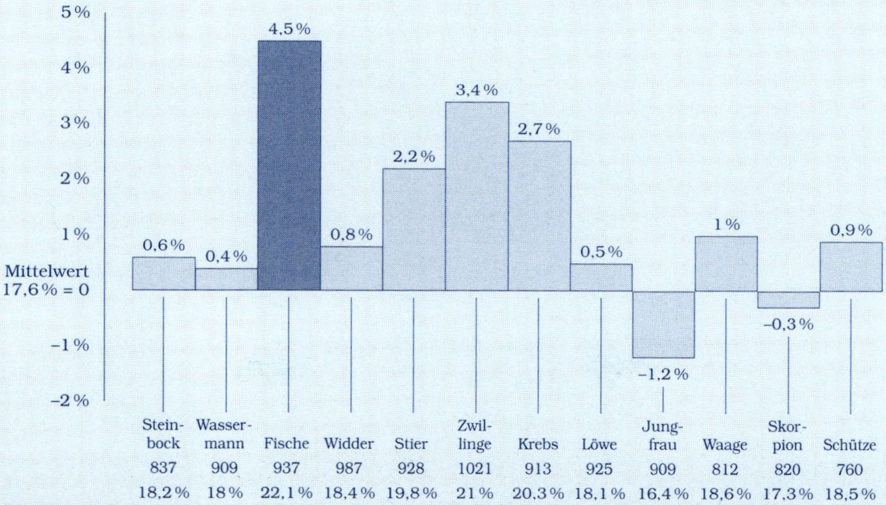

Abweichung wenigstens in einer Umfrage auf dem 1-Prozent-Niveau und in einer Umfrage auf dem 5-Prozent-Niveau signifikant.

Grafik 3

Abweichungen vom Mittelwert beim besonderen Interesse für Natur- und Umweltschutz

Frage: »Es ist ja oft so, daß man über das eine gern mehr erfahren möchte, anderes interessiert einen weniger. Können Sie jetzt bitte einmal die Karten hier ansehen und auf dieses Blatt verteilen, je nachdem, wie sehr Sie das interessiert.«

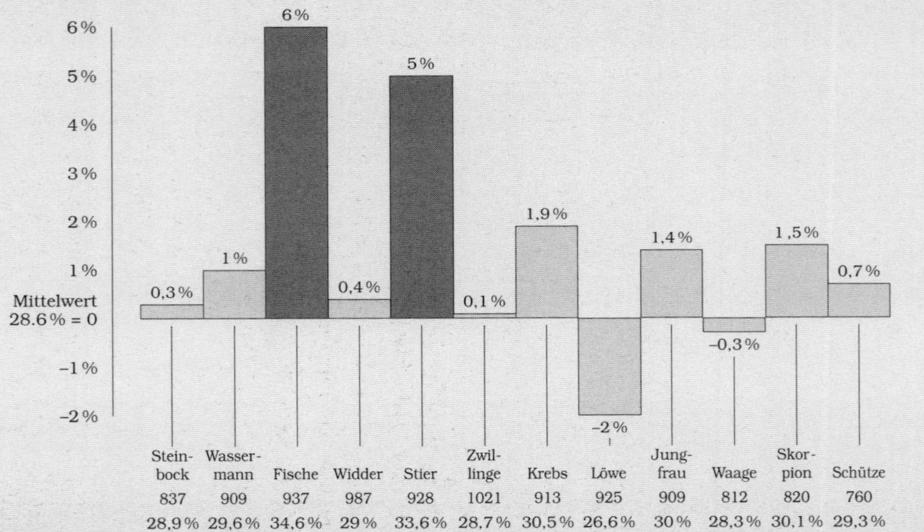

Abweichung wenigstens in einer Umfrage auf dem 1-Prozent-Niveau und in einer Umfrage auf dem 5-Prozent-Niveau signifikant.

Grafik 4

Abweichungen vom Mittelwert bei Ratgebern und Experten für berufliche Weiterbildung

Fragen: »Es ist ja oft so, daß man über das eine gern mehr erfahren möchte, anderes interessiert einen weniger. Können Sie jetzt bitte einmal die Karten hier ansehen und auf dieses Blatt verteilen, je nachdem, wie sehr Sie das interessiert. Und können Sie die Karten noch einmal durchsehen und alles heraussuchen, wo Sie Bekannten oder Verwandten öfter einen Rat geben oder wo Sie öfter um Rat gefragt werden, wo Sie als Experte gelten.«

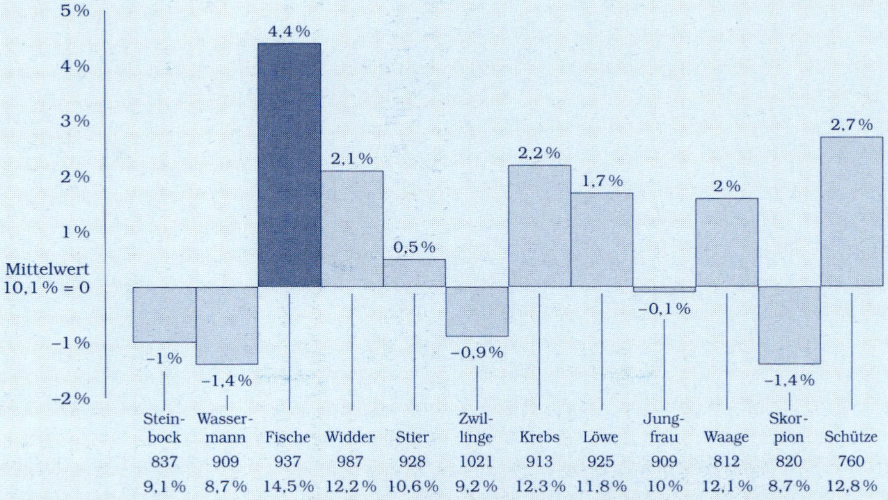

Abweichung wenigstens in einer Umfrage auf dem 1-Prozent-Niveau und in einer Umfrage auf dem 5-Prozent-Niveau signifikant.

Grafik 5

Abweichungen vom Mittelwert bei Ratgebern und Experten für Naturheilmittel

Fragen: »Es ist ja oft so, daß man über das eine gern mehr erfahren möchte, anderes interessiert einen weniger. Können Sie jetzt bitte einmal die Karten hier ansehen und auf dieses Blatt verteilen, je nachdem, wie sehr Sie das interessiert. Und können Sie die Karten noch einmal durchsehen und alles heraussuchen, wo Sie Bekannten oder Verwandten öfter einen Rat geben oder wo Sie öfter um Rat gefragt werden, wo Sie als Experte gelten.«

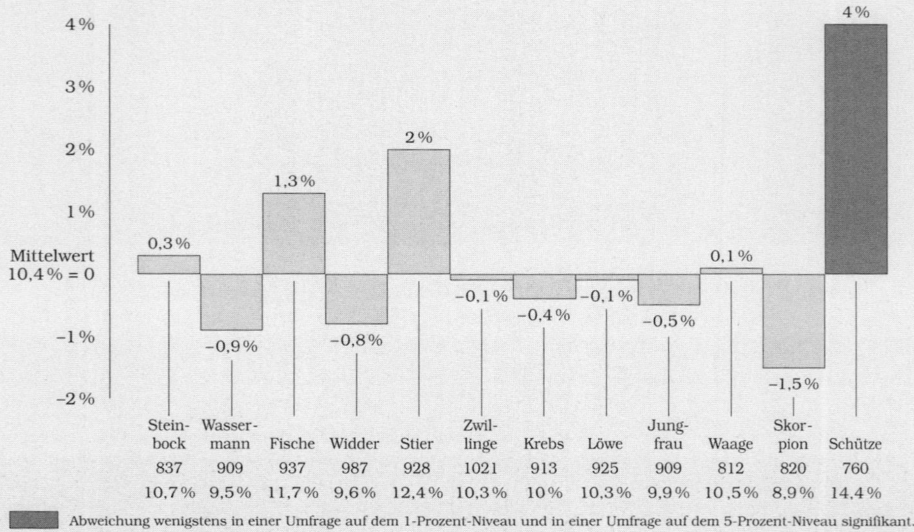

Grafik 6

Abweichungen vom Mittelwert bei Ratgebern und Experten für Politik

Fragen: »Es ist ja oft so, daß man über das eine gern mehr erfahren möchte, anderes interessiert einen weniger. Können Sie jetzt bitte einmal die Karten hier ansehen und auf dieses Blatt verteilen, je nachdem, wie sehr Sie das interessiert. Und können Sie die Karten noch einmal durchsehen und alles heraussuchen, wo Sie Bekannten oder Verwandten öfter einen Rat geben oder wo Sie öfter um Rat gefragt werden, wo Sie als Experte gelten.«

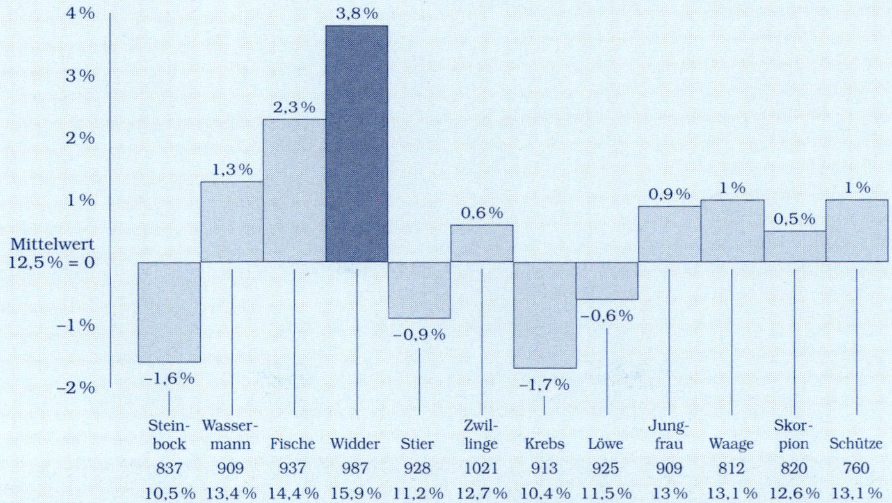

Abweichung wenigstens in einer Umfrage auf dem 1-Prozent-Niveau und in einer Umfrage auf dem 5-Prozent-Niveau signifikant.

Grafik 7

Abweichungen vom Mittelwert bei Ratgebern und Experten für Schneidern und Stricken

Fragen: »Es ist ja oft so, daß man über das eine gern mehr erfahren möchte, anderes interessiert einen weniger. Können Sie jetzt bitte einmal die Karten hier ansehen und auf dieses Blatt verteilen, je nachdem, wie sehr Sie das interessiert. Und können Sie die Karten noch einmal durchsehen und alles heraussuchen, wo Sie Bekannten oder Verwandten öfter einen Rat geben oder wo Sie öfter um Rat gefragt werden, wo Sie als Experte gelten.«

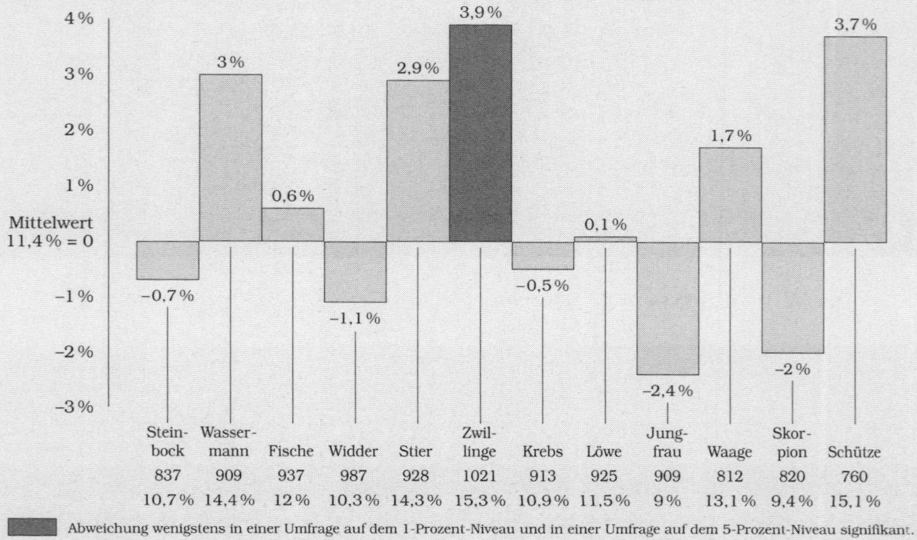

Grafik 8

Abweichungen vom Mittelwert bei Kaufentscheidern für Versicherungen

Frage: »Wenn bei Ihnen etwas gekauft werden soll, wer entscheidet da, was genommen wird, von welcher Marke das zum Beispiel sein soll, oder was das kosten darf? Ich lese Ihnen jetzt ein paar Sachen vor, und Sie sagen mir bitte, ob Sie da allein entscheiden oder mit anderen, oder ob Sie da persönlich gar nicht mitentscheiden.«

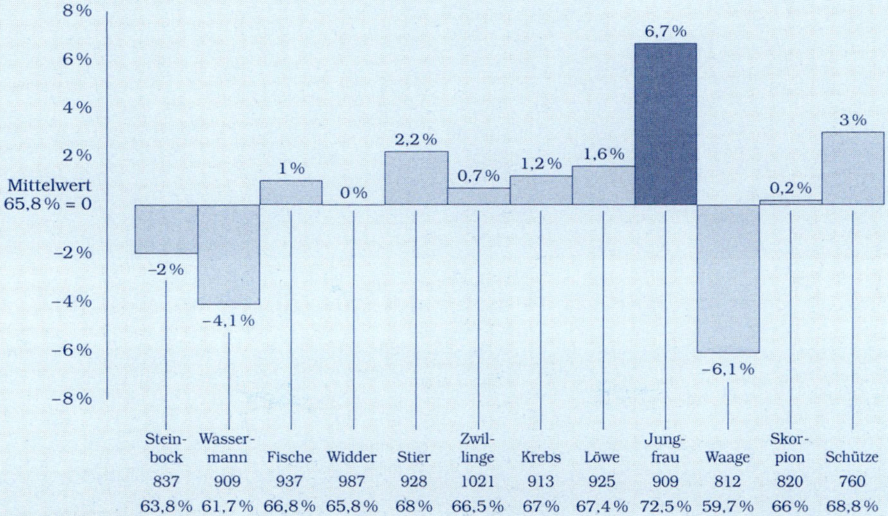

Abweichung wenigstens in einer Umfrage auf dem 1-Prozent-Niveau und in einer Umfrage auf dem 5-Prozent-Niveau signifikant.

Grafik 9

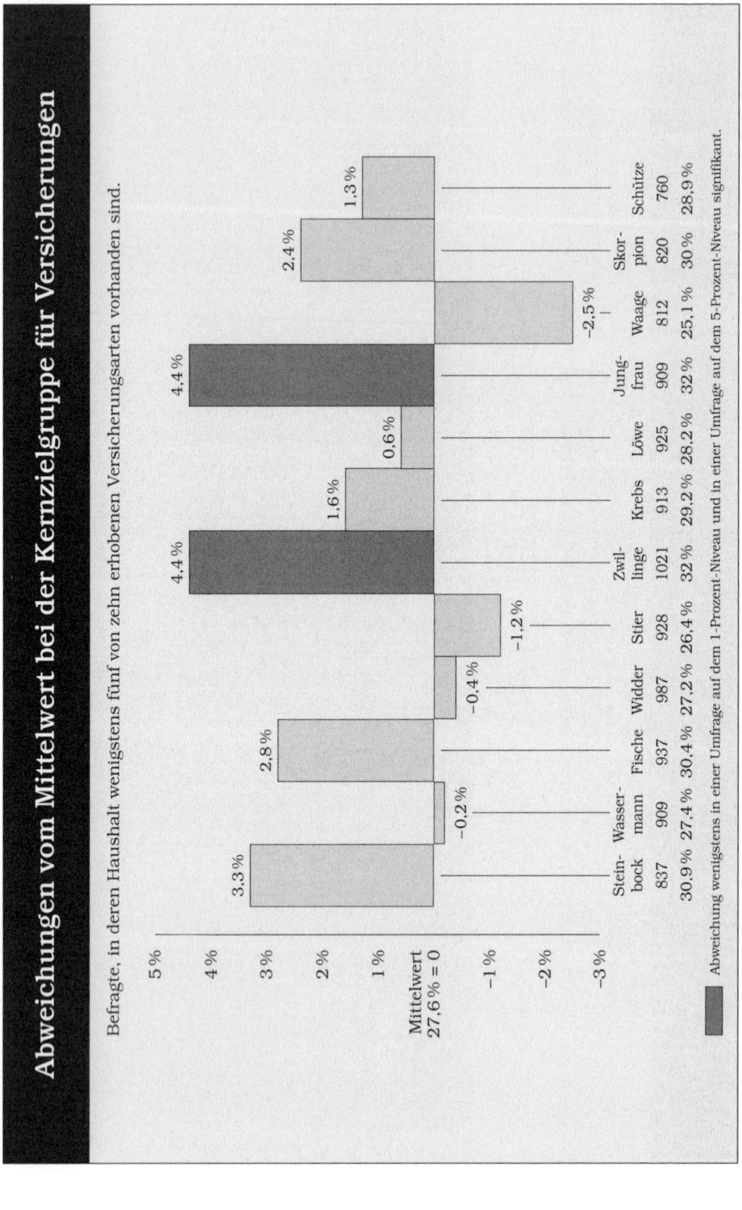
Abweichungen vom Mittelwert bei der Kernzielgruppe für Versicherungen
Befragte, in deren Haushalt wenigstens fünf von zehn erhobenen Versicherungsarten vorhanden sind.
5 %
4 %
3 %
2 %
1 %
Mittelwert 27,6 % = 0
–1 %
–2 %
–3 %
3,3 %
–0,2 %
2,8 %
–0,4 %
–1,2 %
4,4 %
1,6 %
0,6 %
4,4 %
–2,5 %
2,4 %
1,3 %
Stein-bock
Wasser-mann
Fische
Widder
Stier
Zwil-linge
Krebs
Löwe
Jung-frau
Waage
Skor-pion
Schütze
837
909
937
987
928
1021
913
925
909
812
820
760
30,9 %
27,4 %
30,4 %
27,2 %
26,4 %
32 %
29,2 %
28,2 %
32 %
25,1 %
30 %
28,9 %
Abweichung wenigstens in einer Umfrage auf dem 1-Prozent-Niveau und in einer Umfrage auf dem 5-Prozent-Niveau signifikant.

Grafik 10

Abweichungen vom Mittelwert beim Besitz von Mehrfamilienhäusern

Frage: »Besitzen Sie oder jemand in Ihrem Haushalt ein Haus oder eine Eigentumswohnung?«

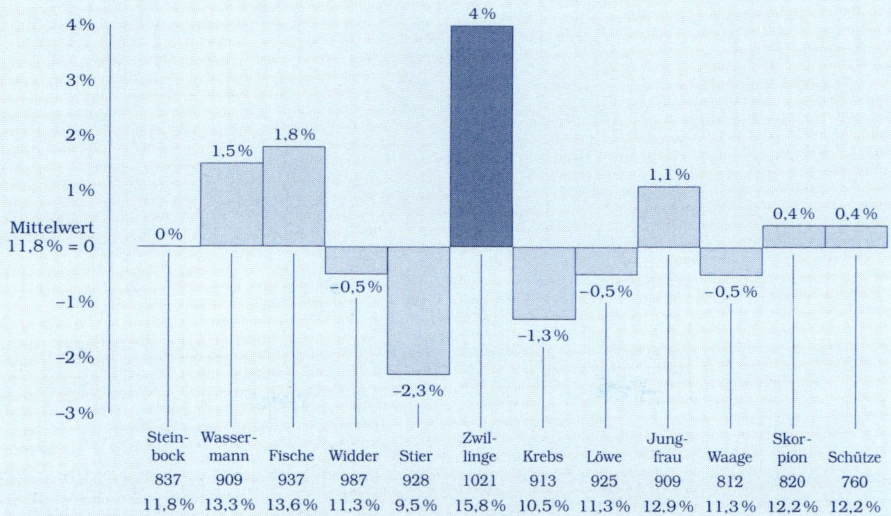

Abweichung wenigstens in einer Umfrage auf dem 1-Prozent-Niveau und in einer Umfrage auf dem 5-Prozent-Niveau signifikant.

Grafik 11

Abweichungen vom Mittelwert beim Haushaltsbesitz von Videorecordern

Frage: »Hier auf dieser Liste haben wir einmal Dinge aufgeschrieben, die man sich ja nicht jeden Tag kauft. Könnten Sie mir bitte sagen, was Sie davon persönlich besitzen oder im Haushalt zur Verfügung haben?«

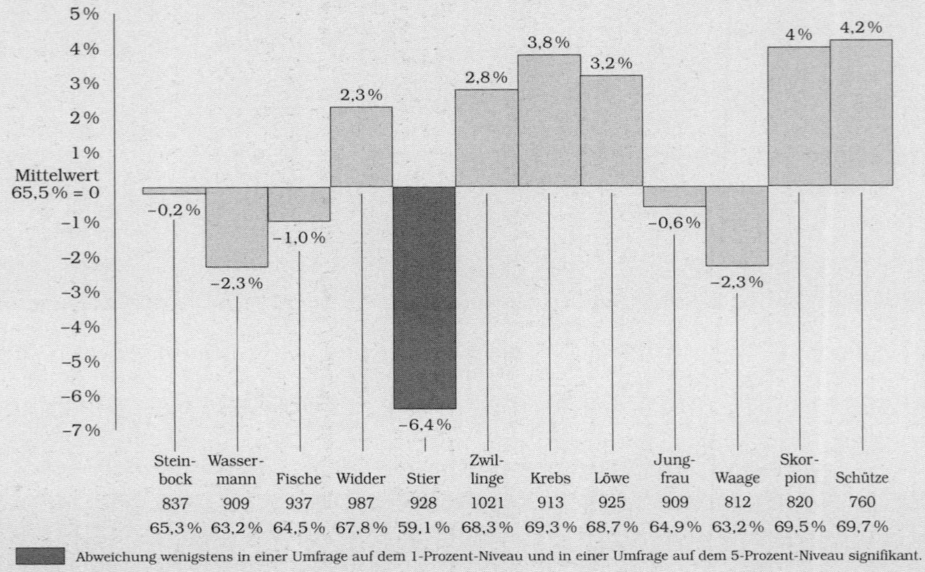

Grafik 12

Abweichungen vom Mittelwert beim Haushaltsbesitz von Grafiken, Plastiken, Gemälden

Frage: »Hier auf dieser Liste haben wir einmal Dinge aufgeschrieben, die man sich ja nicht jeden Tag kauft. Könnten Sie mir bitte sagen, was Sie davon persönlich besitzen oder im Haushalt zur Verfügung haben?«

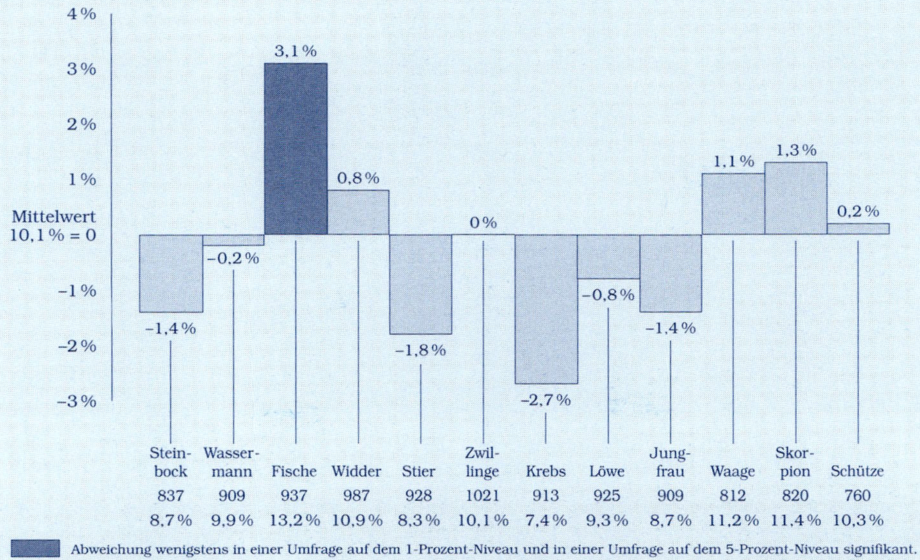

Grafik 13

Abweichungen vom Mittelwert beim Kauf und Trinken von klarem Schnaps

Frage: »Hier sind verschiedene Getränke aufgeschrieben. Welche davon haben Sie persönlich in den letzten 14 Tagen getrunken oder gekauft?«

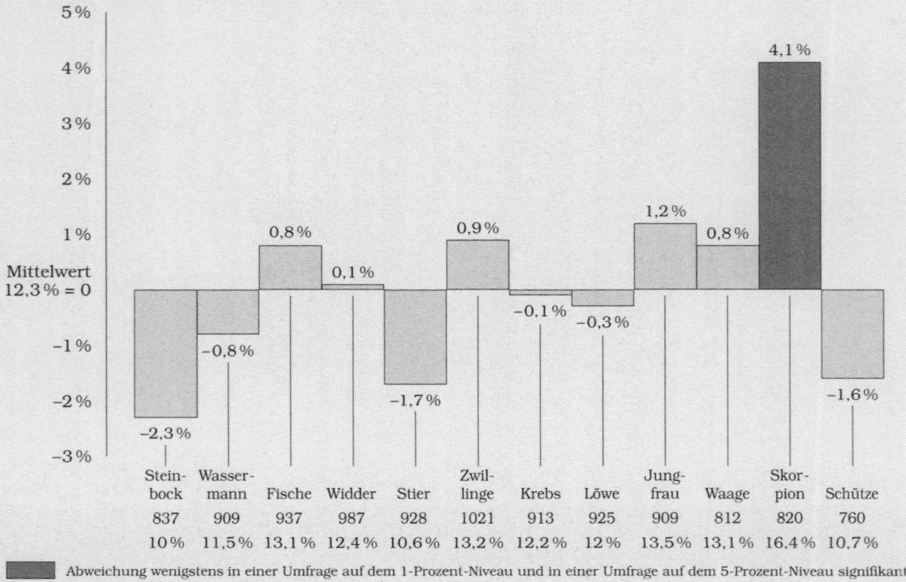

Abweichung wenigstens in einer Umfrage auf dem 1-Prozent-Niveau und in einer Umfrage auf dem 5-Prozent-Niveau signifikant.

Grafik 14

Abweichungen vom Mittelwert beim PKW-Fahren

Frage: »Gibt es bei Ihnen im Haushalt einen oder mehrere Personenwagen?« Falls Personenwagen im Haushalt vorhanden: »Fahren Sie selbst diesen/einen dieser Wagen?«

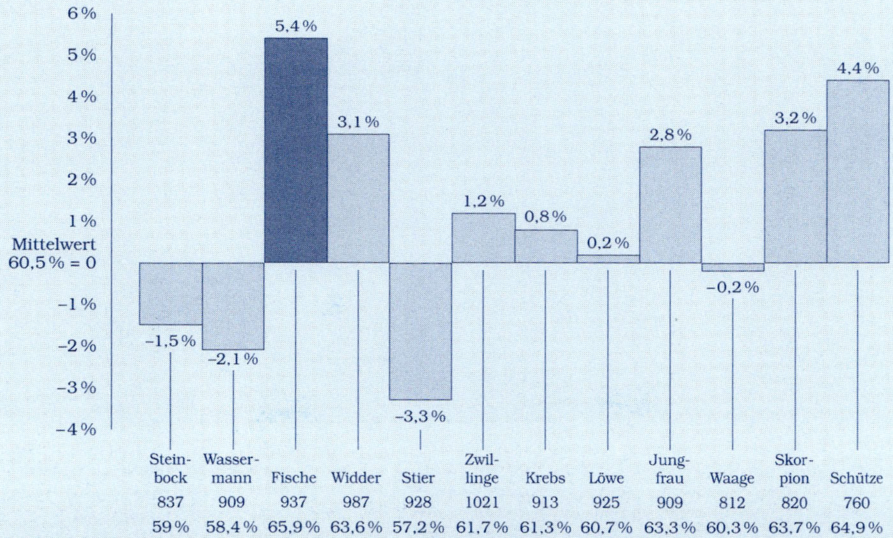

Abweichung wenigstens in einer Umfrage auf dem 1-Prozent-Niveau und in einer Umfrage auf dem 5-Prozent-Niveau signifikant.

Grafik 15

Abweichungen vom Mittelwert bei der Benutzung von Deo-Spray

Frage: »Auf dieser Liste stehen verschiedene Artikel für die Körperpflege und Kosmetik. Was davon haben Sie persönlich in den letzten 7 Tagen benutzt?«

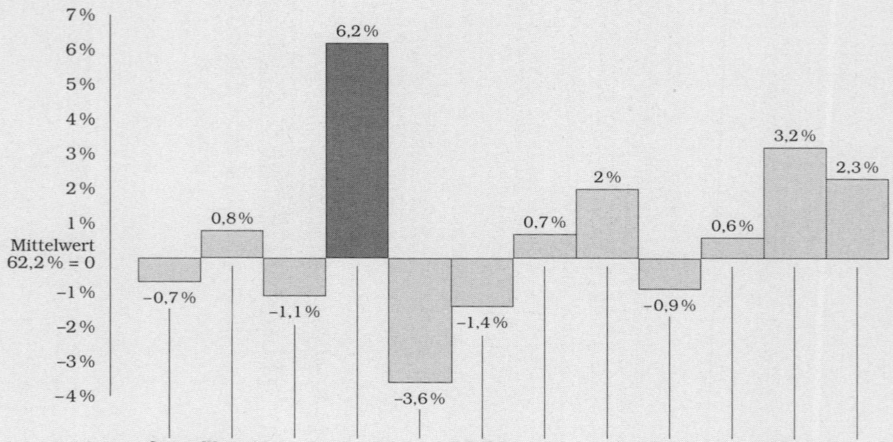

Stein-bock	Wasser-mann	Fische	Widder	Stier	Zwil-linge	Krebs	Löwe	Jung-frau	Waage	Skor-pion	Schütze
837	909	937	987	928	1021	913	925	909	812	820	760
61,5 %	63 %	61,1 %	68,4 %	58,6 %	60,8 %	62,9 %	64,2 %	61,3 %	62,8 %	65,4 %	64,5 %

Abweichung wenigstens in einer Umfrage auf dem 1-Prozent-Niveau und in einer Umfrage auf dem 5-Prozent-Niveau signifikant.

Grafik 16

Abweichungen vom Mittelwert bei Freizeitarbeiten: Malerarbeit, Holz, innen

Frage: »Hier auf dieser Liste steht verschiedenes, was man in der Freizeit machen kann. Könnten Sie mir sagen, was Sie persönlich in den letzten 12 Monaten mal gemacht haben?«

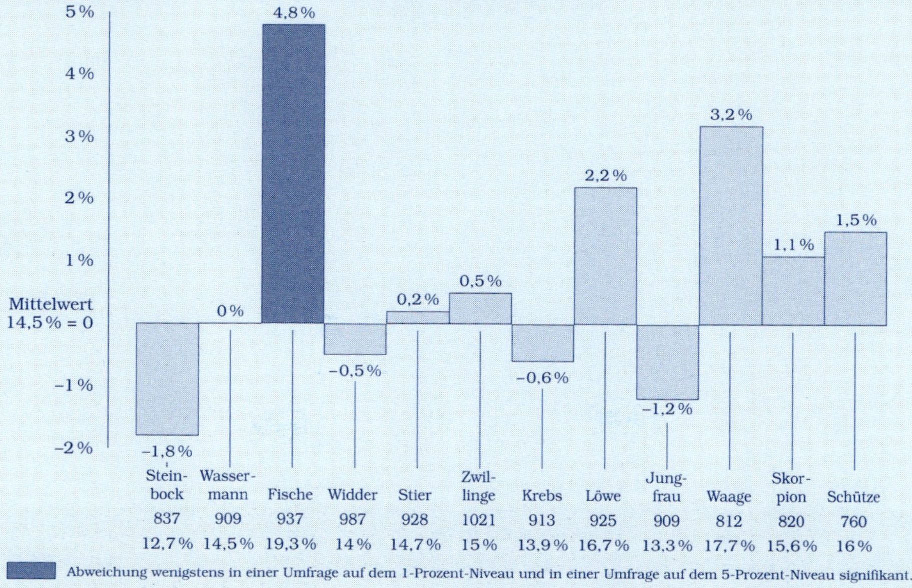

Grafik 17

Abweichungen vom Mittelwert bei Freizeitarbeiten: Kleinere Reparaturen am Auto

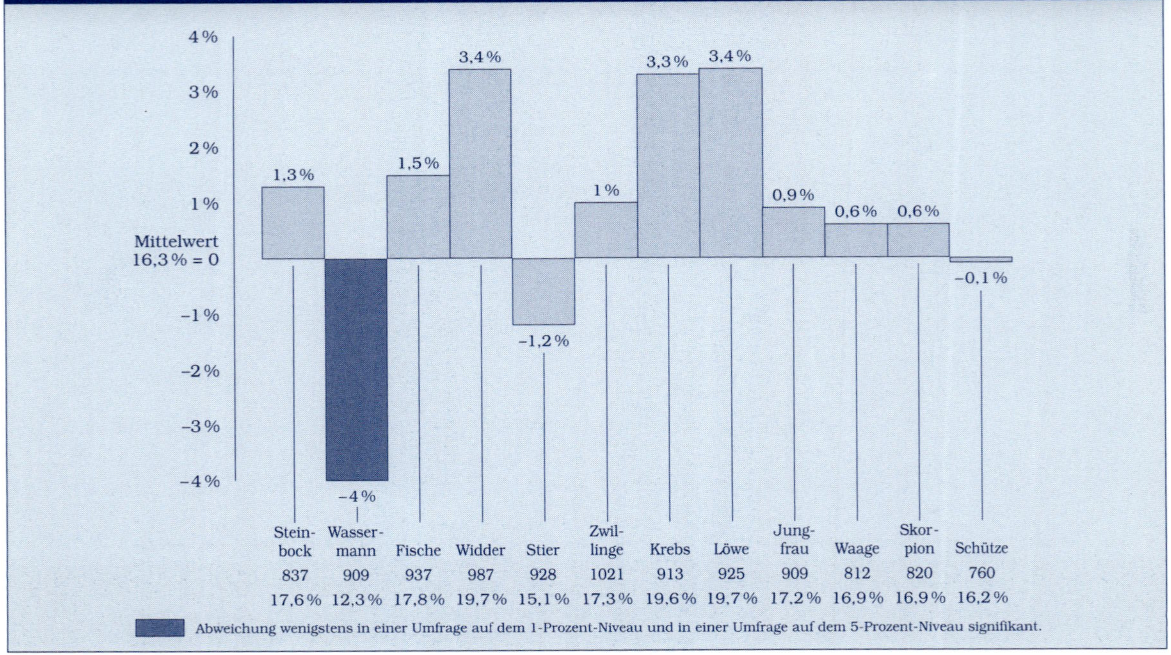

Grafik 18

Abweichungen vom Mittelwert bei der Freizeitbeschäftigung: Gartenarbeit

Frage: »Was machen Sie in Ihrer Freizeit, wenn es von der Jahreszeit her möglich ist? Kreuzen Sie bitte in jeder Zeile an, ob Sie das nie, ab und zu, oder häufig machen.«

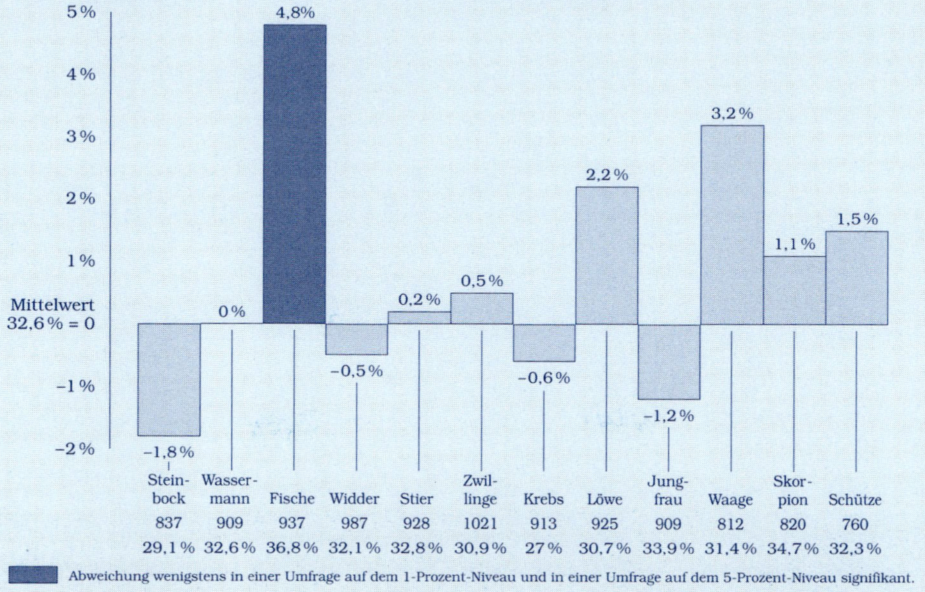

Grafik 19

Abweichungen vom Mittelwert bei der Freizeitbeschäftigung: Volksmusik hören

Frage: »Was machen Sie in der Freizeit, wenn es von der Jahreszeit her möglich ist? Kreuzen Sie bitte in jeder Zeile an, ob Sie das nie, ab und zu, oder häufig machen.«

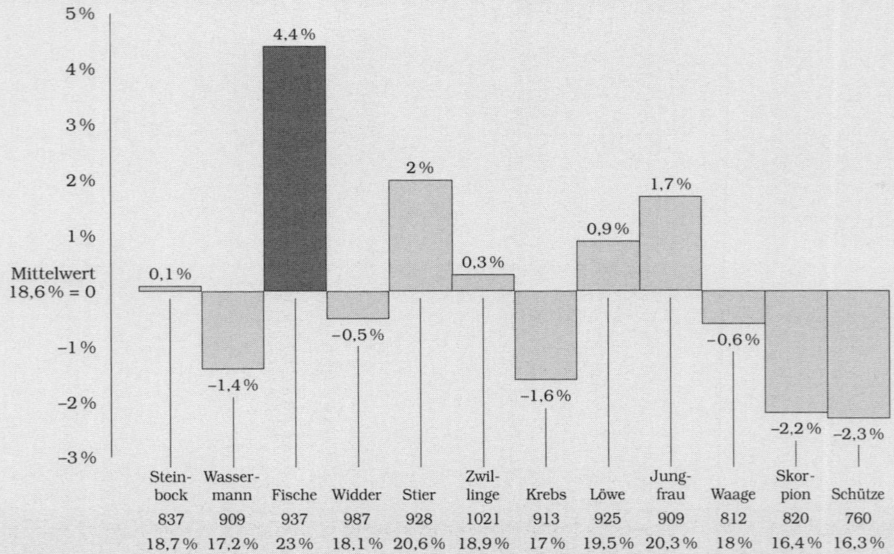

Abweichung wenigstens in einer Umfrage auf dem 1-Prozent-Niveau und in einer Umfrage auf dem 5-Prozent-Niveau signifikant.

Grafik 20

Abweichungen vom Mittelwert bei der Freizeitbeschäftigung: Sport im TV ansehen

Frage: »Was machen Sie in Ihrer Freizeit, wenn es von der Jahreszeit her möglich ist? Kreuzen Sie bitte in jeder Zeile an, ob Sie das nie, ab und zu, oder häufig machen.«

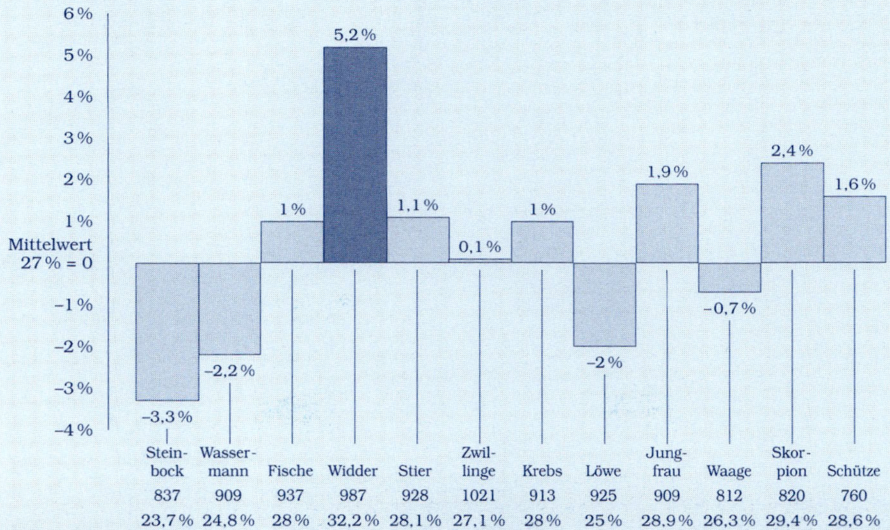

Abweichung wenigstens in einer Umfrage auf dem 1-Prozent-Niveau und in einer Umfrage auf dem 5-Prozent-Niveau signifikant.

Grafik 21

Abweichungen vom Mittelwert beim Satelliten- und Kabelempfang des Fernsehens

Frage: »Wie empfangen Sie in Ihrem Haushalt die Fernsehprogramme?«

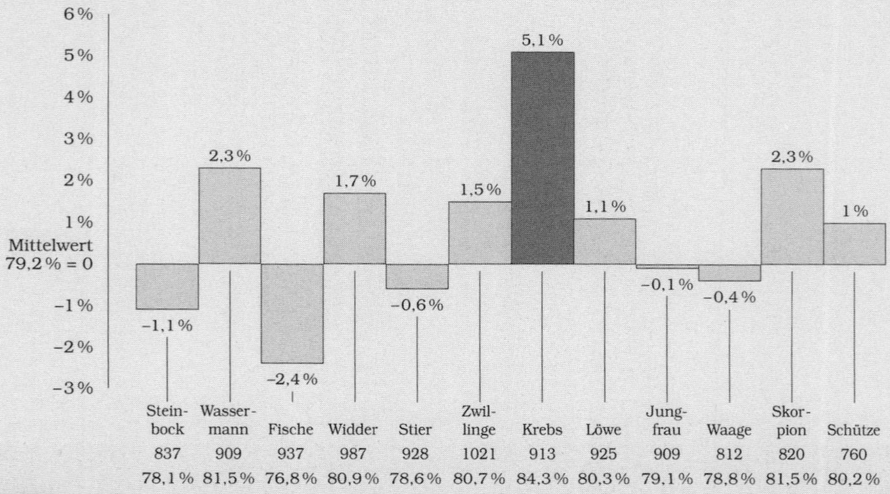

Abweichung wenigstens in einer Umfrage auf dem 1-Prozent-Niveau und in einer Umfrage auf dem 5-Prozent-Niveau signifikant.

Grafik 22

Abweichungen vom Mittelwert bei der Präferenz für moralische und emotionale Argumente

Frage: »Ich möchte Ihnen einmal erzählen, was sich neulich bei einer Podiumsdiskussion über den Treibhauseffekt und die Klimaveränderungen ereignet hat. Zwei Experten sprachen darüber, was die neuesten Statistiken und Messungen über das Klima sagen und wieviel Schadstoffe wirklich in der Luft vorhanden sind. Plötzlich springt ein Zuhörer auf und ruft etwas in den Saal. »Was interessieren mich Zahlen und Statistiken in diesem Zusammenhang! Wie kann man überhaupt so kalt über ein Thema reden, das über unsere ganze Zukunft entscheidet!« Würden Sie sagen, er hat ganz recht?«

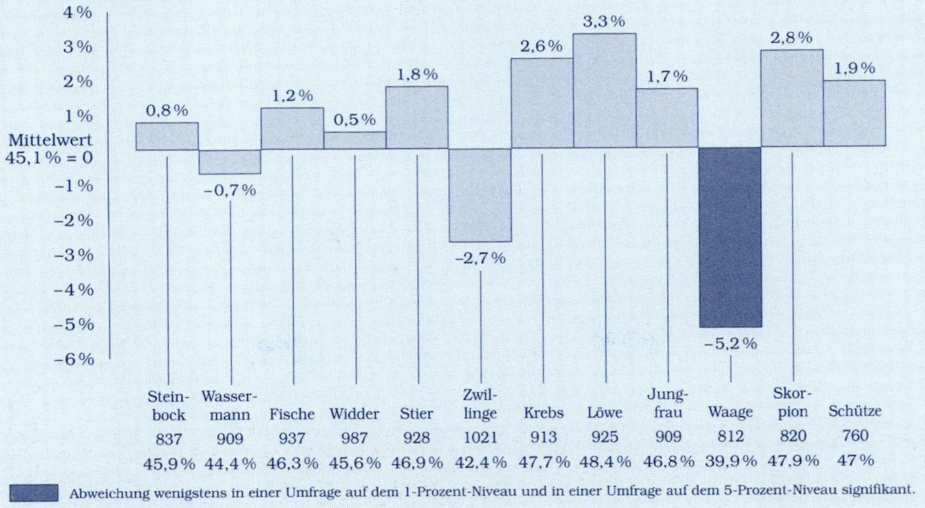

Grafik 23

Abweichungen vom Mittelwert bei der Bejahung faktenorientierter Argumente

Frage: »Ich möchte Ihnen einmal erzählen, was sich neulich bei einer Podiumsdiskussion über den Treibhauseffekt und die Klimaveränderungen ereignet hat. Zwei Experten sprachen darüber, was die neuesten Statistiken und Messungen über das Klima sagen und wieviel Schadstoffe wirklich in der Luft vorhanden sind. Plötzlich springt ein Zuhörer auf und ruft etwas in den Saal: »Was interessieren mich Zahlen und Statistiken in diesem Zusammenhang! Wie kann man überhaupt so kalt über ein Thema reden, das über unsere ganze Zukunft entscheidet!« Würden Sie sagen, er hat nicht recht?«

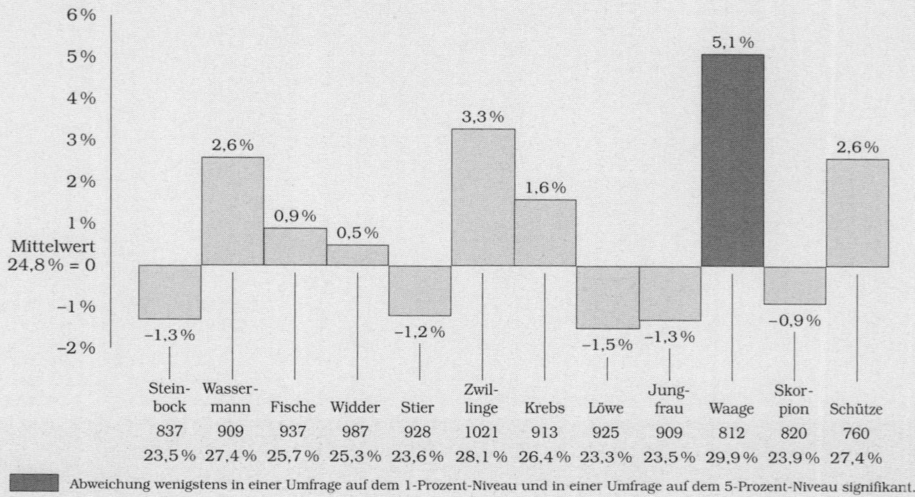

Grafik 24

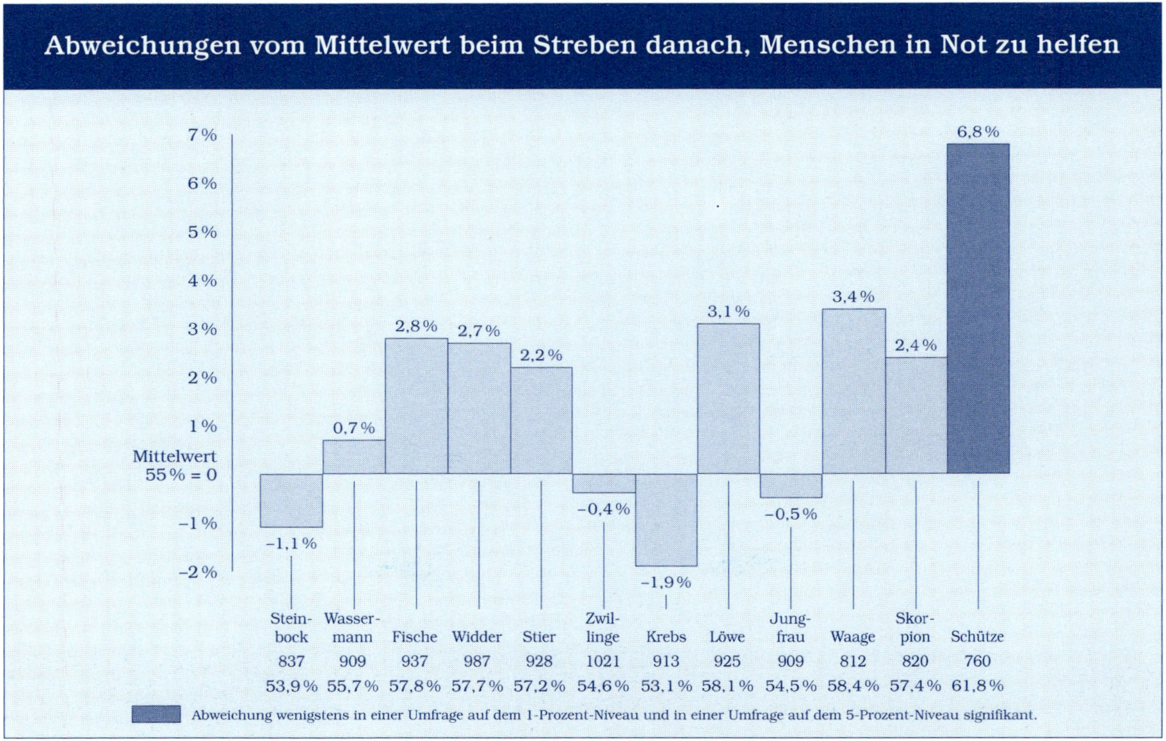

Abweichungen vom Mittelwert beim Streben danach, Menschen in Not zu helfen
7 %
6 %
5 %
4 %
3 %
2 %
1 %
Mittelwert 55 % = 0
-1 %
-2 %
-1,1 %
0,7 %
2,8 %
2,7 %
2,2 %
-0,4 %
-1,9 %
3,1 %
-0,5 %
3,4 %
2,4 %
6,8 %
Stein-bock 837 53,9 %
Wasser-mann 909 55,7 %
Fische 937 57,8 %
Widder 987 57,7 %
Stier 928 57,2 %
Zwil-linge 1021 54,6 %
Krebs 913 53,1 %
Löwe 925 58,1 %
Jung-frau 909 54,5 %
Waage 812 58,4 %
Skor-pion 820 57,4 %
Schütze 760 61,8 %
Abweichung wenigstens in einer Umfrage auf dem 1-Prozent-Niveau und in einer Umfrage auf dem 5-Prozent-Niveau signifikant.

Grafik 25

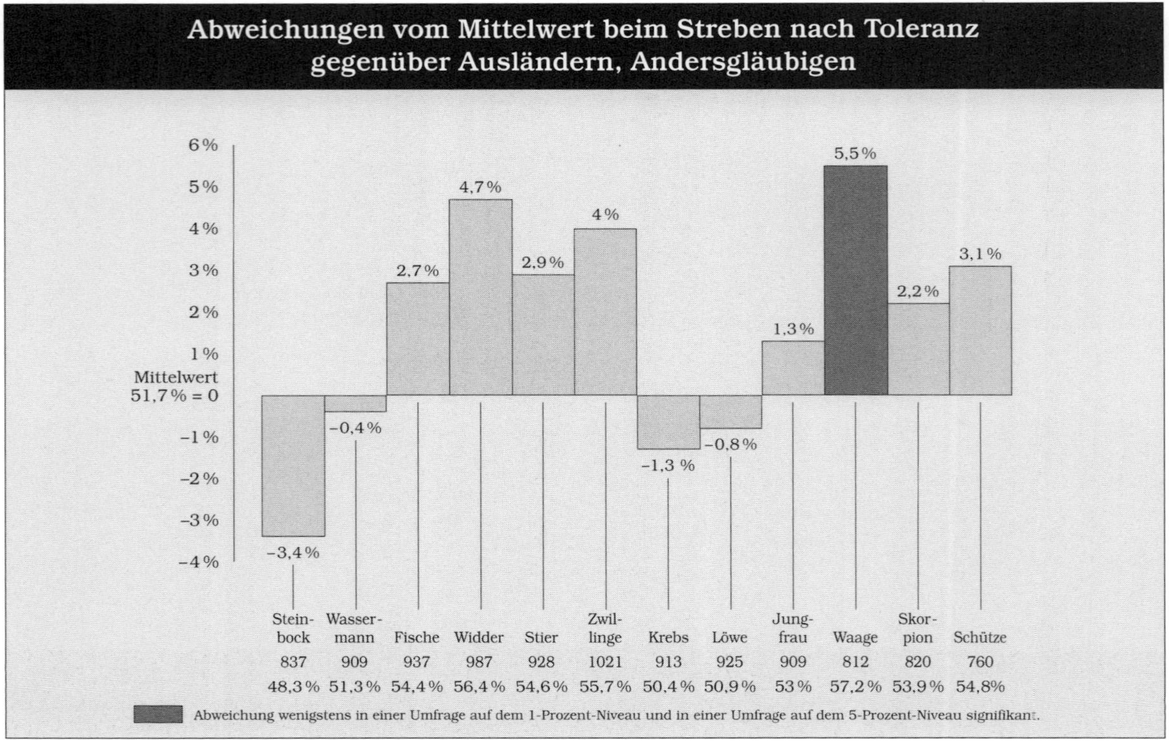
Abweichungen vom Mittelwert beim Streben nach Toleranz gegenüber Ausländern, Andersgläubigen
6 %
5 %
4 %
3 %
2 %
1 %
Mittelwert 51,7 % = 0
-1 %
-2 %
-3 %
-4 %
-3,4 %
-0,4 %
2,7 %
4,7 %
2,9 %
4 %
-1,3 %
-0,8 %
1,3 %
5,5 %
2,2 %
3,1 %
Stein- bock
Wasser- mann
Fische
Widder
Stier
Zwil- linge
Krebs
Löwe
Jung- frau
Waage
Skor- pion
Schütze
837 909 937 987 928 1021 913 925 909 812 820 760
48,3 % 51,3 % 54,4 % 56,4 % 54,6 % 55,7 % 50,4 % 50,9 % 53 % 57,2 % 53,9 % 54,8%
Abweichung wenigstens in einer Umfrage auf dem 1-Prozent-Niveau und in einer Umfrage auf dem 5-Prozent-Niveau signifikant.

Grafik 26

Abweichungen vom Mittelwert beim Lesen von TV-Programmzeitschriften/Beilagen

Frage: Personen, die mindestens einen Titel der Mediengruppe regelmäßig oder ziemlich oft lesen.

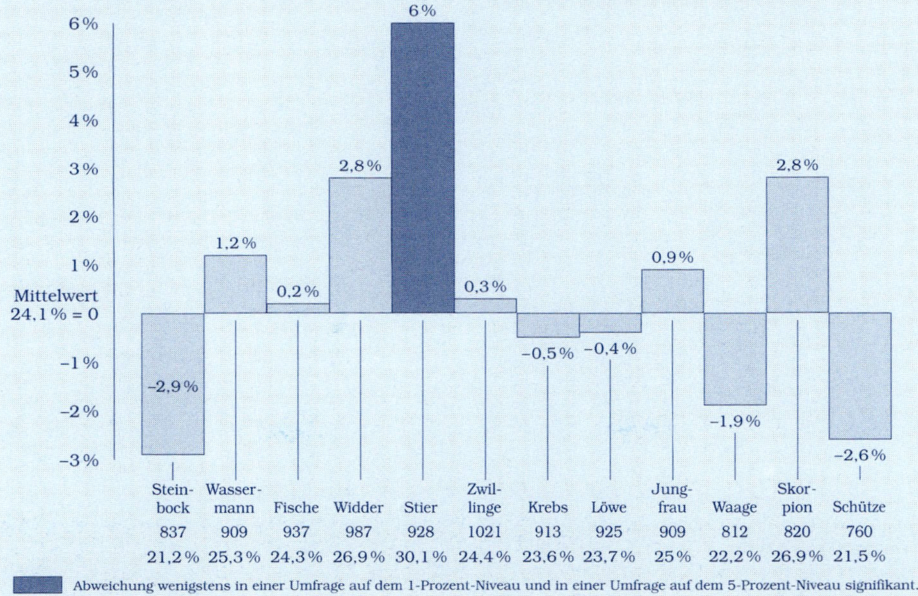

Grafik 27

Abweichungen vom Mittelwert beim täglichen oder fast täglichen Tragen von Jeanskleidung

Frage: »Tragen Sie Kleidung aus Jeansstoff? Würden Sie sagen … täglich – fast täglich – ab und zu – nie?«

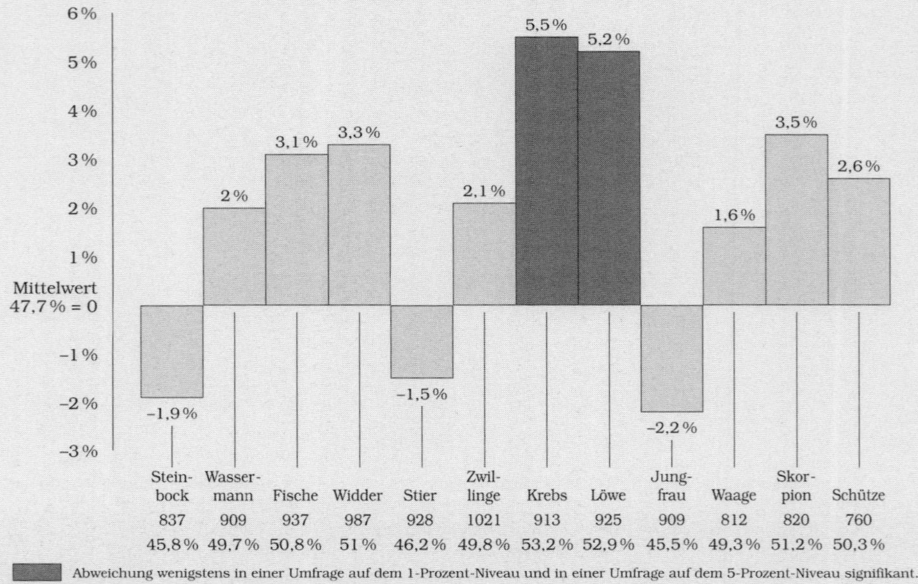

Grafik 28

Abweichungen vom Mittelwert beim Lesen von Natur- und Tiermagazinen

Die 231 erhobenen Zeitungs- und Zeitschriftentitel werden zu 40 Mediengruppen zusammengefaßt. Als Nutzer einer Mediengruppe lassen sich Personen erkennen, die mindestens einen Titel einer Mediengruppe regelmäßig ziemlich oft lesen.

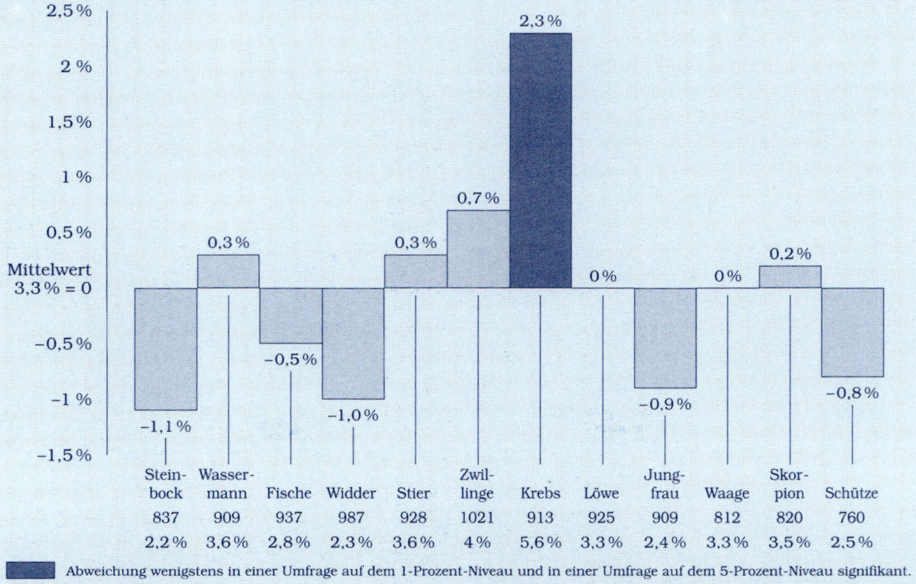

Grafik 29

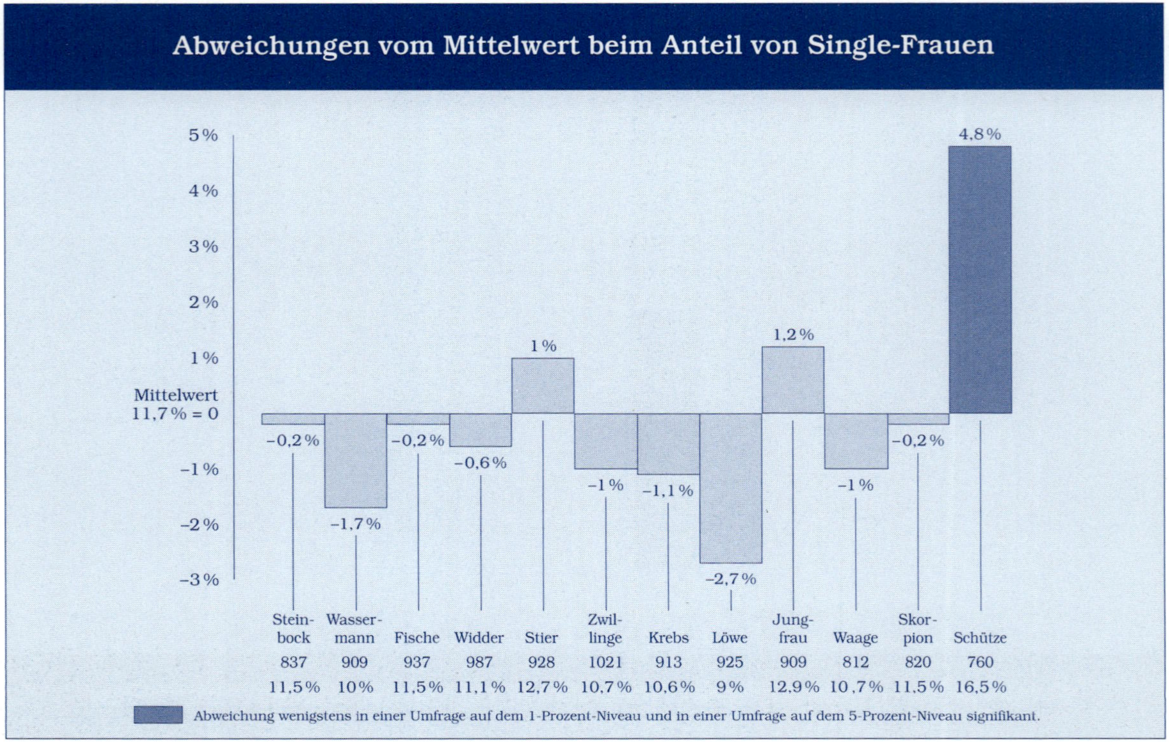
Abweichungen vom Mittelwert beim Anteil von Single-Frauen
5 %
4 %
3 %
2 %
1 %
Mittelwert 11,7 % = 0
–1 %
–2 %
–3 %
–0,2 %
–1,7 %
–0,2 %
–0,6 %
1 %
–1 %
–1,1 %
–2,7 %
1,2 %
–1 %
–0,2 %
4,8 %
Stein-bock
Wasser-mann
Fische
Widder
Stier
Zwil-linge
Krebs
Löwe
Jung-frau
Waage
Skor-pion
Schütze
837
909
937
987
928
1021
913
925
909
812
820
760
11,5 %
10 %
11,5 %
11,1 %
12,7 %
10,7 %
10,6 %
9 %
12,9 %
10,7 %
11,5 %
16,5 %
Abweichung wenigstens in einer Umfrage auf dem 1-Prozent-Niveau und in einer Umfrage auf dem 5-Prozent-Niveau signifikant.

Grafik 30

Abweichungen vom Mittelwert bei der Hochschulausbildung und beim Studium

Frage: »Welche der folgenden Angaben zu Ihrer beruflichen Ausbildung und Tätigkeit treffen auf Sie zu?«

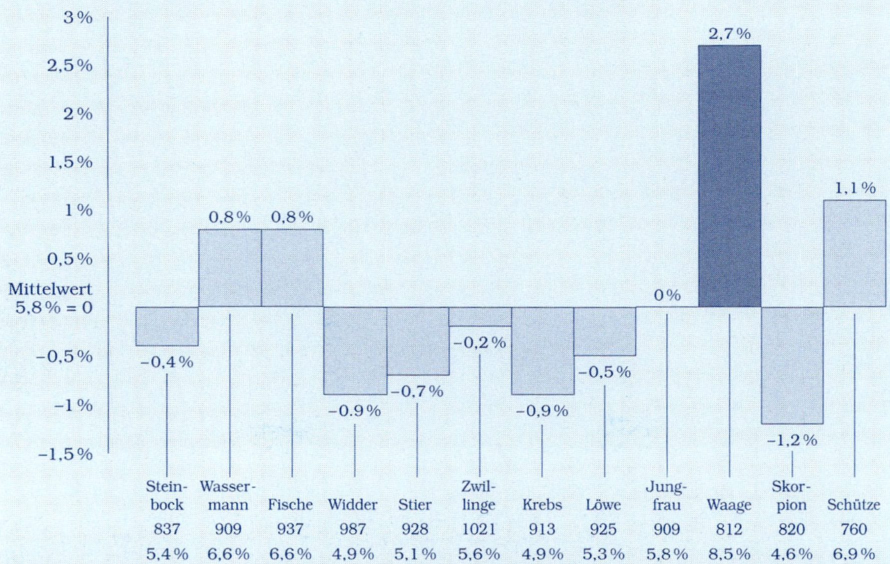

Abweichung wenigstens in einer Umfrage auf dem 1-Prozent-Niveau und in einer Umfrage auf dem 5-Prozent-Niveau signifikant.

Signifikante Abweichungen bei den einzelnen Tierkreiszeichen

Im folgenden werden, geordnet nach den Gruppen der Tierkreiszeichen, die einzelnen Werte aufgelistet, bei denen sich in jenen Gruppen signifikante Abweichungen vom Mittelwert ergeben. Berücksichtigt werden wiederum nur solche Werte, die sich in beiden untersuchten AWA-Wellen ausprägen. Dabei muß wenigstens einmal das 1-Prozent-Niveau der Signifikanz und einmal in gleicher Richtung das 5-Prozent-Niveau der Signifikanz erreicht werden.

Die Signifikanzberechnungen beruhen auf der Annahme einer Zufallsstichprobe, bei der jedes Element der untersuchten Gesamtheit die gleichen Chancen hat, in die Stichprobe zu gelangen. Diese Annahme wird durch die Übereinstimmung zahlreicher Indikatorwerte mit anderen statistischen Daten unterstützt.

Aufgetretene Signifikanzen bei dem Tierkreiszeichen Widder

	Gesamtbevölkerung	**Widder**	**Abweichung**
Basis der Befragten	13 283	987	
Politik, Ratgeber, Experte	13,1 %	15,9 %	+ 2,8 %
Bier, Kölsch, gekauft/getrunken, 14 Tage	3,3 %	5,3 %	+ 2,0 %
Badezusatz, Badegel, Verbrauch, 7 Tage	39,2 %	32,4 %	– 6,8 %
Deospray, Verbrauch, 7 Tage	62,2 %	68,4 %	+ 6,2 %
Immer oder meistens gleicher Urlaubsort	15,1 %	18,7 %	+ 3,6 %
Sport im TV ansehen häufig in der Freizeit	27,0 %	33,2 %	+6,2 %
Eher konservative Frauen	30,8 %	25,6 %	– 5,2 %
Kirchennähe	24,5 %	19,1 %	– 5,4 %

Aufgetretene Signifikanzen bei dem Tierkreiszeichen Stier

	Gesamtbevölkerung	**Stier**	**Abweichung**
Basis der Befragten	13 283	928	
Natur- und Umweltschutz besonderes Interesse	28,6 %	33,6 %	+ 5,0 %
Videorecorder, Haushaltsbesitz	65,1 %	59,1 %	– 6,0 %
Zahnersatzpflegemittel Verbrauch, 7 Tage	25,6 %	31,2 %	+ 5,6 %
Raucher, Pfeife, Käufertypologie	1,1 %	2,6 %	+ 1,5 %
Programmsupplements, Mediengruppe	24,1 %	30,1 %	+ 6,0 %
Tätigkeit: Berufstätig oder mithelfend	49,2 %	42,8 %	– 6,4 %
Tätigkeit: Rentner, Pensionäre	25,0 %	30,7 %	+ 5,7 %
Wohnortgröße: 500 000 Einwohner und mehr	14,0 %	9,8 %	– 4,2 %

Aufgetretene Signifikanzen bei dem Tierkreiszeichen Zwillinge

	Gesamtbevölkerung	**Zwillinge**	**Abweichung**
Basis der Befragten	13283	1021	
Filmen, Videofilmen, Ratgeber, Experte	5,6%	8,2%	+ 2,6%
Gästebewirtung, Gastlichkeit, Ratgeber, Experte	18,6%	22,8%	+ 4,2%
Schneidern, Stricken, Ratgeber, Experte	11,4%	15,3%	+ 3,9%
Haus, Mehrfamilienhaus, Haushaltsbesitz	11,8%	15,8%	+ 4,0%
Bausparvertrag abschließen, Kaufplan 1–2 Jahre	6,1%	8,9%	+ 2,8%
Videozubehör, Haushaltsbesitz	6,5%	9,5%	+ 3,0%
Kakao, Kakao-Getränke, Kauf 14 Tage	14,0%	17,9%	+ 3,9%
Neues probiere ich gerne aus, Käufertypologie	46,2%	52,5%	+ 6,3%
TV-, Videogeräte, Entscheider mit Fachkompetenz	2,8%	5,1%	+ 2,3%
Versicherungen, Kernzielgruppe	27,6%	32,0%	+ 4,4%
Großhaushalt, 4 Personen und mehr	25,8%	31,2%	+ 5,4%

Aufgetretene Signifikanzen bei dem Tierkreiszeichen Krebs

	Gesamtbevölkerung	**Krebs**	**Abweichung**
Basis der Befragten	13 283	913	
Kabel-, Satellitenfernsehen, besonderes Interesse	17,1 %	21,2 %	+ 4,1 %
Videokamera, Camcorder, Haushaltsbesitz	16,6 %	20,9 %	+ 4,3 %
Kaugummi, Kauf 14 Tage	22,5 %	27,2 %	+ 4,7 %
Videofilme selbst drehen, häufig in der Freizeit	2,0 %	3,5 %	+ 1,5 %
Satelliten-, Kabelempfang, TV im Haushalt	79,2 %	84,3 %	+ 5,1 %
Jeanskleidung (fast) täglich, Käufertypologie	47,7 %	53,2 %	+ 5,5 %
Natur-, Tiermagazine, Mediengruppe	3,3 %	5,6 %	+ 2,3 %
Wohnortgröße: Unter 20 000 Einwohner	43,3 %	49,3 %	+ 6,0 %

Aufgetretene Signifikanzen bei dem Tierkreiszeichen Löwe

	Gesamtbevölkerung	**Löwe**	**Abweichung**
Basis der Befragten	13283	925	
Auto-, Motorradrennsport, besonderes Interesse	11,5 %	15,1 %	+ 3,6 %
Anrufbeantworter, Haushaltsbesitz	26,1 %	31,3 %	+ 5,2 %
Verbrauch von Rasierwasser, Pre Shave Männer	7,8 %	11,0 %	+ 3,2 %
Einstellung zur Religion ähnlich wie Eltern	39,2 %	45,3 %	+ 6,1 %
TV-Dosis überdurchschnittlich	30,1 %	35,4 %	+ 5,3 %
Jeanskleidung (fast) täglich, Käufertypologie	47,7 %	52,9 %	+ 5,2 %
Heirat, persönliche Veränderung 12 Monate	2,3 %	4,2 %	+ 1,9 %
Kameras, Zubehör, Entscheider ohne Fachkompetenz	46,0 %	51,3 %	+ 5,3 %
Zeitschriften plus und TV plus, Medientyp	26,9 %	32,1 %	+ 5,2 %

Aufgetretene Signifikanzen bei dem Tierkreiszeichen Jungfrau

	Gesamtbevölkerung	**Jungfrau**	**Abweichung**
Basis der Befragten	13 283	909	
Versicherung, kaufentscheidend	67,8 %	72,5 %	+ 4,7 %
Fische, Tiere im Haushalt	5,6 %	7,9 %	+ 2,3 %

Aufgetretene Signifikanzen bei dem Tierkreiszeichen Waage

	Gesamtbevölkerung	**Waage**	**Abweichung**
Basis der Befragten	13 283	812	
Computer, stationär oder tragbar, Kaufplan 1–2 Jahre	7,7 %	11,2 %	+ 3,5 %
Accessoires für die Frau, Kaufplan 1–2 Jahre	2,9 %	5,0 %	+ 2,1 %
Präferenz für moralische oder emotionale Argumente	45,1 %	39,9 %	– 5,2 %
Bejahung faktenorientierter Argumente, Einstellung	24,8 %	29,9 %	+ 5,1 %
Toleranz gegenüber Ausländern, Andersgläubigen, wichtig	51,7 %	57,2 %	+ 5,5 %
Berufsausbildung: Hochschulstudium, nicht Ingenieur	5,8 %	8,5 %	+ 2,7 %

Aufgetretene Signifikanzen bei dem Tierkreiszeichen Skorpion

	Gesamtbevölkerung	**Skorpion**	**Abweichung**
Basis der Befragten	13 283	820	
Schnaps, klar gekauft/getrunken, 14 Tage	12,3 %	16,4 %	+ 4,1 %
Golf häufig in der Freizeit	0,5 %	1,5 %	+ 1,0 %
Einstellung zu anderen Menschen ähnlich wie Eltern	50,1 %	57,4 %	+ 7,3 %
Große Generationenkluft	29,4 %	23,6 %	– 5,8 %
Raucher, Zigarre, Zigarillo, Stumpen, Käufertypologie	1,4 %	2,6 %	+ 1,2 %
Kaufe gern, was andere schon haben, Käufertypologie	7,0 %	9,5 %	+ 2,5 %

Aufgetretene Signifikanzen bei dem Tierkreiszeichen Schütze

	Gesamtbevölkerung	**Schütze**	**Abweichung**
Basis der Befragten	13 283	760	
Filmen, Videofilmen, besonderes Interesse	7,5 %	10,9 %	+ 3,4 %
Haarpflege, Frisuren, Ratgeber, Experte	11,3 %	15,9 %	+ 4,6 %
Naturheilmittel, Ratgeber, Experte	10,4 %	14,4 %	+ 4,0 %
Videokamera, Camcorder, Haushaltsbesitz	16,6 %	22,6 %	+ 4,0 %
Eis, Familienpackung, tiefgefroren, Kauf 14 Tage	17,9 %	23,6 %	+ 5,7 %
Sportverletzung, Vorbeugung, Selbstmedikation, 3 Monate	9,1 %	13,7 %	+ 4,6 %
Menschen in Not helfen, wichtig	55,0 %	61,8 %	+ 6,8 %
Wirtschaftliche Lage, eigene, (sehr) gut, Käufertypologie	49,3 %	55,4 %	+ 6,1 %
Sehr Aktive, Aktivitätsindex	29,5 %	35,1 %	+ 5,6 %
Elternzeitschrift, Mediengruppe	2,4 %	4,2 %	+ 1,8 %
Single-Frau	11,7 %	16,5 %	+ 4,8 %

Aufgetretene Signifikanzen bei dem Tierkreiszeichen Steinbock

	Gesamtbevölkerung	**Steinbock**	**Abweichung**
Basis der Befragten	13 283	837	
Gewürzsoßen in Flaschen, Kauf 14 Tage	24,7 %	29,3 %	+ 4,6 %

Aufgetretene Signifikanzen bei dem Tierkreiszeichen Wassermann

	Gesamtbevölkerung	**Wassermann**	**Abweichung**
Basis der Befragten	13 283	909	
Eis, Familienpackung, tiefgefroren, Kauf 14 Tage	17,9 %	16,6 %	– 1,3 %
Auto, Reparaturen, klein, Freizeitarbeiten 12 Monate	16,3 %	12,3 %	– 4,0 %
TV-, Videogeräte, Entscheider ohne Fachkompetenz	62,8 %	57,1 %	– 5,7 %

Aufgetretene Signifikanzen bei dem Tierkreiszeichen Fische

	Gesamtbevölkerung	**Fische**	**Abweichung**
Basis der Befragten	13 283	937	
Bauen, Modernisieren, Renovieren, besonderes Interesse	17,4 %	22,1 %	+ 4,7 %
Gästebewirtung, Gastlichkeit, besonderes Interesse	36,0 %	43,0 %	+ 7,0 %
Natur- und Umweltschutz, besonderes Interesse	28,6 %	34,6 %	+ 6,0 %
Bauen, Modernisieren, Renovieren, Ratgeber, Experte	16,1 %	20,7 %	+ 4,6 %
Berufliche Weiterbildung, Ratgeber, Experte	10,1 %	14,5 %	+ 4,4 %
Haus, Wohnung zum Vermieten, Haushaltsbesitz	13,0 %	17,5 %	+ 4,5 %
Grafik, Plastik, Gemälde, Haushaltsbesitz	10,1 %	13,2 %	+ 3,1 %
Rasenmäher, Benz., Batt., el. Haushaltsbesitz	33,3 %	39.0 %	+ 5,7 %
PKW-Fahrer, fahre selbst, PKW/Haushalt	60,5 %	65,9 %	+ 5,4 %
Malerarbeit, Holz innen, Freizeitarbeiten 12 Monate	14,5 %	19,3 %	+ 4,8 %
Garten, im Garten arbeiten, häufig in der Freizeit	31.0 %	36,8 %	+ 5,8 %
Musik, Volksmusik hören, häufig in der Freizeit	18,6 %	23,0 %	+ 4,4 %
Bequem, Kleidungsstil	82,9 %	87,5 %	+ 4,6 %

Kumulierte Daten aus Herbst- und Frühjahrswelle

Die folgenden Tabellen bieten eine Auswertung der kumulierten Daten aus der zweiten und dritten Erhebungswelle der AWA '96.

Bei Angaben, die nach Frauen und Männern unterschieden sind, beziehen sich die Angaben auf die Gesamtzahl der jeweiligen Gruppe. So bedeutet z. B.:

		Bevölk. ab 14 J.	Stein- bock	Wasser- mann	...
Basis		13 283	837	909	...
		%	%	%	...
Emanzipierte	Frauen, Kreise, Schichten	17,8	17,3	17,6	...

unter allen 13 283 Befragten, Männern wie Frauen, sind im Durchschnitt 17,8 Prozent Frauen, die sich zur Gruppe der Emanzipierten zählen, usw.

Signifikanzen, die bei den Auswertungen der kumulierten Daten beider Umfragen auf dem 1-Prozent-Niveau ermittelt wurden, sind mit einem Rahmen markiert. Signifikanzen, die sich in beiden Umfragen wiederholt haben, sind mit einem Doppelrahmen markiert.

Ausgangspunkt zur Berechnung von Signifikanzen ist die Nullhypothese, daß es zwischen dem Anteil eines Merkmals in der Gesamtbevölkerung z. B. »Golfspielen in der

Freizeit« und in einer bestimmten Sternzeichengruppe keinen Unterschied gibt. Diese Hypothese wird verworfen, wenn die Abweichung zwischen dem beobachteten »Istwert« und dem Erwartungswert »zu stark« ist. Zur Beurteilung des Unterschiedes bildet man aus den Istwerten die Teststatistik T, die unter Nullhypothese und bei hinreichend großem Stichprobenumfang n einer Normalverteilung folgt.

Die Hypothese lautet dann:

Mittelwert Istwert = Mittelwert Erwartungswert

Die Ausgangshypothese wird zum 1-Prozent-Niveau verworfen, wenn die Wahrscheinlichkeit für den beobachteten Wert von T geringer als 1 Prozent ist.

Als Faustformel für die notwendige Anzahl n der Befragten kann dabei gelten:

$$n > \frac{9}{p\,(1-p)}$$

Wenn man diese Faustformel auf den kleinsten der im Bericht ausgewiesenen Befunde anwendet, auf »Golfspielen in der Freizeit« bei den Skorpion-Geborenen (insgesamt 820 Befragte) = 1,5 Prozent, so ergibt sich:

$$\frac{9}{0{,}015\,(0{,}985)} = 609{,}13 < 820 \text{ (n: Befragte Skorpione)}$$

Das verwendete Verfahren wäre also hier noch zulässig.

Die Mindestgrenzen, die sich aus der Faustformel ergeben, wurden sowohl bei der Ausweisung von Wiederholungsbefunden berücksichtigt, wie auch bei den übrigen signifikanten Abweichungen, die im Tabellenteil des

Berichtes markiert sind. Bei diesen wurden zur Sicherheit zudem nur solche Abweichungen hervorgehoben, bei denen ein Anteilswert (p) von 5 Prozent sowohl für die Gesamtheit der Befragten wie auch für die Angehörigen der einzelnen Gruppen überschritten wurde.

Tabelle A 1.1

Was halten Sie in Ihrem Leben für besonders wichtig und erstrebenswert?

Basis der Befragten	**Bevölk. ab 14 J. 13 283**	Steinbock 837	Wassermann 909	Fische 937	Widder 987	Stier 928	Zwillinge 1021	Krebs 913	Löwe 925	Jungfrau 909	Waage 812	Skorpion 820	Schütze 760
	∅ %	%	%	%	%	%	%	%	%	%	%	%	%
Reinlichkeit, Sauberkeit	**63,3**	61,6	58,7	64,9	64,3	67,8	62,9	62,2	64,3	60,1	61,5	66,6	67,2
Sozialer Aufstieg	**36,1**	35,6	32,9	37,1	37,7	34,1	35,3	36,5	34,1	37,1	31,3	36,2	30,8
Recht und Ordnung	**70,7**	70,3	71,8	73,8	72,0	72,7	68,7	70,4	68,7	68,9	70,6	72,3	70,6
Leistungsbereitschaft	**51,6**	49,3	51,8	53,0	51,9	49,3	47,9	51,1	51,5	53,2	52,4	50,8	50,4
Technisch-wissenschaftl. Fortschritt	**25,0**	22,7	24,6	25,9	26,2	25,9	24,5	23,7	23,8	24,2	27,3	26,0	21,9
Soziale Gerechtigkeit	**70,1**	71,0	70,8	71,3	71,1	71,9	71,8	70,8	67,1	71,0	71,0	68,1	68,8
Hohes Einkommen, Wohlstand	**32,1**	34,3	29,7	29,3	32,3	31,3	31,2	30,4	36,9	29,5	29,2	32,8	30,9
Sicherheit, Geborgenheit	**73,9**	73,6	76,0	76,1	74,7	75,2	75,3	74,6	73,5	76,5	76,5	73,3	75,4
Menschen in Not helfen	**55,0**	53,9	55,7	57,8	57,7	57,2	54,6	53,1	58,1	54,5	58,4	57,4	61,8
Ganz für die Familie dasein	**53,2**	53,8	54,0	54,0	53,9	57,1	53,0	51,4	53,1	51,4	53,2	55,7	55,7
Gepflegtes Aussehen	**50,4**	50,9	49,9	51,3	53,3	51,9	47,8	50,2	53,9	49,2	47,3	49,5	55,5
Christliches Leben, Glaube	**22,0**	21,5	21,8	25,0	20,2	24,4	22,0	19,2	20,3	20,1	27,0	20,5	20,8
Aktive Teilnahme am polit. Leben	**12,8**	10,6	11,4	13,6	12,2	12,9	13,7	11,8	13,2	12,1	14,7	14,6	12,3
Opferbereitschaft für Umweltschutz	**29,2**	25,8	26,0	30,7	32,0	31,2	29,3	31,1	30,7	27,0	29,7	32,8	29,2
Toleranz geg. Ausländern, Andersgläub.	**51,7**	48,3	51,3	54,4	56,4	54,6	55,7	50,4	50,9	53,0	57,2	53,9	54,8
Sparsamkeit *)	**44,7**	44,0	50,4	51,3	43,1	46,6	42,8	41,0	46,1	46,0	40,1	41,4	44,1
Sich für den Frieden einsetzen *)	**52,1**	50,1	54,2	53,2	53,4	54,9	54,0	48,6	53,5	53,1	53,0	54,6	54,5
Freiheit und Unabhängigkeit *)	**56,5**	56,8	58,0	58,0	63,4	59,7	56,9	56,3	56,9	58,3	53,6	56,4	56,1

▭ Signifikanzen, die bei den Auswertungen der kumulierten Daten beider Umfragen auf dem 1-Prozent-Niveau ermittelt wurden.
▭ Signifikanzen, die sich in beiden Umfragen wiederholt haben.
positiv ▭ negativ

*) Item nur in der Herbstumfrage 1995 enthalten; Basis der Befragten dafür: Bevölkerung ab 14 Jahre 6696, Steinbock 390, Wassermann 435, Fische 459, Widder 513, Stier 485, Zwillinge 525, Krebs 460, Löwe 490, Jungfrau 500, Waage 433, Skorpion 433, Schütze 357

Tabelle A 1.2

Meinungen und Einstellungen

Basis der Befragten	**Bevölk. ab 14 J. 13 283**	Stein-bock 837	Wasser-mann 909	Fische 937	Widder 987	Stier 928	Zwil-linge 1021	Krebs 913	Löwe 925	Jung-frau 909	Waage 812	Skor-pion 820	Schütze 760
	∅ %	%	%	%	%	%	%	%	%	%	%	%	%
Präferenz f. moral./emotio. Argum.	**45,1**	45,9	44,4	46,3	45,6	46,9	42,4	47,7	48,4	46,8	39,9	47,9	47,0
Bejahung faktenorienter Argumen.	**24,8**	23,5	27,4	25,7	25,3	23,6	28,1	26,4	23,3	23,5	29,9	23,9	27,4
Technik macht d. Leben einfacher	**41,4**	42,8	44,6	41,6	44,0	38,9	42,8	44,6	42,3	41,3	41,5	39,8	42,5
Techn. Fortschritt bringt Gutes	**40,5**	42,3	40,5	43,3	42,9	42,5	43,0	42,7	45,2	42,4	40,7	43,6	39,7
Technik, möchte wissen wie funk.	**43,2**	40,9	42,1	45,8	46,3	46,4	43,7	44,5	48,2	45,3	44,1	44,7	41,9
Technik, Hauptsache daß funktio.	**47,6**	50,9	48,6	46,2	45,2	46,5	49,1	46,9	44,7	46,0	47,0	47,0	49,4
Biolog. reine unbeh. Nahrungsmit. ⊕	**68,2**	69,3	68,7	71,3	65,7	71,8	70,0	69,0	65,3	69,3	70,3	72,2	70,0
Biolog. reine unbeh. Nahrungsmit. ⊖	**5,7**	4,8	4,4	6,1	4,5	2,9	5,5	7,1	6,3	7,4	4,4	5,4	6,4
Geschwindigkeitsbeschränkungen ⊕	**39,9**	45,3	42,7	47,1	35,7	47,7	34,7	36,2	40,1	38,7	40,4	42,4	38,5
Geschwindigkeitsbeschränkungen ⊖	**40,3**	37,9	34,9	35,0	45,8	33,8	47,4	41,5	43,2	39,8	42,4	37,4	39,0
Rauchverbot am Arbeitsplatz ⊕	**52,1**	56,2	53,7	57,2	51,4	53,7	48,1	50,5	55,3	51,5	55,7	53,4	48,3
Rauchverbot am Arbeitsplatz ⊖	**27,1**	25,9	25,3	22,4	28,7	25,6	31,1	28,6	24,9	29,7	22,5	26,0	29,3
Teilnahme an ungenehm.Demonstr. ⊕	**10,2**	11,7	9,2	7,3	7,8	8,8	10,1	9,3	9,8	13,5	10,3	10,0	8,3
Teilnahme an ungenehm.Demonstr. ⊖	**67,9**	62,8	67,3	70,6	70,8	70,1	68,8	70,1	66,9	66,2	72,8	69,2	73,2

⊕ = eher dafür ⊖ = eher dagegen

▭ Signifikanzen, die bei den Auswertungen der kumulierten Daten beider Umfragen auf dem 1-Prozent-Niveau ermittelt wurden.
▭ Signifikanzen, die sich in beiden Umfragen wiederholt haben.
positiv ▭ negativ

Tabelle A 1.3

In welchen Bereichen haben/hatten Sie und Ihre Eltern ähnliche Ansichten?

Basis der Befragten	**Bevölk. ab 14 J. 13 283**	Steinbock 837	Wassermann 909	Fische 937	Widder 987	Stier 928	Zwillinge 1021	Krebs 913	Löwe 925	Jungfrau 909	Waage 812	Skorpion 820	Schütze 760
	∅ %	%	%	%	%	%	%	%	%	%	%	%	%
Einstellung zur Religion	**39,2**	40,6	41,4	41,4	39,1	41,5	40,1	41,9	45,3	42,1	40,1	40,2	41,1
Moralvorstellungen	**43,2**	46,3	42,1	45,7	44,2	45,2	44,5	46,4	44,6	42,2	46,7	46,3	44,0
Einstellung zu and. Menschen	**50,1**	49,6	51,0	51,5	49,5	50,7	52,7	53,5	49,5	54,9	53,4	57,4	50,7
Politische Ansichten	**25,1**	25,5	24,1	25,7	26,0	28,5	27,0	27,4	26,5	26,8	27,0	28,3	26,1
Einstell. zur Sexualität	**11,3**	11,0	12,1	12,9	10,1	11,9	12,4	12,7	13,2	10,5	12,5	10,6	10,6
Geringe Generationenkluft	**12,0**	11,9	13,0	13,4	12,3	12,7	12,7	12,8	13,4	13,5	12,9	11,7	12,9
Große Generationenkluft	**29,4**	27,8	30,0	27,5	29,1	26,7	26,4	24,2	27,1	26,6	24,2	23,6	29,8

Signifikanzen, die bei den Auswertungen der kumulierten Daten beider Umfragen auf dem 1-Prozent-Niveau ermittelt wurden.
Signifikanzen, die sich in beiden Umfragen wiederholt haben.
positiv negativ

Tabelle A 1.4

Politisches Interesse, Parteiensympathie, Selbsteinordnung auf der Links-Rechts-Skala

Basis der Befragten		**Bevölk. ab 14 J. 13 283**	Stein-bock 837	Wasser-mann 909	Fische 937	Widder 987	Stier 928	Zwil-linge 1021	Krebs 913	Löwe 925	Jung-frau 909	Waage 812	Skor-pion 820	Schütze 760
		∅ %	%	%	%	%	%	%	%	%	%	%	%	%
Interesse an Politik		**43,9**	44,6	48,1	45,9	46,8	43,9	43,3	40,6	44,4	48,3	48,3	43,6	44,3
CDU/CSU	am sympathischsten	**39,2**	39,8	35,8	41,4	40,1	41,1	37,2	38,8	38,3	40,1	41,3	37,8	40,8
SPD	am sympathischsten	**32,1**	32,3	32,9	28,8	31,7	32,2	34,2	31,7	31,7	31,3	28,1	33,6	30,6
F.D.P.	am sympathischsten	**3,1**	2,8	3,2	2,2	3,1	2,6	3,6	2,8	1,7	2,8	4,6	2,9	3,6
Grüne	am sympathischsten	**15,2**	14,4	16,0	17,3	16,4	14,8	13,6	15,8	14,7	14,7	16,1	14,4	13,8
Republikaner	am sympathischsten	**1,7**	1,6	1,1	1,5	1,1	1,4	1,7	2,7	2,3	2,0	1,5	2,6	1,7
PDS	am sympathischsten	**4,4**	4,4	5,9	4,2	3,6	3,7	4,9	5,0	4,8	4,5	5,3	4,7	3,9
Eig. pol. Standort: (eher) rechts		**14,2**	12,5	15,5	16,8	12,7	11,8	11,5	15,1	12,1	15,1	15,5	14,0	14,8
Eig. pol. Standort: Mitte		**68,8**	66,8	67,3	64,7	70,6	73,0	71,1	68,1	69,6	68,7	68,3	70,3	68,6
Eig. pol. Standort: (eher) links		**14,2**	17,3	14,0	15,6	14,6	12,8	13,9	14,3	15,8	13,7	14,3	13,6	13,9

Signifikanzen, die bei den Auswertungen der kumulierten Daten beider Umfragen auf dem 1-Prozent-Niveau ermittelt wurden.
Signifikanzen, die sich in beiden Umfragen wiederholt haben.
positiv negativ

Tabelle A 1.5 a

Haltungen, Einstellungen, Neigungen
»Das paßt auf mich oder zu dieser Gruppe zähle ich mich«

Basis der Befragten	**Bevölk. ab 14 J. 13 283**	Steinbock 837	Wassermann 909	Fische 937	Widder 987	Stier 928	Zwillinge 1021	Krebs 913	Löwe 925	Jungfrau 909	Waage 812	Skorpion 820	Schütze 760
	∅ %	%	%	%	%	%	%	%	%	%	%	%	%
Interessierte Auto-Experten	**6,6**	7,3	7,8	7,8	6,2	7,1	8,1	7,7	8,4	5,4	6,6	5,7	6,6
Umweltschutzengagierte PKW-Fahrer	**12,2**	11,0	9,5	13,4	11,2	13,2	12,7	13,1	12,5	14,8	11,7	14,8	14,1
Aktive Umweltschützer	**12,8**	11,1	12,1	15,1	10,7	16,0	13,4	14,7	12,0	14,7	12,6	15,0	14,2
Am Umweltschutz Interessierte	**15,7**	17,8	17,6	19,5	18,3	17,6	15,3	15,9	14,6	15,4	15,8	15,1	15,1
Sozial / Alternative	**54,5**	54,5	58,5	52,9	54,7	53,8	56,0	55,2	55,0	53,4	51,3	55,0	51,8
Bürgerlich/Konservative	**45,5**	45,5	41,5	47,1	45,3	46,2	44,0	44,8	45,0	46,6	48,7	45,0	48,2
Politisch Engagierte	**9,8**	8,1	9,8	9,8	9,7	9,9	10,2	9,1	11,0	9,7	12,8	10,8	9,0
Pol. Interessierte ohne Engagement	**34,1**	36,4	38,3	36,1	37,1	34,0	33,1	31,5	33,4	38,6	35,5	32,9	35,3
Politisch Uninteressierte	**56,1**	55,4	51,9	54,1	53,2	56,1	56,7	59,4	55,6	51,7	51,7	56,4	55,7
Eher demokratische Einstellung	**43,4**	42,5	44,5	46,9	45,9	45,1	43,6	43,9	42,5	43,2	43,3	46,1	45,2
Eher autoritäre Einstellung	**27,4**	27,8	27,3	27,0	26,1	27,6	25,1	26,5	26,2	25,7	27,3	26,2	25,4
Eher für schrankenlose Freiheit	**16,2**	16,4	15,3	13,6	15,9	16,1	18,1	17,9	18,2	19,0	16,0	15,2	15,9
Orientierungslose	**13,1**	13,3	12,9	12,5	12,1	11,2	13,3	11,7	13,1	12,2	13,3	12,5	13,5
Fortschrittliche Männer	**17,1**	16,7	15,6	17,2	17,6	16,6	17,7	19,1	19,3	19,2	18,2	17,4	15,1
Eher konservative Männer	**30,4**	29,3	29,5	29,5	33,8	29,3	29,0	30,0	30,6	30,5	28,4	30,8	29,0
Fortschrittliche Frauen	**21,8**	20,3	23,2	22,4	23,0	20,6	22,9	20,1	21,5	21,6	22,7	20,7	22,6
Eher konservative Frauen	**30,8**	33,7	31,8	30,9	25,6	33,4	30,4	30,8	28,5	28,7	30,7	31,1	33,3

Signifikanzen, die bei den Auswertungen der kumulierten Daten beider Umfragen auf dem 1-Prozent-Niveau ermittelt wurden.
Signifikanzen, die sich in beiden Umfragen wiederholt haben.
positiv negativ

Tabelle A 1.5 b

Haltungen, Einstellungen, Neigungen
»Das paßt auf mich oder zu dieser Gruppe zähle ich mich«

Basis der Befragten	**Bevölk. ab 14 J. 13 283**	Steinbock 837	Wassermann 909	Fische 937	Widder 987	Stier 928	Zwillinge 1021	Krebs 913	Löwe 925	Jungfrau 909	Waage 812	Skorpion 820	Schütze 760
	∅ %	%	%	%	%	%	%	%	%	%	%	%	%
Hedonisten	**9,3**	11,4	8,1	9,8	10,8	9,0	10,7	8,3	9,4	8,3	9,6	8,9	10,0
Leistungsorientierte und berufl. Engagierte	**11,9**	12,2	10,4	12,7	12,7	9,5	10,1	13,1	12,5	12,2	11,7	11,6	11,7
Androgyne Männer	**21,1**	19,2	18,5	23,1	24,0	24,5	22,2	22,5	21,9	20,6	19,6	24,0	20,7
Androgyne Frauen	**17,9**	16,7	21,6	18,2	18,5	18,9	18,2	18,6	16,6	17,2	18,7	17,1	17,6
Protestanten m. intens. Kirchenbind.+Glaube	**6,9**	7,0	5,8	9,0	5,7	6,1	6,6	8,2	6,5	7,0	8,6	6,0	7,2
Katholiken m. intens. Kirchenbind. + Glaube	**8,3**	9,5	8,9	10,1	6,3	9,0	7,9	7,2	7,7	6,8	10,7	8,2	7,8
Sehr Aktive	**29,5**	29,7	29,2	31,6	33,0	31,2	31,1	33,6	31,2	30,5	30,2	30,9	35,1

Signifikanzen, die bei den Auswertungen der kumulierten Daten beider Umfragen auf dem 1-Prozent-Niveau ermittelt wurden.
Signifikanzen, die sich in beiden Umfragen wiederholt haben.
positiv negativ

Tabelle A 2.1 a

Selbstbeschreibung
»Das paßt auf mich oder zu dieser Gruppe zähle ich mich«

Basis der Befragten	**Bevölk. ab 14 J. 13 283**	Steinbock 837	Wassermann 909	Fische 937	Widder 987	Stier 928	Zwillinge 1021	Krebs 913	Löwe 925	Jungfrau 909	Waage 812	Skorpion 820	Schütze 760
	∅ %	%	%	%	%	%	%	%	%	%	%	%	%
Ältere Mutter/Vater mit jung. Kind	**3,1**	3,0	3,3	2,8	3,9	3,0	2,7	2,4	4,0	3,0	4,3	3,1	3,9
Arbeite hart/gern i. meinem Beruf	**20,7**	22,6	19,0	21,9	21,7	18,8	19,5	23,4	22,7	21,5	19,3	20,9	22,2
Autofahren macht m. großen Spaß	**37,6**	36,7	36,1	41,2	38,0	37,6	40,2	39,0	39,5	39,8	39,6	42,3	41,4
Doppelbelast. Beruf u. Haushalt	**15,3**	15,5	15,0	15,9	15,6	15,4	17,3	15,1	13,4	15,6	15,9	13,0	16,6
Doppelbelast. Mehrere Generat.	**3,0**	3,0	3,0	3,4	2,7	2,6	4,0	2,9	2,9	4,9	2,6	4,2	2,9
Feinschmecker/in	**13,3**	13,9	14,4	13,5	12,9	13,1	14,1	12,2	14,3	13,7	16,3	11,8	15,0
Häuslicher Typ	**50,9**	54,3	51,8	52,3	50,3	55,7	52,1	55,7	52,3	52,2	48,6	48,9	53,7
Lieber langsam Karriere machen	**14,0**	14,6	15,1	14,7	14,9	14,8	16,9	17,4	12,8	15,4	14,1	15,3	15,6
Kernkraftgegner/in	**15,8**	15,5	16,1	15,2	15,1	15,7	14,8	15,4	18,3	16,8	14,7	15,5	14,9
Multidimensional. Verhalten	**33,6**	33,9	31,1	34,7	36,3	33,1	35,9	36,9	36,2	36,0	39,0	31,0	36,2
Natur- und Umweltschützer/in	**19,1**	18,5	17,4	20,3	17,8	22,2	19,0	21,3	19,3	20,9	19,3	21,5	20,6
Religiöse, gläubige Menschen	**19,8**	20,5	20,7	22,9	16,1	20,3	17,6	19,0	18,3	18,8	23,5	16,9	20,4
Soziale, Hilfsbereite	**45,0**	46,7	47,0	48,7	45,9	45,5	46,6	46,7	43,9	49,7	45,5	43,2	43,0

Signifikanzen, die bei den Auswertungen der kumulierten Daten beider Umfragen auf dem 1-Prozent-Niveau ermittelt wurden.
Signifikanzen, die sich in beiden Umfragen wiederholt haben.
positiv negativ

Tabelle A 2.1 b

Selbstbeschreibung
»Das paßt auf mich oder zu dieser Gruppe zähle ich mich«

Basis der Befragten	**Bevölk. ab 14 J. 13 283**	Steinbock 837	Wassermann 909	Fische 937	Widder 987	Stier 928	Zwillinge 1021	Krebs 913	Löwe 925	Jungfrau 909	Waage 812	Skorpion 820	Schütze 760
	Ø %	%	%	%	%	%	%	%	%	%	%	%	%
Stimmung, eigene - ausgezeichnet	**17,1**	17,9	16,4	16,3	18,8	15,6	15,5	18,5	18,3	16,7	16,4	17,0	16,1
Stimmung, eigene - gut	**32,8**	33,1	32,7	32,4	35,5	32,1	35,5	34,0	29,7	31,1	31,5	31,5	36,2
Stimmung, eigene - eher schlecht	**32,0**	32,0	34,5	33,8	29,8	33,7	33,5	28,7	31,4	34,5	32,0	33,5	32,3
Stimmung, eigene - sehr schlecht	**18,1**	17,0	16,4	17,4	15,9	18,6	15,5	18,8	20,6	17,8	20,0	18,0	15,4
Streß, Druck häufig	**25,0**	26,0	23,9	26,0	25,1	22,2	25,2	23,5	25,3	26,9	22,8	29,4	28,3
Übergewichtsprobleme	**16,4**	16,0	17,0	18,4	17,1	19,7	17,2	16,1	16,9	15,6	17,5	15,8	15,4

Signifikanzen, die bei den Auswertungen der kumulierten Daten beider Umfragen auf dem 1-Prozent-Niveau ermittelt wurden.
Signifikanzen, die sich in beiden Umfragen wiederholt haben.
positiv negativ

Tabelle A 2.3

Skala der Persönlichkeitsstärke

Basis der Befragten	**Bevölk. ab 14 J. 13 283**	Steinbock 837	Wassermann 909	Fische 937	Widder 987	Stier 928	Zwillinge 1021	Krebs 913	Löwe 925	Jungfrau 909	Waage 812	Skorpion 820	Schütze 760
	∅ %	%	%	%	%	%	%	%	%	%	%	%	%
Andere beneiden mich um vieles	**17,0**	15,6	17,5	15,9	15,7	15,9	16,3	16,7	20,1	19,1	17,4	17,2	19,7
Andere richten sich nach mir	**24,6**	26,8	26,3	22,3	25,9	26,2	25,4	24,2	28,6	25,1	23,5	24,2	30,2
Bin anderen oft einen Schritt voraus	**12,2**	10,9	12,2	13,0	12,9	12,0	12,6	11,8	13,4	13,5	12,2	11,3	14,0
Bin selten unsicher	**45,5**	42,7	45,9	45,7	47,5	46,8	45,1	44,7	46,6	49,0	46,6	45,1	45,7
Gebe anderen öfter Ratschläge	**43,0**	46,4	44,5	44,3	44,1	44,6	43,1	41,5	42,2	45,8	46,6	41,4	46,6
Habe Spaß, andere zu überzeugen	**34,5**	30,5	34,0	36,4	36,0	33,2	35,4	35,7	38,4	36,4	36,7	37,1	37,4
Kann mich gut durchsetzen*)	**45,5**	42,2	42,0	45,8	49,6	49,3	48,0	43,9	50,1	47,2	43,6	45,8	49,7
Rechne m. Erfolg bei meinem Tun	**57,2**	56,0	58,5	56,7	58,3	53,6	56,7	56,5	58,7	62,5	56,7	56,6	61,2
Übernehme gern die Führung	**24,3**	22,5	23,6	26,6	25,1	23,2	25,9	25,0	27,4	27,4	24,4	22,1	24,8
Übernehme gern Verantwortung	**48,3**	49,8	47,9	52,8	48,5	50,1	48,2	51,0	52,6	51,6	49,3	46,7	48,3
Persönlichkeitsstärke: stark	**25,0**	23,3	25,0	25,0	27,2	26,5	26,3	25,2	28,1	29,0	23,2	23,3	28,1
Persönlichkeitsstärke: überdurch.	**27,8**	26,7	28,0	30,4	27,4	29,2	27,2	27,5	30,4	27,0	31,6	28,2	29,3
Persönlichkeitsstärke: mäßig	**24,8**	28,3	24,9	22,6	25,3	22,9	25,0	25,5	22,4	23,4	27,5	25,9	25,0
Persönlichkeitsstärke: schwach	**22,4**	21,7	22,2	22,0	20,2	21,5	21,5	21,9	19,1	20,6	17,6	22,6	17,6

Signifikanzen, die bei den Auswertungen der kumulierten Daten beider Umfragen auf dem 1-Prozent-Niveau ermittelt wurden.
Signifikanzen, die sich in beiden Umfragen wiederholt haben.
positiv negativ

*) Item nur in der Herbstumfrage 1995 enthalten; Basis der Befragten dafür: Bevölkerung ab 14 Jahre 6696, Steinbock 390, Wassermann 435, Fische 459, Widder 513, Stier 485, Zwillinge 525, Krebs 460, Löwe 490, Jungfrau 500, Waage 433, Skorpion 433, Schütze 357

Tabelle A 2.4

Kreise, Schichten, Gruppen
»Das paßt auf mich oder zu dieser Gruppe zähle ich mich«

Basis der Befragten	**Bevölk. ab 14 J. 13 283**	Steinbock 837	Wassermann 909	Fische 937	Widder 987	Stier 928	Zwillinge 1021	Krebs 913	Löwe 925	Jungfrau 909	Waage 812	Skorpion 820	Schütze 760
	Ø %	%	%	%	%	%	%	%	%	%	%	%	%
Arbeiterklasse	**19,8**	19,0	19,6	18,4	17,8	21,5	18,3	20,7	21,5	18,2	19,4	20,8	17,9
Aufsteiger/in	**5,0**	5,5	3,7	4,1	4,8	5,5	4,4	4,8	6,3	6,6	5,3	4,5	5,5
Emanzipierte	**17,8**	17,3	17,6	17,9	18,8	17,5	18,0	15,6	17,8	16,9	19,0	16,6	19,3
Firmen-Einkäufer/in	**4,1**	4,2	3,5	4,0	3,7	4,0	4,1	4,6	5,6	5,2	5,7	3,6	3,9
Fortschrittliche, Progressive	**9,2**	9,1	9,6	7,8	8,8	10,3	9,9	9,5	9,4	10,4	9,7	8,5	7,6
Führungsspitze im Beruf	**6,7**	6,9	5,6	7,6	7,5	5,9	7,6	6,5	7,4	8,3	7,1	5,3	8,6
Handwerker/in	**21,2**	19,9	20,6	22,8	22,6	23,5	23,1	20,7	21,6	22,0	22,1	23,1	18,3
Hausmänner	**7,8**	7,5	6,8	8,3	7,3	9,2	7,8	8,3	8,8	9,0	8,4	10,0	6,3
Liberale	**8,9**	8,0	8,6	9,1	9,7	8,0	11,2	8,1	9,7	9,1	10,3	8,0	8,5
Mittelstand	**41,2**	42,2	38,3	41,2	39,9	37,7	41,4	42,3	40,8	41,2	42,3	40,4	43,0
Technik im Beruf vermehrt	**13,9**	13,2	12,9	14,9	14,0	13,1	15,6	13,4	16,3	15,8	12,8	15,3	13,7
Technische Intelligenz	**8,1**	8,9	8,8	8,5	8,7	7,6	7,8	8,4	8,7	9,0	9,8	7,5	8,5

Signifikanzen, die bei den Auswertungen der kumulierten Daten beider Umfragen auf dem 1-Prozent-Niveau ermittelt wurden.
Signifikanzen, die sich in beiden Umfragen wiederholt haben.
positiv negativ

Tabelle A 2.5 a

»Das interessiert mich ganz besonders«

Basis der Befragten	**Bevölk. ab 14 J. 13 283**	Steinbock 837	Wassermann 909	Fische 937	Widder 987	Stier 928	Zwillinge 1021	Krebs 913	Löwe 925	Jungfrau 909	Waage 812	Skorpion 820	Schütze 760
	∅ %	%	%	%	%	%	%	%	%	%	%	%	%
Alkoholische Getränke	**6,1**	7,4	6,9	6,2	6,7	5,8	5,6	6,1	5,6	5,2	7,2	5,6	5,3
Antiquitäten	**8,2**	6,7	8,2	8,9	8,7	9,7	7,7	9,3	8,6	9,1	7,0	8,0	10,5
Autos, Autotests	**16,8**	17,3	16,2	17,2	17,2	19,5	19,6	18,5	18,6	15,7	16,5	16,4	17,6
Auto-, Motorradrennsport	**11,5**	9,9	11,8	11,9	11,1	13,5	13,1	12,1	15,4	10,3	10,0	12,5	12,1
Bauen, Modern., Renovieren	**17,6**	18,2	18,0	22,1	18,4	19,8	21,0	20,3	18,1	16,4	18,6	17,3	18,5
Berufliche Weiterbildung	**24,5**	23,7	24,6	24,9	26,7	24,7	25,4	29,1	25,7	27,6	25,7	24,5	25,9
Bücher	**30,0**	28,5	31,5	31,0	29,5	30,0	32,7	32,0	29,2	29,3	34,1	30,7	34,9
Büro-Ausstattung	**3,6**	2,9	3,6	3,4	3,9	4,6	3,8	2,2	3,7	3,9	2,4	4,0	4,5
Computernutzung	**14,6**	16,3	15,0	13,5	15,0	14,8	17,7	15,9	16,7	17,0	14,2	15,0	17,2
Elektrogeräte, groß	**9,6**	10,9	10,0	9,0	8,7	12,0	12,0	9,5	10,4	8,7	9,8	10,0	9,1
Filmen,Videofilmen	**7,5**	9,4	7,2	6,4	7,7	7,8	10,6	9,3	6,1	7,4	7,5	6,7	10,9
Fotografieren	**10,8**	11,8	9,7	12,0	11,6	12,4	11,7	12,5	8,6	9,6	13,4	11,9	13,9
Gartenpflege, -gestaltung	**25,8**	23,6	27,9	31,4	25,4	26,6	25,6	24,0	25,3	27,4	27,8	26,7	28,3
Gästebewirtung, Gastlichkeit	**36,0**	37,2	36,7	43,0	36,0	38,8	39,1	37,1	32,6	37,2	37,2	36,5	38,2
Geld-, Kapitalanlagen	**23,7**	25,2	22,7	25,9	26,7	24,5	25,9	28,0	23,2	25,1	23,1	25,7	25,1
Gesunde Ernährung, Lebensw.	**37,3**	37,7	38,3	38,1	38,3	40,8	40,4	37,5	35,0	40,0	37,0	40,0	40,2
Haarpflege, Frisuren	**26,5**	25,3	24,1	27,2	27,3	28,9	30,9	25,8	25,6	26,5	29,1	25,7	29,4
Haushaltspflege	**25,8**	25,1	22,7	27,7	25,9	28,4	27,8	27,4	27,6	25,2	25,5	27,6	28,2

Signifikanzen, die bei den Auswertungen der kumulierten Daten beider Umfragen auf dem 1-Prozent-Niveau ermittelt wurden.
Signifikanzen, die sich in beiden Umfragen wiederholt haben.
positiv negativ

Tabelle A 2.5 b

»Das interessiert mich ganz besonders«

Basis der Befragten	**Bevölk. ab 14 J. 13 283**	Stein-bock 837	Wasser-mann 909	Fische 937	Widder 987	Stier 928	Zwil-linge 1021	Krebs 913	Löwe 925	Jung-frau 909	Waage 812	Skor-pion 820	Schütze 760
	∅ %	%	%	%	%	%	%	%	%	%	%	%	%
Hautpflege, Körperpflege	**33,2**	33,2	33,5	35,2	35,2	36,0	35,2	34,9	32,2	32,9	35,4	35,4	37,8
Heimwerken, Do-it-yourself	**19,6**	18,4	19,9	21,6	21,4	21,4	22,6	21,2	19,9	21,0	20,2	20,2	16,2
Hifi-Geräte, Hifi-Technik	**12,5**	12,2	13,5	10,6	14,4	13,9	13,9	13,5	13,4	11,5	12,0	14,2	13,7
Hotels, Restaur., anspruchsvoll	**7,6**	9,3	5,6	7,2	7,0	8,7	8,6	6,6	8,9	6,4	7,8	6,9	9,7
Kabel-, Satellitenfernsehen	**17,1**	17,6	18,5	17,6	18,6	18,3	17,6	21,2	18,1	16,3	18,1	18,2	18,3
Kinofilme	**15,0**	15,3	15,6	14,2	15,5	16,7	16,0	17,6	17,3	13,7	16,2	16,4	16,6
Kochen, Kochrezepte	**31,8**	32,0	31,7	30,9	29,9	35,3	35,9	31,7	31,1	29,1	32,0	33,8	30,9
Lokale Ereignisse	**43,5**	43,0	44,0	47,4	44,5	44,7	42,1	43,2	42,7	44,7	46,7	40,0	42,1
Medizinische Fragen	**25,0**	25,8	26,7	27,2	25,9	29,4	27,3	24,9	22,2	23,1	25,6	26,1	27,3
Mode, Modetrends	**16,7**	16,6	14,7	17,4	18,4	18,6	17,5	16,1	17,1	15,8	17,3	17,4	16,5
Modellbau, Modellbaumarkt	**4,4**	5,0	4,2	4,4	5,1	4,5	4,8	5,8	5,3	4,2	4,0	5,4	4,0
Moderne Telekommunikation	**11,0**	12,6	9,2	10,2	12,0	10,6	13,2	11,7	11,6	11,8	11,1	11,3	10,9
Motorräder	**7,6**	6,4	7,6	8,0	8,8	8,2	9,2	9,2	10,2	6,0	7,5	7,3	8,2
Natur- und Umweltschutz	**28,6**	28,9	29,6	34,6	29,0	33,6	28,7	30,5	26,6	30,0	28,3	30,1	29,3
Naturheilmittel	**18,2**	18,7	19,5	19,1	17,8	20,0	18,7	17,1	18,1	18,5	16,5	20,1	20,7
Oldtimer (Auto, Motorrad)	**5,9**	6,6	5,5	5,9	6,5	6,9	7,6	7,2	7,3	5,7	5,4	4,9	7,8
Parfüm, Eau de Toilette	**17,7**	16,3	18,5	18,6	19,3	20,5	18,5	18,5	18,9	17,2	18,2	15,1	20,0
Politik	**20,7**	18,1	22,9	23,3	20,6	20,7	23,4	19,9	20,2	20,5	24,4	20,7	19,9

Signifikanzen, die bei den Auswertungen der kumulierten Daten beider Umfragen auf dem 1-Prozent-Niveau ermittelt wurden.
Signifikanzen, die sich in beiden Umfragen wiederholt haben.
positiv negativ

Tabelle A 2.5 c

»Das interessiert mich ganz besonders«

Basis der Befragten	**Bevölk. ab 14 J. 13 283**	Stein-bock 837	Wasser-mann 909	Fische 937	Widder 987	Stier 928	Zwil-linge 1021	Krebs 913	Löwe 925	Jung-frau 909	Waage 812	Skor-pion 820	Schütze 760
	Ø %	%	%	%	%	%	%	%	%	%	%	%	%
Radfahren sportliches	**10,0**	9,7	10,7	10,1	10,8	12,0	12,0	10,0	9,1	10,8	9,1	12,9	12,1
Schallplatten, CDs, Musikcas.	**23,3**	24,7	26,1	22,6	25,1	23,6	25,4	26,6	25,1	22,2	23,8	25,6	26,2
Schneidern, Stricken	**11,2**	10,9	14,2	11,1	10,6	12,1	13,3	10,8	11,5	8,8	12,3	11,4	12,6
Schönheitspflege, Make-up	**15,9**	17,0	14,6	15,0	17,1	16,1	15,7	15,1	15,6	14,6	18,0	15,0	17,4
Urlaub und Reisen	**39,2**	40,1	39,8	37,6	42,9	43,3	40,5	41,4	39,4	38,8	44,2	38,0	42,9
Versicherungen	**23,2**	26,2	22,3	25,1	23,5	26,0	24,9	24,6	25,0	26,6	23,8	22,7	22,7
Video-Geräte, -Technik	**9,1**	10,4	9,9	6,6	9,8	8,1	11,8	11,5	10,3	7,1	8,8	11,4	10,1
Warentests	**20,0**	19,9	19,6	21,9	21,9	19,0	22,5	19,2	20,9	20,0	22,0	20,4	23,0
Wirtschaftsthemen	**14,3**	14,4	17,6	15,7	16,1	12,7	16,3	15,0	15,2	15,7	14,6	11,9	13,0
Wohnen und Einrichten	**32,9**	32,9	32,9	36,6	34,1	33,8	35,4	33,8	32,4	32,3	39,1	31,4	36,0

Signifikanzen, die bei den Auswertungen der kumulierten Daten beider Umfragen auf dem 1-Prozent-Niveau ermittelt wurden.
Signifikanzen, die sich in beiden Umfragen wiederholt haben.
positiv negativ

Tabelle A 2.6 a

»Da gebe ich öfters Ratschläge, Tips, gelte da als Experte«

Basis der Befragten	**Bevölk. ab 14 J. 13 283**	Stein-bock 837	Wasser-mann 909	Fische 937	Widder 987	Stier 928	Zwil-linge 1021	Krebs 913	Löwe 925	Jung-frau 909	Waage 812	Skor-pion 820	Schütze 760
	∅ %	%	%	%	%	%	%	%	%	%	%	%	%
Alkoholische Getränke	**6,9**	8,4	9,4	7,6	8,3	8,7	8,0	8,3	6,8	6,7	6,5	6,7	6,2
Antiquitäten	**4,5**	4,4	5,6	4,7	5,3	5,2	4,7	5,2	4,7	3,5	4,2	4,0	4,7
Autos, Autotests	**11,3**	12,5	13,6	11,3	11,1	12,2	13,5	13,0	14,0	11,1	10,9	11,3	10,1
Auto-, Motorradrennsport	**5,4**	5,7	7,1	5,8	5,1	7,2	5,8	5,3	7,1	6,1	4,9	4,5	5,7
Bauen, Modern., Renovieren	**16,1**	16,2	16,5	20,7	16,5	18,1	19,4	16,5	15,0	16,3	18,0	18,0	18,6
Berufliche Weiterbildung	**10,1**	9,1	8,7	14,5	12,2	10,6	9,2	12,3	11,8	10,0	12,1	8,7	12,8
Bücher	**19,7**	20,0	20,6	20,8	20,3	21,5	23,6	20,9	18,6	20,7	21,1	18,6	23,0
Büro-Ausstattung	**2,7**	2,4	3,1	3,4	2,6	3,6	2,7	3,3	2,7	4,4	1,5	1,4	2,6
Computernutzung	**10,8**	12,7	10,0	10,5	10,4	10,9	13,0	12,3	12,6	12,8	11,3	10,3	12,8
Elektrogeräte, groß	**6,9**	9,1	7,5	8,0	7,8	9,0	8,7	6,8	5,4	4,9	9,4	7,5	7,3
Filmen,Videofilmen	**5,6**	5,9	6,0	5,0	5,8	6,1	8,2	7,6	5,0	4,7	6,0	4,9	8,1
Fotografieren	**8,1**	8,4	6,7	8,2	9,3	9,8	9,0	10,7	7,9	9,5	10,8	8,4	9,3
Gartenpflege, -gestaltung	**22,5**	20,9	23,7	26,6	23,3	24,8	24,4	19,5	22,5	23,9	26,1	24,8	23,0
Gästebewirtung, Gastlichkeit	**18,6**	19,8	19,7	22,3	18,0	21,1	22,8	21,4	18,5	17,4	19,7	18,7	22,1
Geld-, Kapitalanlagen	**13,0**	13,9	14,4	15,0	13,2	15,1	14,0	14,9	12,3	13,3	14,6	13,6	14,0
Gesunde Ernährung, Lebensw.	**20,5**	23,0	22,6	22,1	20,3	24,1	21,6	21,7	18,0	21,6	22,3	21,7	22,5
Haarpflege, Frisuren	**11,3**	11,0	10,2	10,2	12,4	11,8	14,3	11,7	10,3	12,2	12,4	11,2	15,9
Haushaltspflege	**14,7**	14,4	14,3	15,9	14,4	18,2	14,2	16,2	15,1	13,8	15,4	15,8	18,5

Signifikanzen, die bei den Auswertungen der kumulierten Daten beider Umfragen auf dem 1-Prozent-Niveau ermittelt wurden.
Signifikanzen, die sich in beiden Umfragen wiederholt haben.
positiv negativ

Tabelle A 2.6 b

»Da gebe ich öfters Ratschläge, Tips, gelte da als Experte«

Basis der Befragten	**Bevölk. ab 14 J. 13 283**	Steinbock 837	Wassermann 909	Fische 937	Widder 987	Stier 928	Zwillinge 1021	Krebs 913	Löwe 925	Jungfrau 909	Waage 812	Skorpion 820	Schütze 760
	∅ %	%	%	%	%	%	%	%	%	%	%	%	%
Hautpflege, Körperpflege	**12,3**	13,9	14,7	11,9	13,4	15,6	12,5	11,6	12,4	12,8	12,5	11,2	14,9
Heimwerken, Do-it-yourself	**18,1**	17,2	17,5	20,0	21,4	19,8	20,3	18,1	19,6	18,4	19,9	20,6	15,2
Hifi-Geräte, Hifi-Technik	**8,1**	9,9	9,4	7,6	9,3	8,1	8,7	9,8	9,2	8,2	6,5	8,1	8,3
Hotels, Restaur. anspruchsvoll	**7,1**	8,4	8,2	7,3	8,1	8,2	7,3	6,7	6,7	7,4	7,7	6,5	9,2
Kabel-, Satellitenfernsehen	**7,3**	9,0	7,7	7,6	8,5	9,6	7,9	9,3	7,0	6,9	7,7	6,5	8,2
Kinofilme	**10,4**	11,0	11,1	10,0	11,9	9,8	11,9	12,7	12,4	10,6	12,3	11,1	10,6
Kochen, Kochrezepte	**29,0**	30,0	31,9	30,1	26,7	32,4	34,8	30,3	30,3	25,6	29,5	27,8	33,2
Lokale Ereignisse	**18,0**	19,4	20,1	20,8	19,7	20,6	18,3	20,5	17,7	16,4	22,1	16,1	17,3
Medizinische Fragen	**14,5**	16,3	14,5	16,2	16,6	17,2	16,7	14,5	13,1	15,4	15,1	13,9	17,5
Mode, Modetrends	**11,6**	11,4	13,8	11,6	12,6	11,1	13,6	9,7	12,2	12,8	13,4	10,8	13,8
Modellbau, Modellbaumarkt	**3,8**	4,2	3,7	2,7	3,7	4,9	5,3	5,1	4,3	3,1	4,2	3,3	5,3
Moderne Telekommunikation	**6,7**	7,9	7,3	6,8	7,3	7,3	8,4	7,2	7,0	7,1	6,5	5,6	7,3
Motorräder	**4,6**	4,0	4,5	4,9	4,7	4,3	5,9	5,8	6,4	4,5	4,9	4,0	4,2
Natur- und Umweltschutz	**11,2**	10,2	9,8	12,6	13,0	13,6	10,9	12,0	11,7	12,2	12,8	11,2	12,1
Naturheilmittel	**10,4**	10,7	9,5	11,7	9,6	12,4	10,3	10,0	10,3	9,9	10,5	8,9	14,4
Oldtimer (Auto,Motorrad)	**2,9**	2,5	3,3	3,4	3,1	2,8	4,0	4,4	3,5	3,8	2,2	2,7	3,3
Parfüm, Eau de Toilette	**10,6**	9,3	12,2	9,6	12,4	11,6	13,5	11,0	11,7	10,5	11,1	9,4	13,7
Politik	**12,1**	10,5	13,4	14,4	15,9	11,2	12,7	10,4	11,5	13,0	13,1	12,6	13,1

Signifikanzen, die bei den Auswertungen der kumulierten Daten beider Umfragen auf dem 1-Prozent-Niveau ermittelt wurden.
Signifikanzen, die sich in beiden Umfragen wiederholt haben.
positiv negativ

Tabelle A 2.6 c

»Da gebe ich öfters Ratschläge, Tips, gelte da als Experte«

Basis der Befragten	**Bevölk. ab 14 J. 13 283**	Stein-bock 837	Wasser-mann 909	Fische 937	Widder 987	Stier 928	Zwil-linge 1021	Krebs 913	Löwe 925	Jung-frau 909	Waage 812	Skor-pion 820	Schütze 760
	∅ %	%	%	%	%	%	%	%	%	%	%	%	%
Radfahren, sportliches	**4,9**	4,3	5,4	5,1	6,4	5,9	5,4	4,5	5,1	6,2	4,0	5,0	5,8
Schallplatten, CDs, Musikcas.	**14,9**	15,0	16,0	14,1	17,7	15,2	17,4	18,7	16,7	14,4	14,9	17,1	17,1
Schneidern, Stricken	**11,4**	10,7	14,4	12,0	10,3	14,3	15,3	10,9	11,5	9,0	13,1	9,4	15,1
Schönheitspflege, Make-up	**8,5**	7,8	9,6	7,9	10,4	9,5	9,0	8,4	8,0	5,8	10,0	7,4	11,0
Urlaub und Reisen	**24,5**	25,2	23,5	26,3	28,7	27,0	27,4	27,6	24,3	27,4	26,5	23,9	25,3
Versicherungen	**10,8**	9,7	12,6	12,6	11,6	11,8	11,2	13,1	10,5	13,5	11,7	11,6	11,3
Video-Geräte, -Technik	**5,9**	7,5	8,3	4,4	6,4	5,9	8,2	7,3	5,8	4,8	6,1	6,1	6,9
Warentests	**10,4**	10,8	10,3	11,7	11,9	10,4	13,3	11,0	11,0	12,4	13,6	11,3	8,7
Wirtschaftsthemen	**7,4**	7,1	9,7	6,5	9,4	6,6	9,1	6,8	7,6	8,1	8,0	7,9	8,4
Wohnen und Einrichten	**19,0**	18,0	20,9	21,2	20,2	22,8	21,3	18,9	18,5	18,9	21,7	21,1	21,3

Signifikanzen, die bei den Auswertungen der kumulierten Daten beider Umfragen auf dem 1-Prozent-Niveau ermittelt wurden.
Signifikanzen, die sich in beiden Umfragen wiederholt haben.
positiv negativ

Tabelle A 2.7

Sprachkenntnisse

Basis der Befragten	**Bevölk. ab 14 J. 13 283**	Stein-bock 837	Wasser-mann 909	Fische 937	Widder 987	Stier 928	Zwil-linge 1021	Krebs 913	Löwe 925	Jung-frau 909	Waage 812	Skor-pion 820	Schütze 760
	∅ %	%	%	%	%	%	%	%	%	%	%	%	%
Englischkenntnisse gut	**30,6**	30,1	30,8	29,6	29,9	29,2	30,9	32,0	32,2	31,1	34,4	27,4	31,6
Französischkenntnisse gut	**7,4**	8,2	7,2	9,4	6,5	6,9	6,8	6,6	7,1	7,5	6,6	6,5	7,1
Fremdsprachenkenntnisse vorhanden	**45,6**	45,4	45,0	45,7	45,6	43,6	43,6	48,1	48,9	45,0	49,7	45,4	47,8
Beruflich genutzte Sprachkenntn.	**7,2**	8,6	5,8	5,8	6,5	7,7	8,8	7,4	8,2	7,9	9,0	6,2	8,2
Privat genutzte Sprachkenntnisse	**23,9**	24,1	24,1	24,6	24,5	23,3	22,5	26,1	26,2	22,0	25,5	24,3	24,7
Sprachkurse besuchen	**2,5**	2,0	2,9	2,9	1,7	3,0	2,4	3,9	1,5	2,3	3,0	3,1	2,2

Signifikanzen, die bei den Auswertungen der kumulierten Daten beider Umfragen auf dem 1-Prozent-Niveau ermittelt wurden.
Signifikanzen, die sich in beiden Umfragen wiederholt haben.
positiv negativ

Tabelle A 2.8 a

Reisen, Urlaubsziele, Urlaubsgewohnheiten

Basis der Befragten	**Bevölk. ab 14 J. 13 283**	Steinbock 837	Wassermann 909	Fische 937	Widder 987	Stier 928	Zwillinge 1021	Krebs 913	Löwe 925	Jungfrau 909	Waage 812	Skorpion 820	Schütze 760
	Ø %	%	%	%	%	%	%	%	%	%	%	%	%
Bahnreisen insgesamt	**23,9**	24,0	26,6	26,6	26,5	25,5	22,6	26,0	25,0	24,4	27,3	23,4	24,7
Bahnreisen,1-4 längere Reisen 12 Mo.	**18,0**	17,9	20,3	20,7	16,6	18,8	16,7	19,0	16,8	17,5	19,9	18,0	18,6
Bahnreisen,5 u. mehr läng.Reisen 12 Mo.	**4,5**	5,1	5,1	4,0	6,8	4,4	3,4	5,7	5,5	4,6	5,5	3,2	5,2
Bahnreise mit ICE in letzen 12 Mo.	**8,6**	9,3	10,8	9,8	9,6	9,9	7,4	7,9	7,3	8,6	9,1	7,5	8,8
Bahnreise mit IC/EC/Interregio 12 Mo.	**13,8**	14,4	15,0	14,2	15,6	14,6	12,5	16,1	13,1	11,9	15,4	13,9	15,2
Flugreisen in 12 Monaten	**21,3**	21,4	19,0	20,8	23,8	21,2	18,9	21,7	23,7	23,8	21,6	19,9	24,8
Flugreise privat in 12 Monaten	**19,8**	19,8	17,9	18,8	22,0	20,1	17,7	20,9	22,7	21,7	18,7	18,4	23,5
Flugreise geschäftlich in 12 Monaten	**2,4**	2,4	1,5	2,1	2,7	2,7	1,7	1,2	2,0	3,2	3,8	2,7	2,9
Flugreisen, 1-4 Flüge in 12 Monaten	**19,1**	19,1	17,2	19,0	21,5	19,3	17,0	19,2	22,1	20,6	18,6	18,0	22,5
Flugreisen, 5 und mehr Flüge in 12 Mo.	**2,1**	2,1	1,8	1,7	2,2	1,8	1,8	2,5	1,6	3,0	2,9	1,9	2,2
Kurzurlaubsreise in 12 Monaten	**46,9**	46,2	44,4	51,2	50,2	48,5	48,7	50,0	48,4	46,1	48,0	46,4	45,7
Städtereise (kurz) in 12 Monat.	**17,6**	20,0	16,2	18,4	17,9	18,8	16,5	18,3	19,4	18,2	19,1	16,4	19,3
Urlaubsreisen (länger) in 12 Mo.	**60,2**	58,2	61,6	61,6	63,9	61,4	59,4	61,0	63,1	61,9	60,5	60,2	64,8
Alte Bundesländer	**23,3**	22,8	25,7	23,6	26,1	23,0	22,2	24,9	26,4	23,8	22,8	25,6	25,5
Neue Bundesländer mit Berlin	**10,3**	8,8	8,8	10,5	11,7	11,9	10,6	13,1	10,3	9,9	10,4	8,9	9,9

Signifikanzen, die bei den Auswertungen der kumulierten Daten beider Umfragen auf dem 1-Prozent-Niveau ermittelt wurden.
Signifikanzen, die sich in beiden Umfragen wiederholt haben.
positiv negativ

Tabelle A 2.8 b

Reisen, Urlaubsziele, Urlaubsgewohnheiten

Basis der Befragten	**Bevölk. ab 14 J. 13 283**	Steinbock 837	Wassermann 909	Fische 937	Widder 987	Stier 928	Zwillinge 1021	Krebs 913	Löwe 925	Jungfrau 909	Waage 812	Skorpion 820	Schütze 760
	∅ %	%	%	%	%	%	%	%	%	%	%	%	%
Europäisches Ausland	**39,5**	40,2	38,4	42,1	41,6	41,1	39,0	41,7	40,5	41,7	41,3	37,5	39,8
Außereuropäische Länder	**8,5**	8,0	7,8	8,3	8,7	8,9	6,2	10,3	10,3	9,8	9,2	7,5	10,7
Immer oder meistens gleicher	**15,1**	15,0	16,6	15,8	18,7	15,1	14,4	15,1	16,5	15,7	14,4	15,1	17,1
Immer oder meistens neuer	**38,0**	37,4	39,2	38,0	39,2	38,8	38,8	39,0	39,5	39,0	39,8	36,2	41,2

Signifikanzen, die bei den Auswertungen der kumulierten Daten beider Umfragen auf dem 1-Prozent-Niveau ermittelt wurden.
Signifikanzen, die sich in beiden Umfragen wiederholt haben.
positiv negativ

Tabelle A 2.9

Tiere im Haushalt

Basis der Befragten	**Bevölk. ab 14 J. 13 283**	Steinbock 837	Wassermann 909	Fische 937	Widder 987	Stier 928	Zwillinge 1021	Krebs 913	Löwe 925	Jungfrau 909	Waage 812	Skorpion 820	Schütze 760
	∅ %	%	%	%	%	%	%	%	%	%	%	%	%
Hund	**15,3**	14,3	14,7	15,1	16,1	15,3	15,7	16,2	17,5	15,2	12,7	15,7	15,4
Katze	**16,2**	18,1	16,5	18,0	15,2	14,9	18,9	17,3	15,5	15,0	19,3	15,7	18,4
Vogel	**8,8**	7,1	7,8	9,3	7,9	10,2	11,2	10,6	7,7	11,0	7,8	8,1	9,5
Fische	**5,6**	5,4	4,0	5,8	5,7	5,8	7,3	5,4	5,3	7,9	6,6	6,6	6,1

Signifikanzen, die bei den Auswertungen der kumulierten Daten beider Umfragen auf dem 1-Prozent-Niveau ermittelt wurden.
Signifikanzen, die sich in beiden Umfragen wiederholt haben.
positiv negativ

Tabelle A 2.11a

Was machen Sie in Ihrer Freizeit, wenn es von der Jahreszeit her möglich ist?

Basis der Befragten	**Bevölk. ab 14 J. 13 283**	Stein-bock 837	Wasser-mann 909	Fische 937	Widder 987	Stier 928	Zwil-linge 1021	Krebs 913	Löwe 925	Jung-frau 909	Waage 812	Skor-pion 820	Schütze 760
	Ø %	%	%	%	%	%	%	%	%	%	%	%	%
Angeln, Fischen	**1,8**	1,9	1,5	2,2	2,9	1,2	1,5	1,6	2,7	1,8	1,2	2,4	2,2
Basketball, Streetball	**0,9**	0,6	1,1	0,5	1,9	1,0	0,5	0,8	0,6	1,5	0,9	0,7	1,3
Bergsteigen	**1,2**	0,7	1,5	1,6	1,3	1,3	1,0	1,5	1,0	1,3	0,9	1,0	1,0
Camping, Caravaning	**3,4**	3,2	3,5	4,2	4,0	3,1	3,3	4,1	3,2	3,3	4,6	3,1	3,3
Computerspiele	**6,3**	8,7	4,5	4,8	8,0	4,4	7,2	7,1	8,6	7,4	5,6	6,3	6,5
Diskothekenbesuch	**7,0**	5,6	5,7	6,5	7,6	7,0	6,6	9,4	8,1	6,6	7,3	7,0	7,2
Drachenfliegen	**0,2**	0,1	0,0	0,2	0,3	0,0	0,2	0,4	0,0	0,1	0,3	0,0	0,4
Essen gehen	**14,5**	12,3	14,3	15,8	13,6	15,3	13,1	14,4	15,1	13,5	16,0	15,3	16,0
Fußballspielen	**4,1**	4,0	3,5	4,3	5,9	3,7	3,9	4,2	4,0	4,6	5,1	3,9	4,7
Garten, im Garten arbeiten	**31,0**	29,1	32,6	36,8	32,1	32,8	30,9	27,0	30,7	33,9	31,4	34,7	32,3
Golf	**0,5**	0,4	0,3	0,3	0,5	0,3	0,2	0,5	0,4	0,2	0,2	1,5	1,1
Jagen	**0,5**	0,9	0,2	0,6	0,8	0,6	0,4	0,7	0,6	0,5	0,2	0,2	1,0
Jogging	**3,6**	3,1	4,4	3,8	4,2	3,5	3,7	4,3	4,1	4,2	4,0	2,6	3,8
Karten spielen	**12,8**	16,0	11,3	11,0	12,8	12,8	14,0	11,3	13,9	11,1	12,5	14,0	14,1
Kegeln, Bowling	**5,3**	4,7	4,2	6,5	6,0	5,5	4,0	6,7	6,4	4,6	4,4	5,2	5,0
Leichtathletik	**1,3**	1,1	0,7	1,5	1,6	1,1	1,2	1,7	0,7	1,5	1,0	1,0	1,5
Malen, Zeichnen	**4,2**	4,8	4,3	4,0	5,2	4,4	3,8	4,2	4,6	4,5	5,1	3,2	5,0
Minigolf	**0,6**	1,0	0,5	0,3	1,0	0,6	0,6	0,8	0,4	0,3	0,6	0,3	0,8

Signifikanzen, die bei den Auswertungen der kumulierten Daten beider Umfragen auf dem 1-Prozent-Niveau ermittelt wurden.
Signifikanzen, die sich in beiden Umfragen wiederholt haben.
positiv negativ

Tabelle A 2.11 b

Was machen Sie in Ihrer Freizeit, wenn es von der Jahreszeit her möglich ist?

Basis der Befragten	**Bevölk. ab 14 J. 13 283**	Stein-bock 837	Wasser-mann 909	Fische 937	Widder 987	Stier 928	Zwil-linge 1021	Krebs 913	Löwe 925	Jung-frau 909	Waage 812	Skor-pion 820	Schütze 760
	∅ %	%	%	%	%	%	%	%	%	%	%	%	%
Modellbau als Hobby	**2,4**	1,9	1,8	2,8	3,6	2,4	2,3	2,8	3,3	2,2	2,0	1,6	1,3
Modellieren, Werken, Töpfern	**2,1**	1,5	2,9	1,0	2,7	2,0	1,3	2,3	2,0	1,6	3,0	2,2	3,1
Motorboot fahren	**0,5**	0,4	0,6	0,4	0,9	0,2	0,8	0,5	0,4	0,0	0,2	0,3	1,3
Mountain Bike fahren	**3,8**	3,7	4,7	4,0	4,4	3,6	3,7	5,5	4,6	3,1	3,0	3,5	4,6
Musik, klassische hören	**11,9**	12,6	11,8	13,2	13,5	11,1	11,9	12,2	11,3	14,0	11,5	11,0	11,2
Musik, Pop-Musik hören	**26,4**	25,5	25,3	25,1	28,1	26,8	27,5	30,9	26,7	25,8	29,4	27,7	27,6
Musik, Volksmusik hören	**18,6**	18,7	17,2	23,0	18,1	20,6	18,9	17,0	19,5	20,3	18,0	16,4	16,3
Rätsel lösen	**17,7**	19,8	18,9	16,9	17,5	20,8	17,6	17,8	19,4	19,1	18,1	18,9	18,3
Reiten	**1,0**	1,0	0,9	1,1	1,2	1,4	1,2	1,3	0,5	1,0	0,8	1,6	1,7
Renn-/Sportrad fahren	**5,1**	4,7	6,2	4,6	6,2	4,6	5,2	7,3	4,9	5,1	5,8	5,1	5,9
Schwimmen	**13,2**	11,0	14,4	14,3	12,9	14,5	11,9	13,0	12,5	13,9	11,4	13,6	14,5
Segeln	**0,6**	0,3	0,2	0,6	0,4	0,0	0,3	0,9	0,8	0,5	0,4	0,6	0,8
Segel-, Sportfliegen	**0,2**	0,1	0,2	0,0	0,3	0,2	0,3	0,2	0,2	0,4	0,3	0,0	0,3
Ski-Abfahrtslauf	**2,2**	3,1	3,4	2,5	2,7	1,9	2,3	2,2	1,2	3,0	1,4	2,4	2,8
Ski-Langlauf	**1,3**	0,4	0,7	2,1	1,9	0,9	1,1	2,1	1,2	2,0	0,5	1,3	1,2
Snowboard fahren	**0,3**	0,5	0,5	0,3	0,4	0,2	0,2	0,7	0,5	0,1	0,3	0,4	0,5
Sport im TV ansehen	**27,0**	23,7	24,8	28,0	32,2	28,1	27,1	28,0	25,0	28,9	26,3	29,4	28,6
Squash	**1,0**	1,3	0,7	1,3	1,3	1,0	0,7	0,9	0,7	1,1	0,9	0,8	1,3

Signifikanzen, die bei den Auswertungen der kumulierten Daten beider Umfragen auf dem 1-Prozent-Niveau ermittelt wurden.
Signifikanzen, die sich in beiden Umfragen wiederholt haben.
positiv negativ

Tabelle A 2.11 c

Was machen Sie in Ihrer Freizeit, wenn es von der Jahreszeit her möglich ist?

Basis der Befragten	**Bevölk. ab 14 J. 13 283**	Steinbock 837	Wassermann 909	Fische 937	Widder 987	Stier 928	Zwillinge 1021	Krebs 913	Löwe 925	Jungfrau 909	Waage 812	Skorpion 820	Schütze 760
	∅ %	%	%	%	%	%	%	%	%	%	%	%	%
Surfen	**0,3**	0,2	0,7	0,2	0,2	0,3	0,1	0,2	0,7	0,2	0,2	0,2	0,3
Tauchen	**0,4**	0,1	0,5	0,6	0,2	1,0	0,1	0,5	0,5	0,5	0,4	0,3	0,5
Tennis	**2,9**	4,2	3,5	2,0	3,9	1,8	2,4	3,2	2,4	3,1	2,5	3,6	2,9
Tischtennis	**2,0**	2,0	2,5	1,0	2,4	1,3	2,3	2,1	2,3	2,3	1,7	2,3	3,1
Turnen, Gymnastik	**7,8**	8,1	8,1	8,5	8,5	10,0	6,4	7,8	7,1	8,7	7,1	9,3	8,0
Videofilme ausleihen	**3,9**	5,0	3,0	4,2	4,1	2,9	3,2	4,8	4,7	3,4	4,6	4,6	2,9
Videofilme selbst drehen	**2,0**	2,6	1,7	1,1	2,0	1,7	3,4	3,5	1,5	2,1	1,6	1,5	2,3
Volleyball	**1,9**	1,7	2,2	1,6	2,1	2,0	2,3	3,0	2,0	2,3	1,7	1,8	2,8
Wandern	**9,2**	8,6	10,6	8,7	11,3	9,7	10,0	9,2	9,5	9,1	8,4	9,5	7,1

Signifikanzen, die bei den Auswertungen der kumulierten Daten beider Umfragen auf dem 1-Prozent-Niveau ermittelt wurden.
Signifikanzen, die sich in beiden Umfragen wiederholt haben.
positiv negativ

Tabelle A 2.12

Was von den folgenden Dingen machen Sie regelmäßig?

Basis der Befragten	**Bevölk. ab 14 J. 13 283**	Stein-bock 837	Wasser-mann 909	Fische 937	Widder 987	Stier 928	Zwil-linge 1021	Krebs 913	Löwe 925	Jung-frau 909	Waage 812	Skor-pion 820	Schütze 760
	∅ %	%	%	%	%	%	%	%	%	%	%	%	%
Fachmessen, Ausstellungen besuch.	**4,4**	4,2	3,9	3,9	4,3	4,1	3,8	3,8	5,3	4,4	4,8	4,0	5,2
Fremdsprachen lesen	**4,7**	6,6	5,4	5,4	4,5	4,9	4,4	5,7	3,7	4,4	4,5	5,0	5,5
Kochen, backen	**42,8**	42,4	47,3	43,3	40,7	47,2	41,6	40,6	42,4	40,4	43,2	42,6	42,6
Kur machen	**2,5**	3,3	3,1	2,3	2,5	3,1	2,6	1,5	2,0	2,0	3,7	3,1	2,1
Medizinische Vorsorgeuntersuchung	**34,9**	36,1	37,4	36,1	37,0	39,4	33,7	32,7	31,8	35,0	36,7	38,2	39,1
Parteiveranstaltungen besuchen	**2,4**	2,3	2,6	2,3	2,1	2,2	1,6	2,3	3,3	2,8	3,3	3,5	2,2
Sprachkurse besuchen	**2,5**	2,0	2,9	2,9	1,7	3,0	2,4	3,9	1,5	2,3	3,0	3,1	2,2
Theater, Oper, Schauspielhaus bes.	**4,9**	4,9	5,7	5,9	4,8	4,0	4,6	4,6	3,7	4,3	5,5	5,1	5,3
Toto oder Lotto spielen	**17,3**	16,6	16,4	18,2	17,6	17,0	17,1	15,6	17,9	18,0	14,9	18,5	18,1
Vereinsveranstaltungen besuchen	**12,0**	12,7	12,7	14,7	13,9	9,7	12,1	12,6	11,9	12,8	14,5	11,9	14,7

Signifikanzen, die bei den Auswertungen der kumulierten Daten beider Umfragen auf dem 1-Prozent-Niveau ermittelt wurden.
Signifikanzen, die sich in beiden Umfragen wiederholt haben.
positiv negativ

Tabelle A 2.13

Fernsehen, Radio, Video

Basis der Befragten	**Bevölk. ab 14 J. 13 283**	Stein-bock 837	Wasser-mann 909	Fische 937	Widder 987	Stier 928	Zwil-linge 1021	Krebs 913	Löwe 925	Jung-frau 909	Waage 812	Skor-pion 820	Schütze 760
	∅ %	%	%	%	%	%	%	%	%	%	%	%	%
4 oder mehr Stunden	**21,4**	22,3	21,6	18,6	21,6	21,8	19,8	23,8	24,3	19,0	24,9	21,4	19,3
1 bis 3 Stunden	**67,6**	66,7	66,2	71,7	68,9	69,1	69,3	65,0	66,5	70,4	62,9	70,1	70,1
Weniger als 1 Stunde	**11,0**	11,0	12,2	9,8	9,4	9,1	10,9	11,3	9,2	10,6	12,2	8,5	10,6
Satelliten- /Kabelempfang	**79,2**	78,1	81,5	76,8	80,9	78,6	80,7	84,3	80,3	79,1	78,8	81,5	80,2
Nur terrestrischer Empfang	**19,0**	20,6	16,9	21,5	17,0	20,0	18,1	14,3	18,5	19,7	19,7	17,6	17,9
4 oder mehr Stunden	**18,1**	19,3	17,7	19,6	19,5	20,8	18,0	18,7	20,0	17,4	20,7	18,7	20,6
1 bis 3 Stunden	**48,4**	44,8	48,6	49,8	50,6	49,8	46,4	49,8	47,0	47,0	45,8	50,3	43,1
Weniger als 1 Stunde	**33,5**	35,9	33,7	30,6	29,9	29,4	35,7	31,5	33,0	35,6	33,4	31,0	36,2
Videokamera, Camcorder	**16,6**	15,7	15,5	15,3	15,0	16,0	19,1	20,9	16,3	17,0	15,7	17,1	22,6
Videorecorder	**65,5**	65,3	63,2	64,5	67,8	59,1	68,3	69,3	68,7	64,9	63,2	69,5	69,7
Videozubehör	**6,5**	6,4	6,0	6,2	5,4	5,8	9,5	9,0	5,4	6,9	6,8	6,4	8,0
Videofilme ausleihen	**3,9**	5,0	3,0	4,2	4,1	2,9	3,2	4,8	4,7	3,4	4,6	4,6	2,9
Videofilme selbst drehen	**2,0**	2,6	1,7	1,1	2,0	1,7	3,4	3,5	1,5	2,1	1,6	1,5	2,3

Signifikanzen, die bei den Auswertungen der kumulierten Daten beider Umfragen auf dem 1-Prozent-Niveau ermittelt wurden.
Signifikanzen, die sich in beiden Umfragen wiederholt haben.
positiv negativ

Tabelle A 2.14 a

Mediennutzung

Basis der Befragten	**Bevölk. ab 14 J. 13 283**	Stein-bock 837	Wasser-mann 909	Fische 937	Widder 987	Stier 928	Zwil-linge 1021	Krebs 913	Löwe 925	Jung-frau 909	Waage 812	Skor-pion 820	Schütze 760
	∅ %	%	%	%	%	%	%	%	%	%	%	%	%
Aktuelle und Lesezeitschriften	**26,6**	27,5	23,4	26,9	29,2	25,6	27,6	27,9	26,8	25,6	26,6	24,8	25,0
Magazine zum Zeitgeschehen	**19,6**	15,3	18,7	20,9	22,6	16,7	17,7	20,8	19,4	23,0	21,3	18,7	19,2
Magazin-Supplements	**4,8**	4,7	4,5	5,9	5,8	5,3	4,1	4,2	4,9	3,9	5,1	3,6	5,0
Hochpreisige Programmzeitschr.	**25,4**	25,1	23,1	24,9	26,2	26,1	25,6	25,0	26,7	26,2	24,0	23,6	28,4
Mittel-/niedrigpreis. Prog. ZS	**25,2**	25,0	22,8	25,1	24,9	24,6	26,6	23,4	27,7	22,1	24,3	28,1	25,7
14tägliche Programmzeitschr.	**15,3**	16,7	14,8	15,6	14,3	15,9	14,9	17,2	15,0	15,8	15,6	17,3	14,7
Programm-Supplements	**24,1**	21,2	25,3	24,3	26,9	30,1	24,4	23,6	23,7	25,0	22,2	26,9	21,5
Wöchentliche Frauenzeitschr.	**21,0**	23,2	22,1	20,7	20,4	22,0	21,2	22,1	20,5	19,1	18,4	23,7	23,0
14tägige Frauenzeitschriften	**6,8**	5,9	5,4	6,8	6,5	7,4	6,7	8,1	5,7	6,1	7,7	6,1	7,7
Monatliche Frauenzeitschriften	**3,6**	3,6	2,9	3,3	3,6	5,4	3,8	3,6	3,3	3,0	3,8	3,7	3,3
Frauen-ZS Mode, Gesell., Kultur	**3,3**	3,2	3,5	4,8	2,7	4,3	3,2	2,4	2,4	3,9	2,9	3,0	3,1
Eßzeitschriften	**3,7**	3,8	2,6	3,8	2,8	4,2	4,0	3,3	4,4	4,3	3,5	3,7	3,5
Elternzeitschriften	**2,4**	1,9	2,5	2,0	1,8	3,1	2,5	1,7	2,1	2,4	2,8	2,9	4,2
Gesundheitszeitschriften	**1,4**	1,8	1,7	0,7	1,3	1,6	0,9	1,1	1,6	2,4	1,0	1,5	0,8
Jugendzeitschriften	**4,8**	5,1	4,3	4,6	5,5	5,0	5,8	6,6	5,9	3,8	5,5	6,1	3,7
Gartenzeitschriften	**3,9**	4,3	3,4	3,7	4,1	5,3	3,7	3,4	2,9	2,9	4,4	5,1	3,9
Wohnen und Einrichten	**3,4**	2,8	2,2	5,3	3,5	3,9	5,6	2,6	2,7	2,6	3,9	2,7	4,7
Bauen und Umbauen	**1,4**	1,3	1,4	0,7	1,9	1,5	2,1	1,0	1,5	2,2	2,2	1,2	1,2

Signifikanzen, die bei den Auswertungen der kumulierten Daten beider Umfragen auf dem 1-Prozent-Niveau ermittelt wurden.
Signifikanzen, die sich in beiden Umfragen wiederholt haben.
positiv negativ

Tabelle A 2.14 b

Mediennutzung

Basis der Befragten	**Bevölk. ab 14 J. 13 283**	Stein-bock 837	Wasser-mann 909	Fische 937	Widder 987	Stier 928	Zwil-linge 1021	Krebs 913	Löwe 925	Jung-frau 909	Waage 812	Skor-pion 820	Schütze 760
	∅ %	%	%	%	%	%	%	%	%	%	%	%	%
Bausparzeitschriften	**7,5**	7,3	6,9	7,6	8,3	9,1	8,6	8,3	6,2	8,8	8,2	7,9	7,5
Do-it-yourself-Zeitschriften	**2,3**	2,0	2,0	2,3	2,7	2,6	3,7	2,1	2,5	3,1	2,2	2,8	2,1
Erotikzeitschriften	**3,9**	4,2	2,8	3,5	4,3	3,6	5,3	4,4	3,4	3,7	4,0	5,4	2,8
Männermagazine	**1,4**	1,2	1,1	2,2	1,1	1,1	2,1	1,4	1,8	1,8	1,6	0,8	1,3
Lifestyle-, Studentenzeitschriften	**2,4**	2,1	2,3	2,2	2,7	2,8	1,8	2,3	2,8	2,5	2,9	2,8	2,2
Stadtillustrierte	**1,3**	1,1	1,4	1,1	1,7	1,1	1,3	0,6	2,4	0,7	1,1	1,4	1,6
Auto / Kauftitel	**8,1**	9,7	7,2	6,8	8,5	9,3	9,2	8,8	9,0	8,7	8,9	7,9	9,4
Auto / Club-, Firmentitel	**19,5**	19,3	17,5	17,6	20,4	21,6	21,2	22,2	21,5	22,7	18,7	20,1	18,1
Motorradzeitschriften	**1,6**	1,6	1,4	1,8	1,9	2,3	1,3	2,0	3,0	1,5	1,8	0,6	1,4
Allgemeine Sportzeitschriften	**6,1**	5,5	6,6	6,2	8,2	4,8	5,2	5,2	6,5	7,3	6,1	5,9	6,6
Spezielle Sportzeitschriften	**3,0**	2,8	3,0	3,5	3,9	2,8	3,0	3,8	4,3	3,5	1,7	3,0	3,8
Fotomagazine	**0,6**	0,6	0,5	0,5	0,4	0,5	0,5	0,9	0,6	0,4	0,6	0,4	0,8
Unterhaltungselektronik	**1,1**	0,8	1,3	1,4	1,0	1,2	0,8	0,5	1,2	1,2	1,2	1,2	1,7
Natur-, Tiermagazine	**3,3**	2,2	3,6	2,8	2,3	3,6	4,0	5,6	3,3	2,4	3,3	3,5	2,5
Wissenschafts-, Kulturmagazine	**6,7**	6,3	7,3	6,5	7,1	7,0	7,3	6,7	7,2	6,2	7,5	5,5	7,0
Reise-, Urlaubszeitschriften	**4,4**	4,1	4,4	6,4	4,0	4,5	6,9	3,4	4,2	4,9	3,9	3,9	4,0
Kundenzeitschriften	**9,5**	12,6	11,3	9,3	10,3	11,5	8,3	9,4	8,9	9,6	9,6	9,5	10,0
Überregion. Abo-Tageszeitungen	**7,3**	5,7	7,0	6,7	6,5	7,7	6,8	7,6	7,6	7,5	8,6	7,8	6,8

Signifikanzen, die bei den Auswertungen der kumulierten Daten beider Umfragen auf dem 1-Prozent-Niveau ermittelt wurden.
Signifikanzen, die sich in beiden Umfragen wiederholt haben.
positiv negativ

Tabelle A 2.14 c

Mediennutzung

Basis der Befragten	**Bevölk. ab 14 J. 13 283**	Stein-bock 837	Wasser-mann 909	Fische 937	Widder 987	Stier 928	Zwil-linge 1021	Krebs 913	Löwe 925	Jung-frau 909	Waage 812	Skor-pion 820	Schütze 760
	∅ %	%	%	%	%	%	%	%	%	%	%	%	%
Regionale Abo-Tageszeitungen	**75,2**	72,2	76,2	75,1	76,1	77,3	78,9	76,6	75,0	75,4	77,5	75,3	78,7
Kaufzeitungen	**26,9**	29,5	24,6	26,9	24,7	26,0	26,4	23,0	29,0	26,8	24,8	26,8	25,0
Anzeigenblätter	**75,4**	76,2	76,7	78,8	76,2	77,5	74,8	76,5	74,4	74,3	72,6	78,8	77,5
Kino	**7,9**	7,9	7,1	6,2	7,2	9,1	8,9	9,6	9,0	7,2	8,6	7,3	7,1
Werbefunk pro Stunde	**34,5**	37,2	32,8	37,8	33,9	38,5	33,8	32,3	33,0	32,4	35,5	37,8	36,2
Werbefern. öff.-rechtl. Sender	**64,9**	67,7	65,8	67,7	66,5	67,3	65,6	62,6	66,1	62,8	64,1	64,3	62,8
Werbefernsehen private Sender	**78,3**	78,4	79,4	79,1	78,3	80,3	78,8	80,1	80,5	78,7	78,0	80,8	81,9
Plakat	**67,6**	70,2	66,4	68,2	66,4	64,2	67,7	66,5	69,5	69,6	66,6	64,1	69,0
Öffentlicher Nahverkehr	**23,6**	26,3	24,2	21,1	21,3	21,8	21,8	24,7	25,5	22,5	22,6	20,0	22,4
Telefonbuch	**45,4**	44,6	47,5	47,4	45,5	47,5	47,9	44,3	44,3	43,6	47,8	44,2	47,9
Telefonkarte	**15,3**	17,0	13,8	14,6	14,8	14,6	14,2	14,5	16,2	14,8	16,4	14,5	13,4
Zeitschriften plus u. TV plus	**26,9**	26,6	25,8	27,7	27,6	28,7	30,9	29,8	32,1	28,3	26,1	27,9	28,8
Zeitschriften plus u. TV minus	**22,6**	24,5	23,1	22,9	21,7	24,3	22,5	23,6	20,6	23,1	23,3	23,3	23,4
Zeitschriften minus u. TV plus	**22,8**	23,4	23,0	22,6	24,3	21,2	20,1	20,9	23,4	20,8	22,3	25,1	23,6
Zeitschriften minus u. TV minus	**27,7**	25,5	28,1	26,8	26,4	25,8	26,6	25,7	23,9	27,8	28,4	23,6	24,2
Zeitschriftenhorizont überdurchschnittlich	**31,3**	34,2	29,8	32,0	33,3	33,4	34,7	35,5	31,3	32,3	34,3	32,4	34,3
Zeitschriftenhorizont durchschnittlich	**38,0**	37,3	39,1	37,8	37,1	37,9	36,7	37,5	39,1	39,0	34,7	39,3	37,4
Zeitschriftenhorizont unterdurchschnittlich	**30,7**	28,6	31,1	30,2	29,6	28,7	28,6	27,0	29,6	28,7	31,0	28,4	28,4

Signifikanzen, die bei den Auswertungen der kumulierten Daten beider Umfragen auf dem 1-Prozent-Niveau ermittelt wurden.
Signifikanzen, die sich in beiden Umfragen wiederholt haben.
positiv negativ

Tabelle A 2.14 d

Mediennutzung

Basis der Befragten	**Bevölk. ab 14 J. 13 283**	Stein-bock 837	Wasser-mann 909	Fische 937	Widder 987	Stier 928	Zwil-linge 1021	Krebs 913	Löwe 925	Jung-frau 909	Waage 812	Skor-pion 820	Schütze 760
	∅ %	%	%	%	%	%	%	%	%	%	%	%	%
Zeitschriftenhorizont überdurchschnittlich	**31,3**	34,2	29,8	32,0	33,3	33,4	34,7	35,5	31,3	32,3	34,3	32,4	34,3
Zeitschriftenhorizont durchschnittlich	**38,0**	37,3	39,1	37,8	37,1	37,9	36,7	37,5	39,1	39,0	34,7	39,3	37,4
Zeitschriftenhorizont unterdurchschnittlich	**30,7**	28,6	31,1	30,2	29,6	28,7	28,6	27,0	29,6	28,7	31,0	28,4	28,4
Tageszeitungshorizont überdurchschnittlich	**26,2**	28,2	26,4	26,7	27,0	24,2	26,9	27,6	23,8	26,9	29,2	25,4	30,8
Tageszeitungshorizont durchschnittlich	**31,6**	28,7	28,1	32,0	33,0	33,1	32,2	29,6	35,8	30,9	30,0	33,1	29,6
Tageszeitungshorizont unterdurchschnittlich	**42,1**	43,1	45,5	41,3	40,1	42,7	40,9	42,8	40,4	42,1	40,8	41,5	39,6
TV Horizont überdurchschnittlich	**31,8**	33,1	31,9	33,5	33,7	33,4	33,1	34,9	34,9	29,4	30,2	35,7	32,7
TV Horizont durchschnittlich	**39,3**	36,6	38,9	37,8	39,8	40,0	38,9	38,1	40,1	40,2	40,3	40,1	41,7
TV Horizont unterdurchschnittlich	**28,9**	30,2	29,2	28,6	26,5	26,5	28,0	27,0	25,0	30,4	29,4	24,1	25,6
Zeitschriftendosis überdurchschnittlich	**29,6**	31,2	27,1	29,7	31,9	32,1	32,3	32,4	30,6	32,3	30,1	31,3	33,1
Zeitschriftendosis durchschnittlich	**40,0**	41,0	40,9	40,7	40,4	40,3	39,3	39,3	40,0	37,3	40,7	39,4	37,3
Zeitschriftendosis unterdurchschnittlich	**30,4**	27,8	32,0	29,6	27,7	27,6	28,4	28,3	29,4	30,4	29,1	29,3	29,6
TV-Dosis überdurchschnittlich	**30,1**	30,6	30,6	32,1	31,3	31,4	31,2	31,8	35,4	27,5	29,0	30,8	32,4
TV-Dosis durchschnittlich	**39,2**	39,2	36,7	37,5	40,2	38,4	38,8	38,3	36,9	40,2	39,6	43,9	40,4
TV-Dosis unterdurchschnittlich	**30,7**	30,2	32,7	30,3	28,4	30,2	30,0	29,9	27,8	32,2	31,4	25,3	27,2

Signifikanzen, die bei den Auswertungen der kumulierten Daten beider Umfragen auf dem 1-Prozent-Niveau ermittelt wurden.
Signifikanzen, die sich in beiden Umfragen wiederholt haben.
positiv negativ

Tabelle A 2.15

Geselligkeit, Musikalität

Basis der Befragten	**Bevölk. ab 14 J. 13 283**	Stein-bock 837	Wasser-mann 909	Fische 937	Widder 987	Stier 928	Zwil-linge 1021	Krebs 913	Löwe 925	Jung-frau 909	Waage 812	Skor-pion 820	Schütze 760
	∅ %	%	%	%	%	%	%	%	%	%	%	%	%
Lerne leicht neue Leute kennen	**55,5**	57,7	54,9	54,1	58,6	55,2	58,6	59,4	57,3	60,2	57,3	53,3	56,3
Singe in Chor, Verein	**6,7**	5,6	7,4	6,9	5,1	6,2	6,9	7,5	7,3	6,1	7,5	6,2	7,9
Spiele ein Instrument	**13,1**	14,2	12,5	14,8	11,7	11,2	15,0	13,9	13,2	13,8	15,6	11,9	14,8
Werde oft eingeladen	**43,0**	42,4	43,3	43,3	44,6	43,7	44,1	43,7	44,3	45,3	42,5	39,7	47,7

Signifikanzen, die bei den Auswertungen der kumulierten Daten beider Umfragen auf dem 1-Prozent-Niveau ermittelt wurden.
Signifikanzen, die sich in beiden Umfragen wiederholt haben.
positiv negativ

Tabelle A 2.16 a

Einstellung zu Mode, Kleidung

Basis der Befragten	**Bevölk. ab 14 J. 13 283**	Steinbock 837	Wassermann 909	Fische 937	Widder 987	Stier 928	Zwillinge 1021	Krebs 913	Löwe 925	Jungfrau 909	Waage 812	Skorpion 820	Schütze 760
	∅ %	%	%	%	%	%	%	%	%	%	%	%	%
Jeanskleidung (fast) täglich	**47,7**	45,8	49,7	50,8	51,0	46,2	49,8	53,2	52,9	45,5	49,3	51,2	50,3
Kaufe gern Kleidung, die "in" ist	**31,2**	30,7	29,5	28,5	31,7	34,2	34,5	34,3	32,5	31,1	31,9	31,4	35,1
Modebewußt Frauen	**5,3**	6,2	5,5	5,1	6,2	5,2	5,3	5,0	5,7	4,8	6,4	5,4	4,1
Modebewußt Männer	**2,4**	3,0	2,5	1,5	2,1	2,8	2,3	2,1	3,0	2,8	2,3	1,6	2,0
Mode, richte mich nicht nach ihr	**32,6**	32,4	33,6	29,5	32,7	31,8	32,8	30,1	33,5	33,5	33,3	29,7	30,2
Sportbekl. von teuren Marken	**8,8**	8,3	8,3	10,4	9,6	8,8	10,1	9,4	9,9	8,3	7,7	6,5	8,9
Schneidern, Nähen mind. ab u. zu	**12,2**	12,3	13,3	13,8	10,6	13,1	12,5	10,0	12,6	12,4	11,5	12,4	13,5
Stricken etc. mind. ab und zu	**16,5**	18,3	18,0	18,2	14,8	17,8	17,7	15,9	15,3	14,9	18,0	14,6	20,0
Bequem	**82,9**	83,2	83,4	87,5	84,1	84,7	83,6	84,5	85,4	82,9	85,6	83,7	86,9
Elegant	**19,1**	18,5	19,3	21,1	17,9	19,1	19,0	18,5	20,5	19,0	19,0	18,1	19,6
Unauffällig, zurückhaltend	**31,0**	32,7	30,9	33,1	30,3	32,3	34,9	30,1	30,0	33,4	29,3	30,5	33,9
Immer nach dem neusten Trend	**5,8**	4,9	5,9	4,6	6,3	4,7	6,2	4,3	7,7	4,6	6,5	5,9	5,5
Farblich dezent	**36,7**	35,8	37,5	37,5	34,1	38,3	38,0	35,0	39,6	40,0	32,6	34,9	41,4
Sportlich	**44,8**	44,6	42,6	45,1	45,4	44,0	45,9	48,6	46,6	47,1	46,8	47,9	45,6
Zeitlos	**39,9**	41,2	40,0	42,3	41,7	43,3	41,3	41,0	40,3	42,0	38,1	41,2	40,3
Sexy	**4,7**	4,8	5,0	4,5	4,7	4,2	4,5	4,5	4,7	4,5	6,0	5,2	3,5
Ungezwungen, leger	**45,8**	46,3	44,2	48,3	49,9	45,5	47,8	51,0	50,4	48,0	44,0	43,8	49,1
Jugendlich	**17,8**	18,6	18,4	17,2	17,8	17,9	17,2	19,3	18,3	17,6	21,6	18,6	18,4

Signifikanzen, die bei den Auswertungen der kumulierten Daten beider Umfragen auf dem 1-Prozent-Niveau ermittelt wurden.
Signifikanzen, die sich in beiden Umfragen wiederholt haben.
positiv negativ

Tabelle A 2.16 b

Einstellung zu Mode, Kleidung

Basis der Befragten	**Bevölk. ab 14 J. 13 283**	Steinbock 837	Wassermann 909	Fische 937	Widder 987	Stier 928	Zwillinge 1021	Krebs 913	Löwe 925	Jungfrau 909	Waage 812	Skorpion 820	Schütze 760
	∅ %	%	%	%	%	%	%	%	%	%	%	%	%
Praktisch, zweckmäßig	**59,1**	59,3	62,7	63,6	58,6	61,7	58,2	59,5	63,1	61,1	58,6	63,7	59,9
Modisch	**27,7**	29,2	28,5	26,0	30,6	30,1	26,9	28,8	27,3	29,6	27,2	26,8	32,3
Auffallend, extravagant	**3,0**	2,3	3,7	2,6	3,3	2,7	2,8	2,9	2,4	3,4	2,6	2,8	2,9
Figurbetont, eng anliegend	**6,3**	7,4	5,3	6,2	8,0	5,8	6,0	6,1	6,5	6,6	8,3	6,6	7,5
In den Farben lebhaft	**13,2**	12,3	13,1	11,4	16,0	13,0	14,4	11,9	16,0	12,8	12,4	13,1	15,6
Klassisch	**15,4**	16,4	15,7	15,2	16,3	14,6	14,7	15,0	14,3	17,7	15,4	15,4	15,0

Signifikanzen, die bei den Auswertungen der kumulierten Daten beider Umfragen auf dem 1-Prozent-Niveau ermittelt wurden.
Signifikanzen, die sich in beiden Umfragen wiederholt haben.
positiv negativ

Tabelle A 2.17

Raucher

Basis der Befragten	**Bevölk. ab 14 J. 13 283**	Steinbock 837	Wassermann 909	Fische 937	Widder 987	Stier 928	Zwillinge 1021	Krebs 913	Löwe 925	Jungfrau 909	Waage 812	Skorpion 820	Schütze 760
	∅ %	%	%	%	%	%	%	%	%	%	%	%	%
Raucher insgesamt	**34,9**	33,2	32,9	33,8	36,6	33,3	34,1	34,0	38,1	33,8	34,0	35,7	36,7
Raucher, Zigaretten	**30,1**	28,0	30,8	27,2	33,0	27,5	30,6	28,4	32,6	30,5	29,1	31,1	32,1
Raucher, leichte Zigaretten	**9,9**	8,4	12,3	9,3	12,0	9,0	9,1	8,6	9,9	11,9	10,0	8,9	10,7
Raucher, Pfeife	**1,1**	1,8	1,1	0,5	0,7	2,6	0,5	1,4	0,8	0,9	1,5	1,1	1,2
Raucher, gesteckte Zigaretten	**2,3**	1,1	1,9	1,9	2,3	2,3	2,5	3,0	3,1	2,2	2,9	2,4	2,2
Raucher, selbstgedrehte Zigaretten	**4,3**	5,0	3,3	3,6	3,8	3,5	4,3	4,7	5,1	4,4	4,7	5,5	4,5
Raucher, starke Zigaretten	**4,1**	5,4	2,3	3,5	3,0	3,7	3,7	4,6	5,0	4,7	3,3	5,9	3,7
Raucher,Zigarr.Zigarrill.Stumpen	**1,4**	2,1	0,7	1,5	1,0	1,6	2,2	1,3	1,9	0,4	1,0	2,6	1,8

Signifikanzen, die bei den Auswertungen der kumulierten Daten beider Umfragen auf dem 1-Prozent-Niveau ermittelt wurden.
Signifikanzen, die sich in beiden Umfragen wiederholt haben.
positiv negativ

Tabelle A 3.1 a

Besitz von Immobilien und Vermögenswerten

Basis der Befragten	**Bevölk. ab 14 J. 13 283**	Stein-bock 837	Wasser-mann 909	Fische 937	Widder 987	Stier 928	Zwil-linge 1021	Krebs 913	Löwe 925	Jung-frau 909	Waage 812	Skor-pion 820	Schütze 760
	∅ %	%	%	%	%	%	%	%	%	%	%	%	%
Aktien	**7,3**	6,4	7,1	9,1	8,3	6,5	7,9	7,9	6,9	9,1	8,6	6,8	7,1
Bauland	**5,0**	5,4	6,1	5,9	4,3	3,2	6,7	5,0	6,1	5,2	4,1	4,2	5,6
Bausparvertrag	**30,7**	28,6	31,8	34,5	34,5	30,8	34,3	33,6	31,3	33,6	31,8	34,1	31,7
Bausparvertrag ab 40 Tsd.	**11,7**	11,3	12,6	12,7	13,4	13,0	11,5	12,0	11,9	12,7	12,4	11,8	12,6
Eigentumswohnung	**7,0**	7,8	5,7	7,5	7,9	5,6	5,5	7,1	6,3	7,3	7,7	6,3	9,1
Ferienhaus, -wohnung	**1,5**	1,5	0,9	1,9	1,8	1,2	2,1	0,7	2,1	1,4	1,0	1,6	1,6
Festgeld-Anlage	**22,9**	24,3	26,4	23,0	22,4	22,4	22,2	21,3	24,2	23,8	24,7	22,3	23,6
Festverzinsliche Wertpapiere	**11,3**	12,1	12,7	12,3	12,3	10,9	11,0	12,9	10,4	11,4	12,3	13,4	10,2
Garten, Nutzgarten	**22,6**	23,3	22,9	25,5	20,9	22,8	23,7	22,3	21,7	22,9	26,8	23,9	23,3
Garten, Ziergarten	**36,8**	37,1	37,5	38,2	38,5	40,7	38,3	39,3	36,8	38,3	33,8	38,9	37,0
Goldbarren, Goldmünzen	**2,8**	3,0	1,8	3,6	1,9	2,4	2,5	3,8	3,6	3,3	3,1	3,4	2,7
Haus, Wohnung zum vermieten	**13,0**	13,1	14,1	17,5	13,2	10,5	12,6	12,5	13,8	15,4	12,7	13,2	15,5
Haus, Einfamilienhaus	**32,2**	31,0	31,4	36,7	31,7	34,6	33,2	34,2	32,3	33,1	33,2	33,4	33,2
Haus, Mehrfamilienhaus	**11,8**	11,8	13,3	13,6	11,3	9,5	15,8	10,5	11,3	12,9	11,3	12,2	12,2
Investment-, Immobilienfonds	**7,0**	7,5	8,3	6,0	6,6	6,8	8,3	7,1	8,4	7,9	6,7	6,5	8,8
Sparbriefe	**16,6**	17,1	18,9	17,7	15,3	17,8	14,4	17,0	16,0	17,3	18,6	15,7	20,4
Sparvertrag 624/936 DM	**28,2**	29,3	29,2	31,5	29,3	27,9	29,4	31,6	30,2	29,9	26,5	28,0	30,9
Unternehmensbeteiligung	**2,3**	2,9	2,3	2,2	2,4	1,7	2,1	1,7	2,7	3,3	2,0	1,9	2,9

Signifikanzen, die bei den Auswertungen der kumulierten Daten beider Umfragen auf dem 1-Prozent-Niveau ermittelt wurden.
Signifikanzen, die sich in beiden Umfragen wiederholt haben.
positiv negativ

Tabelle A 3.1 b

Besitz von Immobilien und Vermögenswerten

Basis der Befragten	**Bevölk. ab 14 J. 13 283**	Steinbock 837	Wassermann 909	Fische 937	Widder 987	Stier 928	Zwillinge 1021	Krebs 913	Löwe 925	Jungfrau 909	Waage 812	Skorpion 820	Schütze 760
	∅ %	%	%	%	%	%	%	%	%	%	%	%	%
Internationale Kreditkarte	**17,3**	17,1	16,1	17,4	16,1	15,1	15,9	15,4	17,1	17,4	18,8	16,1	16,7
Familienrechtsschutzversich.	**30,0**	33,3	28,8	33,1	31,3	28,2	32,7	29,4	29,4	33,3	27,5	30,7	29,3
Haftpflichtversich. ohne KFZ	**60,1**	59,9	58,4	61,4	59,3	60,7	60,7	62,1	62,3	63,8	59,9	64,1	64,2
Hausratversicherung	**76,5**	79,8	75,5	77,4	78,6	77,5	76,5	76,7	78,6	76,9	77,9	79,5	75,3
Priv.Lebensversich.unt. 20 Tsd	**16,8**	15,8	17,8	18,1	15,6	20,1	18,0	17,6	16,2	18,1	17,6	18,6	16,8
Priv. Lebensversich. ab 20 Tsd	**43,0**	42,8	40,2	47,2	44,7	41,6	44,4	43,2	42,9	43,5	41,7	42,9	44,6
Priv.Lebensversich.üb. 50 Tsd	**19,0**	18,8	18,9	20,4	19,4	17,8	18,9	19,9	18,9	21,4	18,8	18,7	21,0
Priv.Unfallversicherung	**42,9**	46,2	42,0	46,6	42,7	42,5	45,9	46,7	41,7	43,6	44,2	47,3	46,5
Verkehrsrechtsschutzvers.KFZ	**24,0**	25,8	22,9	27,3	25,6	26,4	24,5	25,6	25,4	25,7	23,9	25,9	26,3
Vollkaskoversicherung KFZ	**31,5**	34,9	34,5	33,5	32,1	29,7	32,3	33,1	30,6	32,8	32,2	31,3	31,7
Krankenversich., nur privat	**10,9**	13,3	10,4	11,3	9,0	9,0	10,9	10,1	11,2	7,8	11,2	8,6	12,5

Signifikanzen, die bei den Auswertungen der kumulierten Daten beider Umfragen auf dem 1-Prozent-Niveau ermittelt wurden.
Signifikanzen, die sich in beiden Umfragen wiederholt haben.
positiv negativ

Tabelle A 3.2

Kaufpläne Immobilien, Wertpapiere, Versicherungen

Basis der Befragten	**Bevölk. ab 14 J. 13 283**	Stein-bock 837	Wasser-mann 909	Fische 937	Widder 987	Stier 928	Zwil-linge 1021	Krebs 913	Löwe 925	Jung-frau 909	Waage 812	Skor-pion 820	Schütze 760
	∅ %	%	%	%	%	%	%	%	%	%	%	%	%
Bausparvertr. abschließen	**6,1**	5,9	5,1	7,1	6,5	4,7	8,9	5,5	7,4	6,3	5,4	7,1	6,4
Haus/ETW kaufen od.bauen	**7,1**	7,7	6,5	5,2	8,6	8,2	7,2	6,3	10,0	7,4	7,8	7,1	7,1
Modernisierung eige.Haus/ETW	**14,0**	14,9	13,3	16,8	15,4	14,6	14,7	13,9	14,5	15,2	13,7	13,3	17,0
Renovierung Mietwohnung	**20,1**	22,0	22,3	19,0	19,9	21,8	20,7	21,4	18,6	19,6	22,2	21,9	20,8
Lebensversicherung	**4,7**	4,5	4,3	4,1	4,2	4,3	5,7	5,4	5,7	4,6	5,1	5,1	6,4
Private Haftpflichtvers.	**3,4**	3,7	2,5	3,6	3,6	2,6	4,3	3,3	4,5	3,6	4,0	3,6	4,6
Private Krankenvers.	**1,9**	2,1	2,2	2,1	2,5	2,0	2,1	1,4	3,2	1,6	1,7	1,7	0,9
Rechtsschutzversicherung	**3,8**	3,4	2,8	4,8	3,5	4,5	5,2	3,3	4,8	3,9	4,8	4,2	4,0
Unfallversicherung	**3,1**	4,2	2,6	2,6	3,5	3,6	4,2	2,9	4,2	2,5	3,3	3,9	2,9
Sparvertrag abschließen	**14,0**	14,6	14,3	13,1	16,9	14,4	15,4	15,8	16,3	14,7	15,8	15,5	16,0
Sparbriefe kaufen	**5,2**	5,5	6,6	4,9	4,9	5,4	5,2	5,7	4,7	6,1	5,9	4,6	6,2
And. Wertpapiere kaufen	**7,4**	8,2	7,9	8,8	7,3	6,9	8,3	7,6	8,0	9,1	8,3	7,9	7,7
Hypothek aufnehmen	**2,2**	3,1	2,8	1,3	2,4	2,2	2,0	1,7	2,5	2,7	2,9	2,5	2,4
Kredit aufnehmen	**3,4**	3,1	2,3	3,2	3,7	2,9	4,0	3,9	3,8	3,6	4,4	2,9	4,0
Internat. Kreditkarte	**3,9**	3,9	3,4	3,9	4,3	2,9	3,8	4,3	4,3	~ 4,1	5,6	4,3	5,4

Signifikanzen, die bei den Auswertungen der kumulierten Daten beider Umfragen auf dem 1-Prozent-Niveau ermittelt wurden.
Signifikanzen, die sich in beiden Umfragen wiederholt haben.
positiv negativ

Tabelle A 3.3 a

Besitz Konsumgüter

Basis der Befragten	**Bevölk. ab 14 J. 13 283**	Steinbock 837	Wassermann 909	Fische 937	Widder 987	Stier 928	Zwillinge 1021	Krebs 913	Löwe 925	Jungfrau 909	Waage 812	Skorpion 820	Schütze 760
	∅ %	%	%	%	%	%	%	%	%	%	%	%	%
Computer, statisch oder tragbar	**24,8**	28,6	26,0	24,1	22,7	24,0	26,5	27,8	28,7	26,9	26,6	24,0	28,7
Computer, tragbar; Laptop	**3,4**	3,4	4,6	3,5	3,1	4,1	2,9	2,8	3,8	3,8	4,2	3,4	4,1
Anrufbeantworter	**26,1**	27,0	22,9	26,5	26,3	21,9	24,9	27,5	31,3	26,4	25,7	24,7	28,7
Funktelefon (C-,D-Netz)	**6,2**	5,6	5,7	6,6	6,7	4,8	5,9	6,7	6,6	7,3	7,7	5,9	6,4
Schnurloses Telefon	**24,0**	26,7	20,6	26,2	24,1	22,2	24,3	24,8	26,2	23,3	23,1	25,5	25,8
Telefaxgerät	**8,7**	10,0	9,3	8,5	9,1	8,6	9,0	7,9	10,4	9,5	9,4	7,9	7,4
Autoradio m. Cass., Stereo	**43,9**	43,7	44,0	43,6	50,7	43,8	45,3	46,7	46,6	42,9	42,0	46,8	44,6
CD-Player	**54,9**	55,3	56,0	56,7	56,1	51,5	55,5	55,4	56,2	55,7	55,6	53,7	57,3
Farbfernseher, nicht tragbar	**83,2**	83,2	84,8	80,4	84,8	81,9	85,1	85,6	83,9	81,6	81,9	85,6	85,8
Farbfernseher, tragbar	**24,4**	22,8	21,3	26,7	25,7	23,2	24,7	23,3	26,1	23,6	24,5	26,2	27,4
Hifi-Cassettendeck	**48,1**	48,5	45,7	47,8	49,1	44,3	48,2	48,1	52,0	47,9	47,5	49,7	52,3
Hifi-Lautsprecherboxen	**51,3**	53,7	49,1	51,2	53,6	47,9	52,4	52,6	53,2	51,7	50,0	51,3	54,1
Hifi-Verstärker/Receiver	**44,8**	45,1	43,6	46,2	47,7	40,7	43,5	41,5	47,0	45,5	46,4	44,6	49,5
Hifi-Tuner	**35,9**	35,6	32,7	34,8	38,0	32,7	37,3	36,9	40,1	37,5	34,6	34,3	39,9
Videokamera, Camcorder	**16,6**	15,7	15,5	15,3	15,0	16,0	19,1	20,9	16,3	17,0	15,7	17,1	22,6
Videorecorder	**65,5**	65,3	63,2	64,5	67,8	59,1	68,3	69,3	68,7	64,9	63,2	69,5	69,7
Videozubehör	**6,5**	6,4	6,0	6,2	5,4	5,8	9,5	9,0	5,4	6,9	6,8	6,4	8,0
Walkman von Sony o. ä.	**26,9**	27,7	27,0	27,6	26,0	27,3	28,0	30,4	29,5	30,1	28,2	28,1	29,0

Signifikanzen, die bei den Auswertungen der kumulierten Daten beider Umfragen auf dem 1-Prozent-Niveau ermittelt wurden.
Signifikanzen, die sich in beiden Umfragen wiederholt haben.
positiv   negativ

Tabelle A 3.3 b

Besitz Konsumgüter

Basis der Befragten	**Bevölk. ab 14 J. 13 283**	Stein-bock 837	Wasser-mann 909	Fische 937	Widder 987	Stier 928	Zwil-linge 1021	Krebs 913	Löwe 925	Jung-frau 909	Waage 812	Skor-pion 820	Schütze 760
	∅ %	%	%	%	%	%	%	%	%	%	%	%	%
Kamera, Kleinbild(Sucher)	**35,5**	32,9	33,1	39,5	35,8	36,0	36,2	35,6	36,6	34,6	35,8	34,9	34,7
Kamera, Spiegelreflex	**23,2**	24,4	23,5	26,1	22,6	23,4	21,5	22,8	24,9	24,3	25,5	23,6	22,2
Einbauküche	**61,5**	61,3	62,7	64,3	61,9	59,6	59,3	60,2	60,9	63,5	58,3	60,0	60,3
Enzyklopädie, hochwertig	**17,7**	20,5	18,2	18,9	16,7	15,2	17,9	19,0	15,9	16,1	18,9	20,4	21,8
Geschirrspülmaschine	**46,5**	48,1	44,2	49,9	45,6	43,6	50,9	44,5	47,1	47,4	44,5	46,7	47,0
Grafik, Plastik, Gemälde	**10,1**	8,7	9,9	13,2	10,9	8,3	10,1	7,4	9,3	8,7	11,2	11,4	10,3
Mikrowellenherd	**51,0**	49,5	46,1	52,0	52,8	48,0	54,4	51,7	51,4	51,5	48,2	53,7	52,1
Möbel, Stil- hochwertig	**10,6**	10,9	10,1	11,8	11,1	9,1	9,9	9,5	10,8	9,4	10,6	11,6	10,4
Möbel, Moderne Designer-	**6,0**	7,1	5,7	6,6	5,6	5,2	6,1	4,3	5,2	6,0	6,7	6,6	7,0
Möbel zum Mitnehmen	**34,5**	32,3	32,3	35,7	35,0	33,0	36,5	36,6	36,3	33,1	36,4	34,6	38,9
Rasenmäher Benz./Batt./Elektr.	**33,3**	35,1	36,0	39,0	35,5	34,4	35,7	35,5	33,3	33,8	37,1	35,4	32,5
Accessoires für die Frau	**27,5**	29,0	25,7	28,1	28,7	27,5	25,3	26,5	28,7	27,4	28,4	27,7	29,9
Armbanduhr der Luxusklasse	**6,1**	6,5	5,8	6,1	6,0	5,3	6,4	6,1	6,5	6,7	7,6	5,1	7,1
Brille, exklusiv	**10,8**	10,8	12,8	12,5	9,5	11,4	10,2	10,3	9,5	11,0	12,6	10,3	13,4
Füllfederhalter Luxus	**2,9**	3,2	3,3	2,3	2,6	2,2	2,9	3,0	3,3	3,5	2,7	2,4	2,9
Reisegepäck, wertvoll	**3,6**	3,0	3,6	4,3	3,4	2,4	3,6	2,7	3,5	3,3	4,6	3,5	4,2
Reisemobil/Wohnmobil	**1,7**	1,7	1,1	2,3	1,1	1,7	1,5	1,8	1,8	1,9	1,5	1,5	1,9
Wohnwagen-Anhänger	**2,6**	2,0	2,6	2,9	3,2	2,3	1,9	2,8	4,1	2,3	3,5	2,7	1,9

Signifikanzen, die bei den Auswertungen der kumulierten Daten beider Umfragen auf dem 1-Prozent-Niveau ermittelt wurden.
Signifikanzen, die sich in beiden Umfragen wiederholt haben.
positiv negativ

Tabelle A 3.3 c

Besitz Konsumgüter

Basis der Befragten	**Bevölk. ab 14 J. 13 283**	Steinbock 837	Wassermann 909	Fische 937	Widder 987	Stier 928	Zwillinge 1021	Krebs 913	Löwe 925	Jungfrau 909	Waage 812	Skorpion 820	Schütze 760
	∅ %	%	%	%	%	%	%	%	%	%	%	%	%
Zelt-, Campingausrüstung	**13,8**	14,5	14,2	14,4	14,4	14,4	15,3	14,8	14,5	14,9	15,4	14,2	14,4
Mountain Bike	**14,2**	14,1	17,2	16,1	14,1	13,7	14,8	15,4	14,5	15,9	14,5	15,1	16,6
Renn- oder Sportrad	**17,9**	18,8	16,9	18,4	18,4	18,7	18,8	20,4	16,7	19,4	18,8	19,2	18,6
Segelyacht, Segeljolle	**0,9**	0,6	0,2	0,8	1,2	0,7	1,3	0,9	1,0	1,2	0,5	1,8	1,3

Signifikanzen, die bei den Auswertungen der kumulierten Daten beider Umfragen auf dem 1-Prozent-Niveau ermittelt wurden.
Signifikanzen, die sich in beiden Umfragen wiederholt haben.
positiv negativ

Tabelle A 3.4 a

Kaufpläne Konsumgüter

Basis der Befragten	**Bevölk. ab 14 J. 13 283**	Stein-bock 837	Wasser-mann 909	Fische 937	Widder 987	Stier 928	Zwil-linge 1021	Krebs 913	Löwe 925	Jung-frau 909	Waage 812	Skor-pion 820	Schütze 760
	∅ %	%	%	%	%	%	%	%	%	%	%	%	%
Computer, stat. oder trag.	**7,7**	8,7	6,4	7,8	8,6	7,5	9,1	9,1	7,6	7,8	11,2	6,4	6,7
Computer, tragbar; Laptop	**1,6**	1,5	1,5	1,6	1,3	1,2	2,0	1,2	1,8	1,7	2,7	1,3	1,5
Anrufbeantworter	**5,7**	4,7	5,7	5,3	6,0	6,0	5,6	5,6	5,8	6,7	7,3	6,4	5,2
Funktelefon (C-,D-Netz)	**2,1**	3,0	1,4	1,7	3,0	1,4	2,4	1,7	3,1	2,2	1,7	1,6	2,1
Schnurloses Telefon	**6,6**	5,4	6,2	8,0	6,7	6,4	8,2	8,4	6,1	7,9	6,6	6,0	4,3
Telefaxgerät	**3,3**	3,7	3,1	3,1	3,7	2,4	3,2	3,1	3,7	3,8	3,5	3,7	4,6
CD-Player	**3,9**	3,9	4,0	4,7	4,1	3,6	3,5	3,9	5,3	3,1	3,2	4,6	3,0
Farbfernseher, nicht tragbar	**4,1**	4,2	5,0	4,2	4,3	3,9	3,2	4,2	4,0	4,7	4,4	3,5	3,0
Farbfernseher, tragbar	**2,6**	2,5	2,2	2,4	2,8	2,9	2,6	1,6	2,8	2,7	1,5	3,1	1,1
Hifi-Cassettendeck	**1,9**	1,7	2,2	1,9	2,3	2,0	1,5	2,0	2,1	1,9	1,8	1,4	1,5
Hifi-Lautsprecherboxen	**1,9**	2,0	1,6	2,2	2,2	1,9	1,3	2,2	1,9	1,6	1,9	1,8	1,4
Hifi-Verstärker/Receiver	**1,9**	2,0	2,1	2,7	2,0	1,9	1,4	2,4	2,0	1,6	1,2	1,9	1,1
Hifi-Tuner	**1,5**	1,1	1,5	1,7	1,8	1,0	1,1	1,9	2,4	1,5	1,7	1,7	1,3
Videokamera, Camcorder	**5,5**	4,6	5,4	6,0	6,5	4,1	5,9	3,9	7,7	7,3	5,2	5,7	5,3
Videorecorder	**5,7**	6,0	5,2	7,0	6,8	4,6	4,8	6,7	6,0	6,5	6,1	6,0	4,8
Videozubehör	**1,2**	0,7	1,0	1,3	0,6	0,4	1,4	0,6	2,1	1,3	0,6	1,5	1,0
Walkman v. Sony o.ä.	**1,1**	1,1	1,0	1,4	1,0	0,7	1,0	1,3	0,9	1,6	0,8	1,1	1,0
Kamera,Kleinbild, (Sucher-)	**1,7**	1,7	1,8	2,0	1,0	2,4	1,5	2,8	1,7	2,3	1,8	2,2	1,3

Signifikanzen, die bei den Auswertungen der kumulierten Daten beider Umfragen auf dem 1-Prozent-Niveau ermittelt wurden.
Signifikanzen, die sich in beiden Umfragen wiederholt haben.
positiv negativ

Tabelle A 3.4 b

Kaufpläne Konsumgüter

Basis der Befragten	**Bevölk. ab 14 J. 13 283**	Steinbock 837	Wassermann 909	Fische 937	Widder 987	Stier 928	Zwillinge 1021	Krebs 913	Löwe 925	Jungfrau 909	Waage 812	Skorpion 820	Schütze 760
	∅ %	%	%	%	%	%	%	%	%	%	%	%	%
Kamera, Spiegelreflex-	**2,1**	1,8	2,6	2,3	3,4	2,5	1,7	2,3	2,0	1,3	1,0	1,8	2,4
Einbauküche	**5,0**	4,9	5,6	5,2	6,0	6,0	4,6	4,8	5,4	4,6	4,7	6,0	5,7
Enzyklopädie, hochwertig	**1,1**	1,5	1,1	0,9	0,8	1,0	1,6	1,3	1,0	1,0	1,3	0,7	0,7
Geschirrspülmaschine	**5,8**	5,6	4,3	7,0	6,1	6,0	5,1	6,6	6,1	4,8	6,8	7,4	6,1
Grafik, Plastik, Gemälde	**1,2**	1,4	1,2	0,9	1,1	2,3	1,3	0,9	1,3	1,1	1,7	0,5	1,5
Mikrowellenherd	**5,3**	5,1	5,2	5,0	4,5	6,2	4,6	5,9	5,3	6,4	6,0	3,5	5,3
Möbel, Stilmöbel, hochwertig	**1,1**	1,9	0,6	1,6	0,9	1,3	0,4	1,1	1,3	1,1	0,5	0,9	1,0
Möbel, Moderne Designer	**1,5**	1,9	1,5	1,4	1,1	2,2	2,1	1,5	1,4	1,4	1,1	1,6	1,2
Möbel zum Mitnehmen	**2,6**	3,0	2,9	3,3	2,5	2,6	2,7	3,6	2,0	2,4	3,3	3,0	2,3
Rasenmäher, Benz./Batt./Elektr.	**1,6**	1,7	0,5	1,5	1,9	2,1	2,1	2,3	0,9	2,3	0,7	1,8	1,4
Accessoires für die Frau	**2,9**	3,1	2,9	2,8	2,8	1,8	3,1	2,7	2,3	2,7	5,0	2,7	3,1
Armbanduhr d. Luxusklasse	**0,8**	1,5	0,7	0,9	0,6	0,8	0,5	0,8	0,8	0,6	0,6	0,4	0,6
Brille, exklusiv	**1,3**	1,6	1,3	1,2	1,6	1,1	0,9	0,9	2,5	1,3	1,1	1,1	1,4
Füllfederhalter Luxus	**0,3**	0,6	0,4	0,5	0,2	0,3	0,3	0,2	0,6	0,4	0,1	0,6	0,0
Reisegepäck, wertvoll	**0,4**	0,8	0,4	0,6	0,3	0,1	0,3	0,5	0,3	0,1	0,7	0,7	0,2
Reisemobil/Wohnmobil	**0,5**	0,5	0,2	0,3	0,1	0,4	0,6	1,0	0,9	0,3	1,2	0,4	0,4
Wohnwagen-Anhänger	**0,5**	0,2	0,3	0,6	0,4	0,4	0,8	0,1	0,9	0,4	0,6	0,7	0,8

Signifikanzen, die bei den Auswertungen der kumulierten Daten beider Umfragen auf dem 1-Prozent-Niveau ermittelt wurden.
Signifikanzen, die sich in beiden Umfragen wiederholt haben.
positiv negativ

Tabelle A 3.5

PKW- und Motorradfahrer, auch Fahrgewohnheiten

Basis der Befragten	**Bevölk. ab 14 J. 13 283**	Stein-bock 837	Wasser-mann 909	Fische 937	Widder 987	Stier 928	Zwil-linge 1021	Krebs 913	Löwe 925	Jung-frau 909	Waage 812	Skor-pion 820	Schütze 760
	∅ %	%	%	%	%	%	%	%	%	%	%	%	%
PKW-Fahrer	**64,7**	61,7	61,6	69,1	68,1	60,9	64,2	65,7	64,2	69,8	63,1	67,9	68,3
LKW-Fahrer	**11,0**	10,8	8,9	12,2	12,6	12,8	11,8	12,3	13,2	11,3	11,2	11,2	10,5
Motorradfahrer (ab 80 ccm)	**4,3**	3,5	3,5	4,6	3,3	4,1	5,3	6,1	5,0	5,3	5,4	4,5	4,0
Klein-,Leichtkraftradfahrer	**2,0**	2,4	1,7	2,4	2,2	1,0	2,4	3,0	2,5	2,3	1,6	3,0	1,9
Motorrollerfahrer	**2,1**	1,9	2,4	2,2	2,0	2,8	2,4	2,6	2,2	2,4	2,4	1,9	2,8
Mokick-, Moped-, Mofafahrer	**3,1**	3,1	2,5	4,1	2,8	3,6	2,0	4,3	4,4	3,8	3,3	3,3	3,1
Vielfahrer 20.000 km und mehr	**10,6**	12,4	10,1	10,7	11,7	11,0	11,1	9,2	10,3	10,0	11,6	12,7	11,4
Mittl.Fahrleistung 10-u. 20.000 km	**28,9**	25,7	24,5	33,0	30,5	26,8	29,3	30,3	28,2	31,8	28,1	31,7	28,8
Wenigfahrer unter 10.000 km	**20,9**	20,9	23,8	22,0	21,4	19,3	21,3	21,8	22,0	21,5	20,6	19,0	24,8
Interessierte Auto-Experten	**6,6**	7,3	7,8	7,8	6,2	7,1	8,1	7,7	8,4	5,4	6,6	5,7	6,6
Umweltschutzengagierte PKW-Fahrer	**12,2**	11,0	9,5	13,4	11,2	13,2	12,7	13,1	12,5	14,8	11,7	14,8	14,1

Signifikanzen, die bei den Auswertungen der kumulierten Daten beider Umfragen auf dem 1-Prozent-Niveau ermittelt wurden.
Signifikanzen, die sich in beiden Umfragen wiederholt haben.
positiv   negativ

Tabelle A 3.6

PKW- und Motorradbesitz, Marken, Kaufpläne

Basis der Befragten	**Bevölk. ab 14 J. 13 283**	Steinbock 837	Wassermann 909	Fische 937	Widder 987	Stier 928	Zwillinge 1021	Krebs 913	Löwe 925	Jungfrau 909	Waage 812	Skorpion 820	Schütze 760
	∅ %	%	%	%	%	%	%	%	%	%	%	%	%
PKW-Fahrer (Fahre selbst)	**60,5**	59,0	58,4	65,9	63,6	57,2	61,7	61,3	60,7	63,3	60,3	63,7	64,9
Zweitwagenfahrer (Fahre selbst)	**7,6**	8,4	7,4	8,3	8,8	8,2	7,0	7,0	7,1	7,7	8,4	8,8	7,7
Gebrauchtw.Fahrer (Fahre selbst)	**31,4**	28,5	28,8	32,6	33,9	28,4	33,7	32,2	33,6	33,5	30,5	32,7	32,3
Neuwagenfahrer (Fahre selbst)	**28,8**	30,5	29,3	33,1	29,3	28,1	27,8	29,1	26,8	29,6	29,5	30,7	32,3
PKW m. mehr als 90 PS (Fahre selbst)	**16,9**	19,5	16,7	17,6	17,2	14,7	16,5	16,0	19,0	15,5	16,8	18,0	18,2
Zwei oder mehr PKW im Haushalt	**26,1**	26,6	26,7	28,8	28,9	27,0	26,8	28,3	28,0	25,5	26,6	29,2	30,7
Audi	**3,4**	2,9	3,4	3,3	3,8	3,3	3,3	2,8	4,5	3,4	3,0	4,3	3,5
BMW	**3,3**	4,4	3,2	3,1	2,8	2,6	3,3	3,6	3,3	3,2	4,6	3,4	2,5
Ford	**6,6**	5,9	6,3	7,4	7,2	5,5	7,1	8,0	5,4	5,7	7,3	9.3	4,8
Mercedes	**4,2**	4,4	3,1	4,6	4,5	4,4	4,5	3,5	5,1	4,6	3,4	4.2	5,1
Opel	**10,9**	9,3	10,7	13,7	10,5	10,6	10,2	11,3	11,3	11,6	10,0	10.8	13,0
VW	**15,0**	15,2	13,3	17,6	16,2	14,5	15,0	14,0	13,8	17,1	15,2	13.6	14,9
Italienische Marke	**1,9**	1,6	1,9	1,9	2,3	1,1	2,0	1,7	2,0	2,4	2,2	1.9	2,4
Französische Marke	**4,8**	4,2	4,8	4,8	4,2	6,0	5,4	4,9	4,4	4,9	5,5	4,7	4,8
Japanische Marke	**7,0**	7,0	6,4	6,3	8,2	6,4	7,0	8,9	7,3	8,0	5,8	7,2	9,2
Gebrauchtwagen	**9,5**	8,5	11,1	9,8	11,6	10,1	9,1	11,9	10,3	10,1	10,9	10,4	10,6
Neuwagen	**6,0**	6,3	7,6	6,2	6,8	4,7	6,8	4,4	6,4	6,6	7,0	6,8	7,1
Motorrad, über 80 ccm	**1,6**	2,5	1,5	1,7	1,4	1,6	1,2	1,8	2,6	1,0	1,5	1,3	1,4

Signifikanzen, die bei den Auswertungen der kumulierten Daten beider Umfragen auf dem 1-Prozent-Niveau ermittelt wurden.
Signifikanzen, die sich in beiden Umfragen wiederholt haben.
positiv negativ

Tabelle A 3.7 a

Lebensmittel, die innerhalb der letzten 14 Tage von den Befragten gekauft wurden

Basis der Befragten	**Bevölk. ab 14 J. 13 283**	Steinbock 837	Wassermann 909	Fische 937	Widder 987	Stier 928	Zwillinge 1021	Krebs 913	Löwe 925	Jungfrau 909	Waage 812	Skorpion 820	Schütze 760
	∅ %	%	%	%	%	%	%	%	%	%	%	%	%
Babykost	**3,2**	2,4	3,2	3,2	2,5	2,7	3,9	4,1	3,0	2,0	3,7	3,6	3,9
Bio-Obst,-Gemüse	**13,4**	12,9	12,3	13,1	11,8	14,0	12,5	13,4	12,4	14,8	12,7	14,2	15,7
Diabetiker-Lebensmittel	**5,4**	6,5	5,2	6,1	5,0	5,6	5,0	5,7	5,9	4,3	5,1	5,3	6,2
Eis,Familienpackung,tiefgefroren	**17,9**	16,6	22,2	18,0	17,4	19,8	20,2	17,2	19,9	15,9	14,1	16,4	23,6
Feinkost-Spezialitäten	**12,0**	13,5	10,5	14,2	14,2	10,7	10,8	11,6	11,6	12,2	13,5	11,6	12,4
Fertiggerichte, insgesamt	**39,8**	38,2	37,6	39,7	39,6	41,1	39,5	38,8	36,9	40,7	43,0	39,0	42,9
Fertiggerichte für Mikrowelle	**6,6**	5,5	7,2	6,9	6,1	6,1	6,1	7,3	5,0	5,5	7,5	6,2	7,1
Fertiggerichte, tiefgekühlt	**19,2**	19,3	19,7	20,7	18,8	18,9	18,0	18,4	16,6	18,8	21,0	17,3	21,9
Fertiggerichte, andere	**9,0**	9,4	9,7	8,8	9,1	8,1	7,7	7,9	9,3	9,5	8,6	8,4	8,5
Fertigsuppen	**23,7**	23,7	22,4	23,6	23,1	24,4	24,2	23,1	21,9	23,6	24,4	26,3	25,0
Fisch, frisch	**21,6**	22,6	22,5	22,5	19,7	21,1	21,4	19,9	23,9	21,8	20,0	21,9	22,5
Fisch, tiefgekühlt	**17,3**	16,4	17,7	16,4	15,8	19,1	19,6	17,5	15,7	15,5	19,3	16,3	19,6
Geflügel, tiefgekühlt	**21,8**	20,2	21,8	19,7	23,1	24,8	22,3	21,8	22,6	21,7	20,4	24,4	22,5
Gewürzsoßen in Fl., Ketchup	**24,7**	29,3	21,9	24,5	24,6	26,1	25,7	26,5	26,7	25,4	24,0	25,5	24,2
Hustenbonbons	**19,2**	20,6	19,3	19,3	19,4	20,7	20,5	22,6	19,2	19,8	20,9	21,9	20,4
Kalorienarme Kost	**9,7**	12,3	10,7	9,7	10,3	9,9	10,5	9,0	8,7	8,3	10,5	10,5	11,0
Kaugummi	**22,5**	22,9	22,8	20,6	23,8	19,7	21,6	27,2	25,5	25,7	24,0	23,9	23,0
Knabber-Gebäck, salzig	**29,2**	28,6	31,3	31,9	28,8	29,6	32,1	29,0	29,3	30,5	28,6	27,3	30,9

Signifikanzen, die bei den Auswertungen der kumulierten Daten beider Umfragen auf dem 1-Prozent-Niveau ermittelt wurden.
Signifikanzen, die sich in beiden Umfragen wiederholt haben.
positiv negativ

Tabelle A 3.7 b

Lebensmittel, die innerhalb der letzten 14 Tage von den Befragten gekauft wurden

Basis der Befragten	**Bevölk. ab 14 J. 13 283**	Steinbock 837	Wassermann 909	Fische 937	Widder 987	Stier 928	Zwillinge 1021	Krebs 913	Löwe 925	Jungfrau 909	Waage 812	Skorpion 820	Schütze 760
	∅ %	%	%	%	%	%	%	%	%	%	%	%	%
Knabber-Gebäck, süß	**14,1**	14,5	15,8	14,9	13,7	13,4	14,9	14,8	14,1	14,3	14,1	13,8	14,5
Knäckebrot	**22,9**	21,9	23,5	23,4	21,8	26,2	23,2	22,7	19,0	21,7	24,6	25,9	22,1
Müsliriegel	**9,7**	7,8	9,9	8,9	11,9	9,6	9,5	10,7	9,8	11,0	8,4	10,4	10,4
Pfefferminzdrops, -bonbons	**5,3**	5,5	5,3	5,4	5,8	5,4	5,2	5,4	4,1	5,6	3,9	4,3	6,5
Pralinen	**11,5**	14,1	10,5	9,4	8,5	11,0	13,5	11,3	10,9	10,9	13,3	10,3	12,2
Pudding, Dessertcreme	**19,9**	21,0	18,1	18,3	18,2	21,2	23,1	22,0	20,3	18,5	21,2	21,5	22,2
Schokolade, Vollmilch-, Bitter-	**34,5**	41,8	36,3	33,7	31,1	36,0	37,6	32,1	34,2	32,6	38,1	35,2	39,4
Schokolade, gefüllt	**12,8**	14,5	12,6	12,3	11,6	14,6	11,9	12,4	10,5	13,6	17,1	13,3	11,9
Schokoladenriegel	**24,1**	26,3	22,4	22,4	24,9	25,6	23,2	26,2	25,6	23,0	26,6	26,1	26,3
Speisesalz, Marken-	**21,5**	26,4	22,2	19,7	20,7	23,0	18,9	21,0	21,7	21,2	18,4	23,5	25,8
Süßstoff	**12,3**	10,5	11,6	12,1	11,0	13,9	12,8	11,0	11,2	13,4	14,9	11,8	13,4

Signifikanzen, die bei den Auswertungen der kumulierten Daten beider Umfragen auf dem 1-Prozent-Niveau ermittelt wurden.
Signifikanzen, die sich in beiden Umfragen wiederholt haben.
positiv negativ

Tabelle A 3.9 a

Getränke, die innerhalb der letzten 14 Tage von den Befragten gekauft oder getrunken wurden

Basis der Befragten	**Bevölk. ab 14 J. 13 283**	Stein-bock 837	Wasser-mann 909	Fische 937	Widder 987	Stier 928	Zwil-linge 1021	Krebs 913	Löwe 925	Jung-frau 909	Waage 812	Skor-pion 820	Schütze 760
	∅ %	%	%	%	%	%	%	%	%	%	%	%	%
Aperitif	**3,3**	4,6	2,7	3,1	3,1	2,1	3,3	2,4	2,4	3,2	4,3	4,4	3,2
Bier, insgesamt	**57,6**	56,0	57,5	57,4	59,8	56,3	57,1	59,8	57,4	56,3	59,2	60,0	56,3
Bier, Alt	**6,3**	5,3	7,0	5,2	7,7	6,7	5,5	7,4	5,4	8,0	6,6	5,8	5,5
Bier, alkoholarm,-frei	**8,3**	8,7	8,2	8,7	8,0	8,8	8,1	8,5	7,1	8,6	8,9	9,6	8,5
Bier, Export	**12,3**	11,5	10,2	12,3	11,7	12,2	10,8	15,2	11,5	12,9	13,2	12,2	10,7
Bier, Kölsch	**3,3**	2,2	3,0	3,1	5,3	2,6	2,4	2,7	3,2	2,0	3,2	3,6	3,0
Bier, Nähr-, Malzbier	**5,3**	4,1	4,3	4,3	4,3	5,8	5,2	7,1	5,2	5,5	5,6	6,3	6,4
Bier, Pils	**44,2**	41,4	44,0	45,6	45,1	44,0	40,4	44,7	44,2	42,1	44,1	47,9	43,5
Bier, Weiß-, Weizen-	**11,0**	9,6	9,6	13,2	12,4	11,9	12,4	12,5	9,5	10,5	12,0	12,0	10,5
Bitter-Getränke	**7,7**	7,6	7,1	7,1	7,4	7,3	8,1	8,4	6,4	7,8	9,2	6,9	9,0
Champagner	**3,8**	4,2	3,4	4,5	5,1	4,0	2,6	3,0	3,5	4,1	5,0	3,6	3,7
Cola-Getränke	**38,5**	40,7	37,1	35,3	42,1	36,1	37,8	39,9	37,9	38,5	39,8	40,8	39,1
Cream-Getränke	**5,3**	4,5	5,7	5,4	4,6	4,3	4,4	6,1	6,5	4,9	6,5	6,0	5,0
Frucht-, Obstsaft (100%)	**47,7**	49,7	50,3	49,5	44,3	47,9	49,0	47,6	47,7	50,1	48,4	49,8	48,6
Fruchtnektar (unt.100%)	**31,5**	31,4	33,0	32,9	30,4	33,4	36,0	34,4	30,6	27,9	30,1	35,6	28,4
Gin	**1,1**	1,2	1,4	1,5	1,5	0,7	1,1	0,6	1,4	0,7	1,0	0,7	1,0

Signifikanzen, die bei den Auswertungen der kumulierten Daten beider Umfragen auf dem 1-Prozent-Niveau ermittelt wurden.
Signifikanzen, die sich in beiden Umfragen wiederholt haben.
positiv negativ

Tabelle A 3.9 b

Getränke, die innerhalb der letzten 14 Tage von den Befragten gekauft oder getrunken wurden

Basis der Befragten	**Bevölk. ab 14 J. 13 283**	Steinbock 837	Wassermann 909	Fische 937	Widder 987	Stier 928	Zwillinge 1021	Krebs 913	Löwe 925	Jungfrau 909	Waage 812	Skorpion 820	Schütze 760
	∅ %	%	%	%	%	%	%	%	%	%	%	%	%
Kräuterliköre	**7,8**	7,1	7,5	8,8	8,3	6,7	7,3	8,2	5,8	8,6	8,2	8,7	8,0
Likör	**10,2**	9,8	10,7	9,9	10,2	11,0	9,9	11,7	10,6	10,3	11,1	12,1	10,8
Limonade	**31,7**	32,4	29,6	29,7	32,9	32,6	33,8	35,4	32,2	31,2	32,3	33,5	33,6
Magenbitter	**9,0**	10,5	9,6	8,4	8,9	7,9	9,2	10,2	8,6	7,3	10,0	8,8	8,9
Milchmixgetränke	**17,7**	16,9	19,3	17,5	18,7	16,3	18,5	14,7	17,7	20,8	18,4	19,3	19,3
Mineral-, Selterswasser	**79,4**	78,4	79,0	80,9	80,6	82,0	77,0	78,6	80,0	80,2	78,4	80,2	82,2
Obstwasser	**7,1**	5,6	8,3	7,5	6,9	8,5	6,2	6,0	7,7	7,6	7,2	7,4	5,2
Rum	**3,2**	2,4	2,6	3,2	4,1	2,3	2,8	4,9	4,1	4,1	3,0	3,8	2,8
Schnaps, klar	**12,3**	10,0	11,5	13,1	12,4	10,6	13,2	12,2	12,0	13,5	13,1	16,4	10,7
Sekt	**28,4**	29,9	28,8	30,3	27,7	28,0	27,4	30,4	28,4	31,0	31,9	29,0	27,7
Sherry, Portwein	**4,7**	4,8	4,4	5,3	4,6	4,7	4,2	4,4	4,8	4,1	4,7	4,9	4,1
Sportlergetränke	**6,3**	7,1	7,8	5,9	7,3	5,7	5,9	7,7	6,8	5,2	6,0	5,9	5,0
Wein, insgesamt	**46,5**	48,4	49,3	49,4	47,6	47,4	46,7	46,7	44,4	48,0	48,9	44,9	48,4
Wein, rot	**24,0**	25,5	24,9	26,1	25,7	22,1	23,7	25,1	23,5	23,4	26,1	23,6	25,6
Wein, weiß,trocken,herb	**23,2**	24,9	23,8	26,4	23,6	24,0	23,7	23,2	22,6	24,0	24,3	21,2	19,8
Wein, weiß, nicht trock.	**15,2**	15,4	15,9	14,2	15,0	12,3	16,2	15,7	13,1	15,3	18,1	14,8	15,9

Signifikanzen, die bei den Auswertungen der kumulierten Daten beider Umfragen auf dem 1-Prozent-Niveau ermittelt wurden.
Signifikanzen, die sich in beiden Umfragen wiederholt haben.
positiv negativ

Tabelle A 3.9 c

Getränke, die innerhalb der letzten 14 Tage von den Befragten gekauft oder getrunken wurden

Basis der Befragten	**Bevölk. ab 14 J. 13 283**	Steinbock 837	Wassermann 909	Fische 937	Widder 987	Stier 928	Zwillinge 1021	Krebs 913	Löwe 925	Jungfrau 909	Waage 812	Skorpion 820	Schütze 760
	∅ %	%	%	%	%	%	%	%	%	%	%	%	%
Weinbrand, ausl., Cognac	**4,7**	5,5	6,3	5,4	3,9	3,7	3,9	4,8	5,4	4,7	4,6	4,9	4,5
Weinbrand, deutsch	**10,6**	11,9	12,7	11,0	10,2	9,6	10,0	11,4	10,2	12,1	10,4	10,1	11,4
Whisky	**5,8**	5,7	5,8	4,6	6,4	5,5	5,2	5,4	6,3	5,3	6,1	5,9	7,1
Wodka	**4,5**	5,2	4,1	4,8	5,8	4,0	4,1	4,6	4,3	3,8	3,2	5,3	3,1
Hochprozentige Spirituosen	**34,0**	34,4	33,9	34,2	34,4	31,9	32,7	33,0	33,7	36,0	34,7	36,5	31,7

Signifikanzen, die bei den Auswertungen der kumulierten Daten beider Umfragen auf dem 1-Prozent-Niveau ermittelt wurden.
Signifikanzen, die sich in beiden Umfragen wiederholt haben.
positiv negativ

Tabelle A 3.10

Buchkauf

Basis der Befragten	**Bevölk. ab 14 J. 13 283**	Steinbock 837	Wassermann 909	Fische 937	Widder 987	Stier 928	Zwillinge 1021	Krebs 913	Löwe 925	Jungfrau 909	Waage 812	Skorpion 820	Schütze 760
	∅ %	%	%	%	%	%	%	%	%	%	%	%	%
Buchgemein. Lesering, Mitglied	**10,3**	10,9	8,4	10,0	12,2	9,8	12,5	11,2	9,8	9,0	11,6	9,5	12,3
Buchkauf 10 oder mehr Bücher	**12,1**	14,9	11,0	11,5	12,6	11,1	13,3	11,6	12,8	11,1	14,9	11,5	15,3
Buchkauf 1-9 Bücher	**39,8**	41,5	41,9	40,8	39,0	39,5	39,2	41,2	39,1	40,6	36,8	41,6	37,7
Buchkauf, Taschenb. 20 DM u.mehr	**12,2**	13,2	11,2	12,0	12,6	11,7	14,1	12,2	11,9	12,2	13,6	10,3	10,4
Buchkauf, gebunden 40 DM u.mehr	**20,5**	20,5	20,8	22,4	19,7	19,4	22,6	21,0	21,0	20,5	22,6	17,5	21,9
Buchlesen, täglich	**15,5**	16,7	18,2	15,3	17,3	16,3	15,1	17,6	15,7	12,9	17,2	14,3	18,7
Buchlesen, mehrmals pro Woche	**19,0**	17,8	20,1	19,7	18,3	17,2	19,5	18,1	18,8	20,8	18,2	17,9	19,9
Buchlesen, einmal pro Woche	**11,1**	11,4	9,1	11,0	9,6	12,9	11,0	11,0	12,0	9,6	11,7	11,3	10,0
Buchlesen, alle 14 Tage od. seltener	**54,5**	54,1	52,7	54,0	54,7	53,6	54,4	53,4	53,5	56,7	53,0	56,5	51,4

Signifikanzen, die bei den Auswertungen der kumulierten Daten beider Umfragen auf dem 1-Prozent-Niveau ermittelt wurden.
Signifikanzen, die sich in beiden Umfragen wiederholt haben.
positiv negativ

Tabelle A 3.11

Kauf von Bild- und Tonträgern

Basis der Befragten	**Bevölk. ab 14 J. 13 283**	Steinbock 837	Wassermann 909	Fische 937	Widder 987	Stier 928	Zwillinge 1021	Krebs 913	Löwe 925	Jungfrau 909	Waage 812	Skorpion 820	Schütze 760
	∅ %	%	%	%	%	%	%	%	%	%	%	%	%
Fotoamateure	**58,5**	58,1	56,8	60,1	60,5	59,9	58,4	62,5	60,1	58,9	60,2	60,1	60,9
Fotoamat., Kauf Farbfilm	**52,5**	52,2	51,6	54,4	53,6	53,9	52,2	55,9	55,2	54,5	53,4	55,1	55,7
Fotoamat., Kauf Farbdiafilm	**6,7**	6,8	5,0	7,4	6,8	7,2	7,5	7,0	5,5	5,8	7,8	5,8	7,1
Fotoamat., Kauf Schw.-W.Filme	**1,6**	2,2	1,5	1,5	1,6	1,1	2,0	1,5	1,8	1,4	2,1	2,4	1,4
Fotoamateur Kauf 10 oder mehr Filme	**9,0**	11,2	7,8	9,8	8,5	9,9	9,7	10,8	8,7	9,1	11,0	10,1	10,9
Fotoamateur Kauf 1-9 Filme	**46,8**	44,8	46,9	47,3	49,3	47,6	46,0	48,1	49,1	46,6	46,3	47,2	47,7
Schallplatten Musikcassetten	**11,4**	12,4	10,6	10,7	12,2	12,1	14,1	12,0	14,1	10,7	10,7	8,9	11,3
CD-, Discplatten	**38,3**	41,0	36,4	39,0	39,0	35,2	40,7	38,8	42,1	36,1	40,4	39,9	40,5
Video-Cassetten	**34,0**	35,2	32,6	34,0	33,7	29,5	38,0	36,7	37,3	32,3	33,9	36,2	36,3

Signifikanzen, die bei den Auswertungen der kumulierten Daten beider Umfragen auf dem 1-Prozent-Niveau ermittelt wurden.
Signifikanzen, die sich in beiden Umfragen wiederholt haben.
positiv negativ

Tabelle A 3.13 a

Selbstmedikation, Gesundheitsbewußtsein

Basis der Befragten	**Bevölk. ab 14 J. 13 283**	Stein-bock 837	Wasser-mann 909	Fische 937	Widder 987	Stier 928	Zwil-linge 1021	Krebs 913	Löwe 925	Jung-frau 909	Waage 812	Skor-pion 820	Schütze 760
	∅ %	%	%	%	%	%	%	%	%	%	%	%	%
Allergie, Heuschnupfen	**2,5**	3,0	3,0	3,0	2,4	1,4	3,3	1,6	2,0	4,2	2,3	2,4	3,3
Beruhigungsmittel	**5,6**	3,8	6,8	5,3	6,8	5,6	4,4	4,8	6,1	6,7	6,4	5,2	5,3
Blutdrucksenkend. Mittel	**3,1**	2,6	2,4	2,6	3,3	3,0	1,8	2,3	2,4	2,5	4,9	2,1	3,7
Blutdruckhebend. Mittel	**1,1**	0,6	1,1	1,0	0,3	1,2	0,7	1,1	2,0	1,0	0,5	1,1	1,5
Desinfekt.Mund,Rachen	**11,8**	10,7	11,2	13,0	12,1	10,0	11,7	13,5	11,9	12,4	15,8	11,3	13,6
Fischölprod. (Kapseln)	**1,4**	1,1	1,0	2,5	1,0	1,2	1,8	1,1	2,7	1,0	0,7	1,3	1,9
Geriatrika	**2,3**	1,9	3,7	0,9	2,2	3,0	2,6	3,0	2,4	2,7	3,0	1,1	1,9
Heilpflanzenöl	**6,5**	5,7	7,1	7,6	5,3	6,1	7,7	6,4	7,3	7,3	7,0	5,3	7,4
Hautpilzerkrankungen	**2,2**	2,1	2,7	2,2	3,1	1,9	2,4	2,7	1,8	2,4	2,1	2,5	1,8
Herz-,Kreislaufmittel	**5,0**	4,8	6,2	4,2	4,7	4,4	4,5	4,3	6,0	4,4	6,5	5,0	4,3
Hustensaft, -tropfen	**18,5**	17,8	18,9	19,1	17,7	16,9	18,2	20,6	20,3	17,8	19,5	17,6	20,0
Ischias-,Rheuma-,Gelenkschmerzen	**8,8**	8,7	10,3	8,3	9,0	8,4	8,2	7,7	10,7	9,0	10,1	8,2	9,4
Knoblauchpräparate	**9,0**	11,8	7,7	9,1	8,5	8,9	10,0	8,8	8,9	7,3	10,2	8,6	7,8
Magen-,Leber-,Gallenbeschwerden	**5,6**	6,0	4,8	6,5	5,1	5,1	5,8	6,3	5,8	5,5	5,5	5,2	4,7
Massageöl	**4,8**	5,7	4,9	6,7	4,7	3,7	4,4	6,1	3,9	5,1	3,8	5,2	5,3
Mistelpräparate	**1,8**	2,6	2,5	2,1	1,7	1,7	1,4	1,7	2,2	0,8	1,8	1,5	2,0
Nieren- oder Blasenbeschwerden	**2,2**	1,5	2,9	2,5	1,6	2,8	1,8	1,5	2,2	1,5	3,4	1,6	3,3
Schlafmittel	**4,2**	4,4	4,5	2,5	3,1	3,4	2,7	2,8	2,9	4,6	5,5	3,7	6,0

Signifikanzen, die bei den Auswertungen der kumulierten Daten beider Umfragen auf dem 1-Prozent-Niveau ermittelt wurden.
Signifikanzen, die sich in beiden Umfragen wiederholt haben.
positiv negativ

Tabelle A 3.13 b

Selbstmedikation, Gesundheitsbewußtsein

Basis der Befragten	**Bevölk. ab 14 J. 13 283**	Steinbock 837	Wassermann 909	Fische 937	Widder 987	Stier 928	Zwillinge 1021	Krebs 913	Löwe 925	Jungfrau 909	Waage 812	Skorpion 820	Schütze 760
	∅ %	%	%	%	%	%	%	%	%	%	%	%	%
Schlankheitsmittel	**1,1**	0,7	1,3	1,5	1,5	1,2	1,1	0,7	1,1	0,9	1,0	0,4	1,5
Schmerzmittel, Zahn-, Kopf-	**37,2**	35,9	40,4	37,5	37,8	37,5	38,0	39,4	36,5	42,2	35,2	38,6	37,5
Schmerzmittel, Hals-	**21,2**	19,7	21,1	22,9	20,4	19,6	19,9	22,0	22,8	20,6	24,8	22,0	24,8
Schnupfenmittel	**21,7**	21,0	21,7	21,9	22,0	20,3	20,5	24,1	23,0	19,9	23,4	24,7	22,6
Sportverletzung Vorbeugung	**9,1**	8,2	10,2	10,4	10,4	7,7	10,9	10,7	9,8	11,1	9,3	7,3	13,3
Stärkungsmittel	**4,6**	4,1	5,2	4,4	5,1	4,4	4,9	5,6	4,4	4,3	5,1	4,6	5,5
Unreine Haut (Pick., Akn.)	**4,5**	5,7	4,7	4,9	4,6	3,6	4,1	5,3	5,1	4,2	5,4	5,0	5,5
Venen (Salben, Dragees)	**3,9**	5,3	2,7	5,1	4,7	3,4	4,7	3,6	3,2	4,6	4,4	2,6	5,3
Verdauungsregulierung	**6,4**	7,7	5,6	7,9	5,1	6,0	4,2	6,5	5,9	6,0	6,0	6,2	7,5
Vitamin-(Brause)-Tabletten	**24,3**	23,9	26,2	21,9	24,9	24,6	26,2	25,4	26,4	27,0	25,7	26,3	28,3
Wundsalbe	**9,6**	9,5	8,6	11,8	9,2	9,4	8,3	12,5	12,0	8,7	12,5	10,2	8,7
Gesundheit, achte sehr	**24,9**	25,0	24,4	24,8	26,7	23,2	27,2	24,4	26,4	24,2	24,8	25,6	26,4
Reformh./Bioladen mind.jed.Monat	**15,7**	18,1	16,5	18,7	15,1	14,3	13,5	12,6	16,8	16,5	15,5	14,6	16,0
Selbstmed., wenn nicht so schlimm	**58,4**	58,9	60,6	57,8	61,3	57,9	60,9	59,6	60,0	59,4	56,9	56,5	63,7

Signifikanzen, die bei den Auswertungen der kumulierten Daten beider Umfragen auf dem 1-Prozent-Niveau ermittelt wurden.
Signifikanzen, die sich in beiden Umfragen wiederholt haben.
positiv negativ

Tabelle A 3.14

Über den Kauf »Entscheide ich allein« oder »Entscheide hauptsächlich ich«

Basis der Befragten	**Bevölk. ab 14 J. 13 283**	Stein-bock 837	Wasser-mann 909	Fische 937	Widder 987	Stier 928	Zwil-linge 1021	Krebs 913	Löwe 925	Jung-frau 909	Waage 812	Skor-pion 820	Schütze 760
	∅ %	%	%	%	%	%	%	%	%	%	%	%	%
Alkoholische Getränke	**61,5**	61,2	61,3	64,5	60,4	58,0	63,8	62,2	62,5	66,0	59,8	62,0	61,2
Auto	**52,9**	51,0	50,2	56,0	57,3	51,1	53,1	51,5	54,8	56,4	51,5	54,9	55,0
Bausparvertrag	**39,2**	38,1	38,1	41,6	41,1	39,6	41,0	43,1	40,8	42,3	36,2	40,3	39,8
Fernseh-, Videogeräte	**65,6**	64,4	60,9	67,5	66,1	67,8	64,0	67,2	66,5	66,2	63,6	65,8	70,3
Garten	**42,8**	40,4	45,5	46,5	43,7	44,0	43,8	42,0	41,6	42,8	42,4	42,8	44,1
Geld-, Kapitalanlage	**62,1**	60,3	59,0	65,1	63,2	63,7	60,5	63,7	63,5	67,3	61,8	62,8	67,6
Herrenkosmetika, Rasierwasser	**56,5**	56,3	56,4	54,3	59,0	55,1	55,5	57,4	58,0	57,3	54,9	56,0	53,7
Hifi-Geräte	**54,8**	54,2	52,6	56,2	55,7	56,3	53,5	57,5	54,0	54,1	53,4	52,5	58,0
Kameras, Objektive, Fotozub.	**50,0**	47,1	45,9	52,0	50,7	49,3	48,4	49,9	53,7	48,9	48,1	52,1	51,7
Küchengeräte, groß, elektr.	**62,3**	58,7	60,8	63,6	61,1	62,9	60,1	62,0	63,1	59,4	61,9	62,3	66,4
Möbel, Wohnungseinrichtung	**69,9**	66,1	67,7	70,9	69,8	71,7	68,9	67,9	70,9	70,4	70,9	70,4	72,2
Parfüm für Frauen, Duftwasser	**56,7**	57,2	58,6	56,6	56,2	57,0	58,3	57,9	55,3	55,0	57,0	54,7	61,9
PC oder größere EDV-Anlage	**19,3**	20,3	18,7	18,8	19,8	19,9	19,5	20,9	21,4	21,7	20,1	16,2	19,9
Urlaubsplanung	**67,3**	63,4	65,2	71,4	72,3	66,4	69,2	69,0	65,5	71,1	64,1	65,0	71,6
Versicherung	**65,8**	63,8	61,7	66,8	65,8	68,0	66,5	67,0	67,4	72,5	59,7	66,0	68,8

Signifikanzen, die bei den Auswertungen der kumulierten Daten beider Umfragen auf dem 1-Prozent-Niveau ermittelt wurden.
Signifikanzen, die sich in beiden Umfragen wiederholt haben.
positiv negativ

Angaben zur Untersuchungsanlage

1. Untersuchungszeitraum

Herbst 1995:	22. 09. 95–09. 12. 95	IfD-Archiv-Nr. 6020
Frühjahr 1996:	13. 02. 96–27. 04. 96	IfD-Archiv-Nr. 6026

Die Feldarbeit wurde ausschließlich von geschulten Interviewern des Instituts für Demoskopie Allensbach durchgeführt.

2. Stichprobe

Nach dem Quotenauswahlverfahren angelegte Personenstichprobe.

13 283 Befragte insgesamt, davon 10 758 Befragte, die ihren Geburtstag angeben.

Disproportionaler Stichprobenansatz zur Vergrößerung der Fallzahlen und damit zur Erhöhung der Genauigkeit im markt- und media-analytisch überdurchschnittlich genutzten Segment der 14- bis unter 60jährigen:

Ungewichtete Fallzahlen		Gewichtete Fallzahlen
13 283	Befragte insgesamt	13 185
10 866	14 bis unter 60 Jahre alt	9 665
2 417	60 Jahre und älter	3 520
6 319	Männer	6 261
6 964	Frauen	6 924
6 696	Herbst 1995	6 593
6 587	Frühjahr 1996	6 592

Durch faktorielle (iterative) Gewichtung wurden die Werte der fortgeschriebenen Zahlen der amtlichen Statistik für Geschlecht, Altersgruppen, Haushaltsgröße, politische Gemeindegrößenklassen und regionale Gebiete angeglichen.

Angaben zur Genauigkeit von Repräsentativumfragen (Toleranzspannen der Ergebnisse)

Prozentergebnisse, die in Repräsentativumfragen nach dem Stichprobenprinzip ermittelt wurden, können im Rahmen bestimmter Toleranzspannen von dem in der Grundgesamtheit tatsächlich vorhandenen Prozentanteil abweichen.

Die Größe der jeweiligen Toleranzspanne hängt vom gewählten Stichprobenverfahren, dem Umfang der Stichprobe sowie von dem Prozentanteil des interessierenden Merkmals ab. Seit Jahrzehnten wird eine Diskussion geführt, ob Toleranzspannen nur für Stichproben berechnet werden können, die formal nach dem statistischen Zufallsprinzip (»Random«) gebildet wurden oder auch für nach dem Quotenprinzip gebildete Stichproben. Diese Frage kann nicht mit theoretischen Argumenten, sondern nur mit empirischen Erfahrungswerten beantwortet werden. Random- und Quotenverfahren sind beide anfällig für Fehler in der konkreten Anwendung. Einwandfreie Anwendung vorausgesetzt, sind nach allen bisher vorliegenden Erfahrungen Random- und Quotenverfahren gleichwertig und gleich geeignet, um für auf dieser Basis gefundenen Prozentwerte Toleranzen zu berechnen. Nähere Informationen dazu finden sich in: Noelle-Neumann, E./Petersen, T.: *Alle, nicht jeder. Einführung in die Methoden der Demoskopie.* München: dtv, 1986. S. 263–276. Entsprechende tabellarische Übersichten berücksichtigen den Umfang der Stichprobe und den Prozentanteil des interessierenden Merkmals. Die folgende Tabelle gibt an, um welchen Wert ein bei einer repräsentativen Stichprobe von n Personen gewonnenes Prozentergebnis p vom tatsächlichen Wert mit einer Wahrscheinlichkeit von 95 Prozent höchstens abweichen kann.

Statistische Toleranzspannen
(Sicherheitswahrscheinlichkeit 95 Prozent)

Personen-zahl der Stichprobe n	p = Prozentanteil des Merkmals									
	50 50	45 55	40 60	35 65	30 70	25 75	20 80	15 85	10 90	5 95
100	9,80	9,75	9,60	9,35	8,98	8,49	7,84	7,00	5,88	–
150	8,00	7,96	7,84	7,63	7,33	6,93	6,40	5,71	4,80	3,49
200	6,93	6,89	6,79	6,61	6,35	6,00	5,54	4,95	4,16	3,02
300	5,66	5,63	5,54	5,40	5,19	4,90	4,53	4,04	3,39	2,47
400	4,90	4,88	4,80	4,67	4,49	4,24	3,92	3,50	2,94	2,14
500	4,38	4,36	4,29	4,18	4,02	3,80	3,51	3,13	2,63	1,91
1000	3,10	3,08	3,04	2,96	2,84	2,68	2,48	2,21	1,86	1,35
2000	2,19	2,18	2,15	2,09	2,01	1,90	1,75	1,56	1,31	0,96
5000	1,39	1,38	1,36	1,32	1,27	1,20	1,11	0,99	0,83	0,60

Erläuterung: Hat eine repräsentative Bevölkerungsumfrage unter n = 2000 Personen ergeben, daß 80 Prozent dieser Personen ein bestimmtes Produkt kennen, so ersieht man aus dem Kreuzungspunkt der Zeile n = 2000 und der Spalte p = 80, daß dieses Ergebnis im Rahmen einer Toleranzspanne von +/– 1,75 Prozent gesehen werden muß. Der tatsächliche Wert, den man bei einer Befragung der gesamten Millionenbevölkerung ermittelt hätte, liegt also mit 95prozentiger Wahrscheinlichkeit zwischen den Grenzen 78,25 Prozent und 81,75 Prozent.

Bei der Anwendung von Toleranzspannentabellen ist zu beachten, daß die Werte innerhalb der Spannen nicht gleich wahrscheinlich sind, sondern daß der tatsächlich gefundene Wert die größte Wahrscheinlichkeit hat, wie dies die Gaußsche Glockenkurve vor Augen führt.

Anmerkung: Die Lücke in der oberen Ecke der Tabelle erklärt sich daraus, daß man in diesen Fällen den Wert für den Standardfehler nicht durch eine einzige Zahl ausdrücken kann. Obige Tabelle beruht auf der Näherung der Binominalverteilung, der die Verteilung von Stichprobenanteilen folgt, durch die Normalverteilung. Bei Prozentanteilen des Merkmals nahe 0 Prozent oder nahe 100 Prozent wird die Binominalverteilung merklich unsymmetrisch und weicht von der Normalverteilung ab, d. h., die Fehlerspannen nach oben und unten nehmen verschiedene Werte an.

☆ ☆
☆